U0488169

杨绛

永远的女先生

Madame Yang Jiang, a forever mentor

周绚隆／主编

人民文学出版社

图书在版编目（CIP）数据

杨绛：永远的女先生／周绚隆主编．—北京：人民文学出版社，2016

ISBN 978-7-02-012087-1

Ⅰ．①杨… Ⅱ．①周… Ⅲ．①杨绛（1911—2016）—纪念文集 Ⅳ．① K825.6-53

中国版本图书馆 CIP 数据核字（2016）第 244721 号

责任编辑 甘 慧 胡真才
装帧设计 刘 静
责任印制 史 帅

出版发行 人民文学出版社
社 址 北京市朝内大街 166 号
邮政编码 100705
网 址 http://www. rw-cn. com

印 刷 北京千鹤印刷有限公司
经 销 全国新华书店等

字 数 225 千字
开 本 640 毫米 ×960 毫米 1/16
印 张 23.25 插页 10
印 数 15001—20000
版 次 2016 年 12 月北京第 1 版
印 次 2017 年 9 月第 3 次印刷

书 号 978-7-02-012087-1
定 价 65.00 元

杨绛先生（素描）　　钱绍武作于 2008 年

钱锺书 1934 年 4 月专程从上海来北平偕杨绛春游

钱锺书、杨绛先生 1935 年 8 月在赴英国的游轮上

钱锺书、杨绛留学时租住过的牛津瑙伦园民居

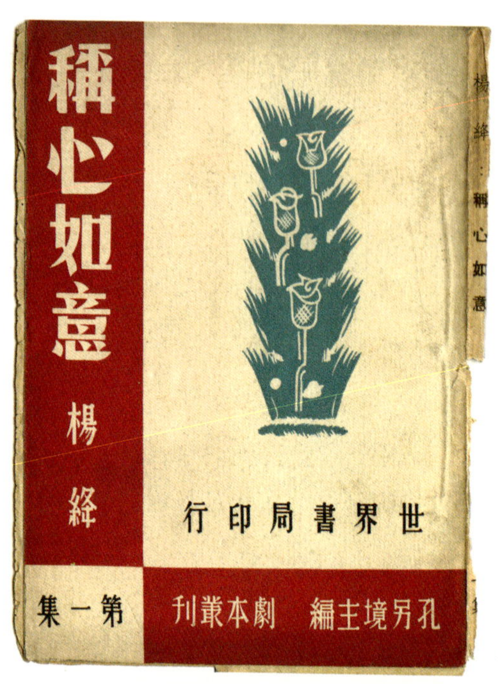

世界书局 1944 年 1 月出版

世界书局 1947 年 4 月再版

上海蒲石路蒲园　（布面油画）庞薰琹作于 1948 年

钱锺书、杨绛一家 1949 年曾居住在此楼三层，与庞薰琹、丘堤伉俪为邻

杨绛在北京大学中关园寓所

我们俩在干校　高莽作于上世纪 70 年代

钱锺书、杨绛一家 1977 年 2 月迁入三里河新居

居室外景，阳台至今未封

“我们仨”在三里河家中

钱锺书与杨绛　　高莽作于上世纪 80 年代初

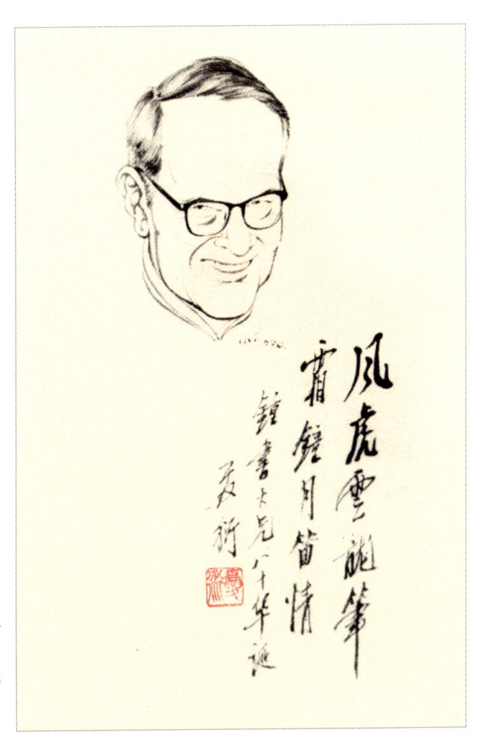

夏衍先生为祝钱锺书八十寿辰，特请丁聪作画，自己亲笔题辞

夏衍先生为祝杨绛八十寿辰，特请苗地作画，自己亲笔题辞

方成为杨绛所做的八十祝寿图

杨绛坐在钱锺书的书桌前“打扫现场”

钱锺书、杨绛在家中

钱锺书、杨绛在家中

杨绛为振华母校建校百年题辞（2005年）

杨绛百岁之后仍习字不断

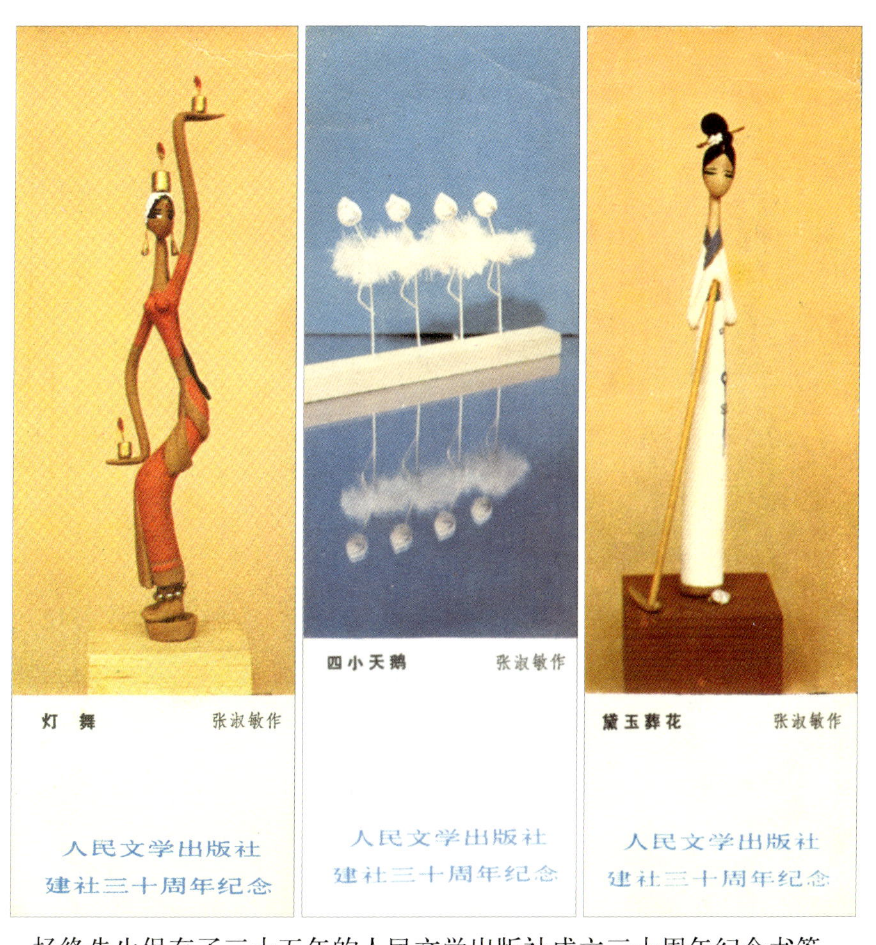

杨绛先生保存了三十五年的人民文学出版社成立三十周年纪念书签

杨绛画像　　高莽作于 2002 年

杨绛画像　　高莽作于 2008 年

杨绛想念“我们仨”　侯艺兵摄于 2000 年 7 月 30 日

目录

第一辑

第二辑

第三辑

第一辑

敬悼杨绛先生

李铁映

杨绛先生已化蝶而去，扶摇入云了。她享寿一百零五岁，身经两个世纪，终生笔耕不辍，怀瑾握瑜，可谓人瑞。

我未到社科院前，已闻钱锺书先生、杨绛先生之大名，敬慕其学问，崇敬其品德。初次认识他们，则是钱先生因病住院之后。当时，我去北京医院看望钱先生，杨绛先生亦在场，与其双手相握，见先生虽面容憔悴而精神自然。说话语气谦和，柔细而有磁性，使人如聆琴音。因钱先生久卧病榻，一切问题都由杨先生代答。我了解了病情和治疗情况，问她还有什么需要，院里将尽全力提供帮助。杨先生忙答：一切都照顾得很好，医院已尽最大努力，社科院很重视和关心。谢谢组织……

兹后我又去过医院两次。钱先生去世后，我特别写了篇文章，纪念这位才华横溢的大学者。

钱先生走后，我每年春节都去给杨先生拜年。她的家在三里河公寓的三层，小小客厅，安放着一张三屉桌，靠墙搁一双

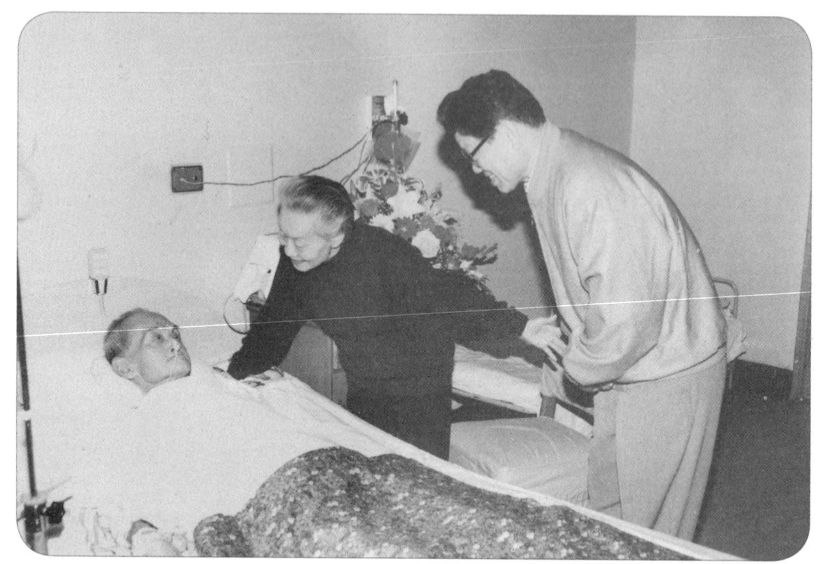

作者 1997 年 11 月看望病中的钱锺书先生

人沙发，临窗一单人沙发。家中只有一个阿姨整日陪伴照顾。屋里气氛非常静谧，典型的学问人家。

杨先生百岁颐寿，我去祝贺。对于这样的学问家，我曾苦于不知何以为贺好。最后想起一个词，据说山西绛县人多高寿，所以外乡人多称之为“绛老”。我遂用此典写了“绛老颐寿”四个字登门相贺。她很高兴，牵着我的手拉我同坐。这几乎是我每次拜访她时固定的接待仪式。告别时她有时送我到家门口，有时则非要送到楼门口。我虽屡屡劝阻，但总是拦不住她。一次她送我新译的《斐多》，这是苏格拉底在生命的最后二十四小时给学生的讲课，也是一篇讲哲学、讲灵魂的文章。她在九十岁以后开始啃这块硬骨头，我心敬之且自憾不如。《斐多》译得好，易读易明，要懂则要反复思究的。

二〇一五年，她一百零四岁，我选了六月十六这个吉利的日子，再次拜访亦师亦友的杨先生，同去的还有伟光同志和高翔、宇燕、海生等同志。进屋就听到杨先生的细语笑声，她又是拉我坐在她身旁。我们既谈天，也说地，完全随兴所至。大家时而细语低声，时而在她拿的笔记本上笔谈。她的字纤巧柔美，我为了让她看清我的字，写得粗犷无拘。笔谈清雅，但蕴意情深。我曾想把那个笔记本求为纪念，她却孩子似的抱入怀中，示要己藏，引得众人皆笑。百岁老人之童心，实乃长寿之相。

因谈笑情浓，而忘时已久，在众人催促下，虽谈话中断，意颇不舍。杨先生仍是坚持送至门口，一再挥手告别！出门之后，感慨多多，真是学术无禁地，哲人无生死！学有洞见，作可垂世，寿百岁而知人生！

杨先生已修得功德圆满，驾鹤西去。但她为世垂范，道德文章将永励后人。

杨绛先生早年和钱锺书先生一同就读清华大学，后赴英国牛津留学，学成毅然回到积贫积弱、内忧外患的祖国，虽然饱经苦厄、颠沛，却终生爱着自己的祖国，无怨无悔。杨先生是一位大翻译家，对待译事极为认真。《小癞子》《吉尔·布拉斯》《堂吉诃德》都是依照原文版本，并参酌世界多种译本译出。译《堂吉诃德》时，为了忠实于原文，四十七岁始自学西班牙语，待语言娴熟后才动手翻译。后由于种种原因，历经二十二年此书才得以出版。杨先生翻译《堂吉诃德》的事，堪称译界佳话。《斐多》虽由英译本转译，但参考四种十九、二十世纪英美出版的重要译本，深研各自的序言、注解及评析文字。精心译出并做了注解。她对原作尽责，对读者尽心。

她不仅是翻译家，还是一位有独特文风的作家。她的《称心如意》《弄真成假》《洗澡》《洗澡之后》《干校六记》，特别是她自传体作品《我们仨》，生动地表达了她对丈夫和女儿的真情挚爱。最后她以《坐在人生边上》的“百岁答问”，为自己画了一个很圆很圆的圈。

2016 年 7 月

（作者为原全国人大副委员长、中国社会科学院原院长）

纪念杨绛先生

陈奎元

她平静地离开尘世，带走了一百零五年的光阴。她留下一幢幢清影，与思念她的人们相随，永不消失。

杨绛先生是中国社会科学院资深研究员、荣誉学部委员，久享盛名的作家、翻译家。她的学业和创作生涯历时近一个半甲子，早在20世纪40年代就蜚声文艺界，成为知名度甚高的女作家。她与钱锺书先生结为夫妇以后，相携共进。钱锺书先生实至名归，被尊奉为中国社会科学的学术大师。杨绛先生在年过85岁以后的三十年间，开拓了一片新的境界，“百年杨绛”绽开了文学史上一株奇花异草。在接连失女丧夫、陷于茕茕孑立形影相吊的漫长岁月中，她的灵魂似乎去掉了一切拖累，在常人不可及的年岁踽踽前行，展示出另一段精彩的创作传奇。此后她翻译柏拉图对话录之《斐多》，创作《我们仨》《走到人生边上——自问自答》《洗澡之后》等，都堪称文学艺术的杰作。钱锺书先生所有未竟之事，她一丝不苟地件件落实，没有一点

陈奎元同志 2006 年 1 月 20 日看望杨绛先生

拖泥带水的痕迹。她在百岁之后依然故我，一个人、一支笔，孤帆远影追寻逝去的岁时，委婉地诉说她对生命的感悟，展现出一个钱锺书没有见过的杨绛，她的自然生命是跨世纪的，她的精神遗产必定更加久长。

我与杨绛先生相识是在新世纪，她已九十多岁高龄。2003 年 1 月初，我奉命就职于中国社会科学院，有缘结识杨先生。每年春节我同社科院的秘书长、外国文学研究所的所长前去慰问。起初只是照常例恭贺佳节，相识之后却为这位老人的思想境界和风范深深地折服，成为可以直吐真言、互相信任的忘年交。

她是一位超尘绝俗的人，安于恬淡平静的生活。随着她步入高龄并陆续刊出新著作，中央一些领导同志、中国社会科学院以及社会人士对她的关注越来越高，人们都希望她轻松地安度岁月,愿意帮助她解决生活中的问题。但她自身总是一无所求。“不以物喜，不以己悲”是她表里如一的心态、一以贯之的风范。她原本有一个非常和谐、高品位的幸福家庭，不料突降厄运，女儿和伴侣相继匆匆离去（女儿钱瑗教授于 1997 年 3 月、丈夫钱锺书先生于 1998 年 12 月离世），她骤然成为形单影只的“孤鸿”。是什么力量支撑她度过难以名状的孤苦岁月、不舍不弃地读书写作？是一种超乎寻常的精神境界。

她在调入中国科学院（50 年代名称）外国文学研究所之前即是名望较高的作家、学者，但她从不以学者专家自居。在交谈聊天时，凡提及她的作品、她的成就以及大家对她的赞扬时，她从不欣然领受，每次都立即回应，说自己只是个业余的作家，没有资格称学者，不过是一个以写作和翻译为职业的普通人。她年过百岁以后依然神清气朗、步履轻捷、语言生动，只是听力渐差，她不习惯戴助听器，说到重要的事为免误判，她备置了一个小画板，边说边写。2014 年春节前，我们去看望她，当我在画板上写出“您”字,她立即用手指揩去下面的心,变“您”字为“你”字，在场的同志无不为之开颜。

她是一个情真意切的人，对她的家人一往情深。我们每次探望她，她没有牢骚，没有自夸，不说他人短长。一说到他们的家庭往事，她的言语便风生水起，好似“他们仨”并未天人永隔。她不在意也不讳言生与死，认为生是责任，死是归宿，她早年就患有心脏病，她不惧怕心脏发生意外，多次谈到心脏病的死法最痛快。她将自己的余生当作三个人的继续，她的使命是处理好一家人未竟之事。钱锺书先生有古今大贤的雅量，不矜己能，不求荣耀。他逝世以后，杨绛先生秉持钱先生的信条，反对任何为其扬名增彩的举动。2010年钱锺书百年诞辰之前，中国社会科学院曾考虑开纪念会或以其他方式隆重追念。如果召开纪念大会，中央的领导同志会出席并会有讲话，这当然是对锺书先生的褒扬，也符合纪念名人的惯例。我向杨绛先生询问她有何意见，她明确表示不同意举办纪念大会。我同她商议找一个变通的办法：由钱先生的朋友、同事和学生开个座谈会，或者由他们各写一篇文章汇集成书以志纪念，她认为这个办法好，后来就按这个方案，出版《钱锺书先生百年诞辰纪念文集》。

她晚年对世界、社会和人生的真谛可谓大彻大悟。她生命中经历的一百多年，是中国历史巨变最频繁、最跌宕的时代，她个人的际遇、甘苦起落不一而足。说到以往的坎坷，甚至是“文革”中罚她清理厕所，都一笑置之，说“造反派”都承认她比别人刷得干净。在遭遇艰难困苦之时精神不倒，坚忍前行，是她人生的风采。特别可贵的是，她从不懈怠，犹如佛教大德修持六度波罗蜜的“精进”境界。年过九十、一百岁，她的生活方式不改，节奏不变，每日阅读、写作，有时还要对外界出现的纷扰作出必要的回应。

她不计得失，不求生前身后荣耀，彻里彻外、表里如一。毛泽东主席曾经提倡做“一个纯粹的人”，晚年的杨绛先生，我看就是这样的一个人。老子《道德经》云：“见素抱璞，少私寡欲，为而不恃，功成不居，夫惟不居，是以不去。”世上达到这样境界的人不多见，杨绛先生可以入列。

我们所处的时代，各类先进模范人物层出不穷，他们的业绩楷模是看得见的，是引领大众建功立业、推动国家发展前进的力量。同时，我们还需要接续民族的精神、道德精华，传承优良的品格，学习、颂扬那些贤者的品德和风范。

2016 年 8 月

（作者为原全国政协副主席、中国社会科学院原院长）

回　家

周国平

一

杨绛先生去世的当天，我写了一篇悼文《智者平静地上路》，登在那一周的《财新周刊》上。文章开头是这样写的：

一百零五岁的杨绛先生走了，她的离去是安静的，一如她在世的时候。敬爱她的人们，也许有些悲伤，但更多的是看到一个美丽人生圆满落幕的欣慰，是对“我们仨”在天堂团聚的衷心祝福。她希望自己的离去不会成为新闻，事实上也没有成为新闻，一个生前已自觉远离新闻的人，新闻当然无法进入她最后的神秘时刻。我们只知道她走了的消息，关于她从卧病到离世的情形，未见到任何报道。这类报道原本是不需要的，即使有，也只能是表象的叙述，无甚价值。一个洞明世事的智者在心中用什么话语与世界告别，一个心灵的富者最终把什么宝藏带往彼岸，一个复归于婴儿的灵魂如何被神接引，文字怎么能叙述呢？

我是从媒体上得知杨先生离世的消息的，对她最后时日的情形确无所知，仅是直觉告诉我，她走前一定是平静的。吴学昭是我敬重的长辈，我知道她是杨先生晚年最亲近的好友，常在其左右，很想听她说说，但丧哀之时未敢打扰。后来学昭阿姨自己打来了电话，从她的零星叙述里，我对杨先生离世的平静有了一点感性的认知。

事实上，钱锺书去世之后，杨先生就已经在做她说的“打扫现场”的工作了，其中包括整理出版钱锺书留下的几麻袋手稿，也包括散去一切“身外之物”。她散得真干净：把她和钱锺书的全部版税捐赠母校清华大学，设立“好读书奖学金”，用以资助经济困难学生完成学业；把家中所藏全部珍贵文物字画捐赠中国国家博物馆；把有纪念意义的各种旧物分送亲朋好友；遗嘱中明示把书籍手稿等捐赠国家有关单位，并指定执行人。总之，散尽全部称得上财产的东西，还原一个赤条条无牵挂的洁净生命。学昭阿姨说，她还毁弃了绝大部分日记和书信，因为其中难免涉及自己和他人的隐私，不想被小人利用来拨弄是非。我听了直喊可惜，不禁想起《孟婆茶》里阴间管事员的话：“得轻装，不准夹带私货。”她一定是把人间的恩怨是非都视为“私货”，务必卸除干净。杨先生请学昭阿姨协助，在 2014 年已把遗嘱定稿和公证，并起草了讣告，去世后公布的讣告也是她亲自审定的。我由此看到，杨先生面对死亡的心态何等镇定，身后事自己做主的意志何等坚定。讣告的内容之一是：去世后不设灵堂，不举行遗体告别仪式，不留骨灰。杨先生真是明白人，不但看穿了丧仪和哀荣的无谓，要走得安静，而且看清了保留骨灰的无意义，要走得彻底。她把人世间的“现场”打扫得干干净净，然后就放心地“回家”了。

在《百岁答问》中，杨先生说：“我今年一百岁，已经走到了人生边缘的边缘，我无法确知自己还能往前走多远，寿命是不由自主的，但我很清楚我快‘回家’了。我得洗净这一百年沾染的污秽回家。我没有‘登泰山而小天下’之感，只在自己的小天地里过平静的生活。细想至此，我心静如水，我该平和地迎接每一天，过好每一天，准备回家。”杨先生常说，死就是“回家”，在她的心目中，那个“家”在哪里呢？

二

杨先生悠长的一生中，女儿钱瑗和丈夫钱锺书的相继去世是人生最大的转折。在此之前，她生活在其乐融融的三人世界里，并无真切的生死之忧。她在这个世界上似乎有牢靠的“家”，这个“家”首先就是她最引以为自豪的“我们仨”。然而，灾难降临，“我们仨”失散了，这个“家”破了。在记载这个惨痛经历的《我们仨》的结尾，她如此写道：“我清醒地看到以前当作我们家的寓所，只是旅途上的客栈而已。家在哪里，我不知道。我还在寻觅归途。”虽然尚不知家在哪里，但她已清醒地意识到了“家”不在这个世界上，开始了寻“家”的心路历程。

杨先生以文学名世。她年轻时写剧本，后来做翻译，写小说和散文，人生的基调是文学的，作品的基调是入世的。她以前的作品很少直接论及生死，那篇妙趣横生的《孟婆茶》，重点也在描绘向死路上的众生相。她用小说家的眼睛看人间戏剧，聚焦于人世间的舞台，并不把眼光投向人生边界之外的虚无或神秘。因此，在八十七岁的高龄，当她接连失去女儿和丈夫，蓦然发现自己孑然一身，已走到人生边缘的边缘，如何面对生死大限似乎就成了一个考验。

但是，我们看到，杨先生完成这个转折并无大的困难。究其原因，我认为可以归结于她对人世间从来是保持着一个距离的，她的入世是一种相当超脱的入世。在她身上，中国知识分子清高的特质十分鲜明，淡泊名利，鄙视权势，远离朋党圈子和琐屑是非。这种性情使她在体制内始终受到冷落，处在边缘地位，用她的话说，只是一个零。然而，这个位置恰恰又最符合她的性情，她乐在其中，以卑微为隐身衣，因此而能够冷静地看人间百态，探究人性的真伪和善恶。

杨先生的文学作品，往往有一种不动声色的幽默，其实也源于此。一个人和人世间保持超脱的距离，同时又有观察和研究的兴趣，就会捕捉到透露人性之秘密的许多微妙细节，幽默的心情油然而生。她的翻译作品，包括《小癞子》《吉尔·布拉斯》《堂吉诃德》，皆是广义的流浪汉小说，每每把可笑背后的严肃揭示给我们看。她创作的小说和散文，例如《洗澡》和《干校六记》，则常常把正经背后的可笑揭示给我们看。作为小说家，她的眼光是锐利的，善于刻画人性的善与恶，但也是温和的，善与恶都是人间戏剧，都可供观赏。

在其文学生涯中，杨先生始终和人世间保持了一个审视的距离，拥有一种内在的超脱和清醒。我相信，当她晚年遭遇人生的大转折时，这种内在的超脱和清醒就发生了重要的作用，使她得以和自己的悲痛也保持一个距离，并由此进入了对生死问题的思考。

三

在《百岁答问》中，杨先生自己说，女儿和丈夫去世后，为了逃避悲痛，她特意找一件需要投入全部心神而忘掉自己的工作，选定翻译柏拉图对话集中的《斐多》。2000 年春，人们惊奇地读到了这位文学大家翻译的这本哲学经典小品，其文字一如既往地质朴又雅致，绝无一般哲学论著的晦涩或枯燥，极传神地再现了青年柏拉图眼中临终一日的苏格拉底形象。杨先生之选定《斐多》，应该有两个原因。一是她不曾翻译过哲学作品，这是一件全新的工作，需要投入全部心神，有助于逃避悲痛。二是这个作品是讨论生死问题的，切合她的境遇，而她自己年事已高，也正是认真思考这个问题的时候了。她回顾说：“柏拉图的这篇绝妙好辞，我译前已读过多遍，苏格拉底就义前的从容不惧，同门徒侃侃讨论生死问题的情景，深深打动了我，他那灵魂不灭的信念，对真、善、美、公正等道德观念的追求，给我以孤单单生活下去的勇气，我感到女儿和锺书并没有走远。”由此可见，通过《斐多》的研读和翻译，其实她更是在一个超越的高度上直面所欲逃避的悲痛。如果说人生的最后一个阶段是哲学阶段，那么，《斐多》的翻译便标志着杨先生的人生和创

苏格拉底临刑之际神态自若，高举左手继续阐述自己的观点，伸出右手去接毒药杯

作由文学阶段转入了哲学阶段，她的心灵的眼睛由看局部的人间戏剧转向了看人生全景。在这之后的若干年里，她先后发表散文长篇《我们仨》和《走到人生边上》，其中都贯穿了生死的思考。

苏格拉底一生坚持并且引导青年独立思考人生的真理，因此在七十岁时被雅典法庭以不信神和败坏青年的罪名判处死刑，《斐多》描述的是他在行刑当天的情形和谈话。他谈话的要点是：哲学就是学习死，因为死无非是灵魂与肉体相脱离，而哲学所追求的正是使灵魂超脱肉体，不受它的欲望和感觉的纠缠，只用理性追求真理；但活着时灵魂完全超脱肉体是不可能的，唯有死后才能达到，所以哲学家最不怕死。但是，这个说法要成立，前提是灵魂不随肉体一同死亡，于是苏格拉底接着对灵魂不灭做了种种论证，并据此强调要注重灵魂的修养，因为“灵魂到另一个世界去的时候，除了自身的修养，什么都带不走”。

《走到人生边上》是一位文学大家写得非常独特的哲学作品。在这部作品中，杨先生依据自己的生活经验和独立思考，讨论两大主题，一是人生的价值，二是灵魂的去向。她以极其认真和诚实的态度，一步一步自问自答，能证实的予以肯定，不能证实的存疑。我曾撰《人生边上的智慧》一文（刊于《读书》2007 年 11 期），写我对此书的解读，可参看。杨先生自己说，此书中的思考受到了《斐多》的一定启发。她思考的结论是，人生的价值在于锻炼灵魂，因为人死之后，肉体没有了，但灵魂仍在，锻炼或不锻炼的结果也就仍在。我们的确看到，她在关键点上遵循的是苏格拉底的思路，即把灵魂不灭作为确定人生价值何在的根据。她明确地说：“所以，只有相信灵魂不灭，才能对人生有合理的价值观，相信灵魂不灭，得是有信仰的人。有了信仰，人生才有价值。”

然而，人在生前无法经验死后的情形，何以见得灵魂不灭呢？事实上，杨先生对此并无把握，探讨到最后坦陈：“有关这些灵魂的问题，我能知道什么？我只能胡思乱想罢了……我的自问自答，只可以到此为止了。”其实苏格拉底何尝不是如此，在柏拉图对话集里，《斐多》篇之前有《申辩》篇，是写他在法庭审判时的言论的，有两处透露了他的真实想法。其一他说：无人确知死后的情形，我也不自命确知，但大家却怕死，仿佛确知死是最坏境界，而我绝不害怕和躲避好坏尚不知的境界过于明知是坏的境界。其二他说：死后或毫无知觉，如无梦之夜一样痛快；或迁居彼界，得以和众神相处，不必与为思想而杀人者打交道，实为无限幸福。这些话是对不公正审判的讽刺，同时也表明他对死后灵魂的存灭和去向是存疑的。

由灵魂不灭得出人生的价值在于锻炼灵魂，那么，倘若灵魂不灭是疑问，关于人生价值的论断是否就失去根据了呢？这就涉及了知识和信仰的区别。知识可以用经验证实或证伪，死后灵魂的情形是活人经验不到的，不是知识，只能是信仰。信仰的实质正在于不管灵魂是否不灭，都按照灵魂不灭的信念做人处世，注重灵魂生活。所以，这不是一个理论问题，而是一个实践问题。苏格拉底一生致力于探究有意义的人生，早就把灵魂生活看得高于一切，他的全部人生态度中已经蕴含了灵魂不灭的信念。杨先生平生也总是从有品质的心灵生活中感受人生的意义，所以很自然地就认可了灵魂不灭的信念。由此可见，灵魂不灭与其说是一个人要求自己注重灵魂生活而找到的理论根据，不如说是一个本来就注重灵魂生活的人事实上秉持的不言而喻的信念。

四

人生发生重大变故的时候，人会对自己一向熟悉的生活环境产生疏离感。女儿和丈夫去世后，三里河的寓所里只剩下了杨先生一人，她即清醒地意识到这个她一向当作家的寓所只是旅途上的客栈，并不是真正的“家”。推而广之，整个人世间也只是暂栖的客栈，人生只是羁旅，她开始思考真正的“家”在哪里的问题。

随着思考的深入，她愈发相信“家”不在这个人世间。人是万物之灵，天地生人，是要让人身上的“灵”得到发扬。可是，在现实的人世间，“灵”却遭到压制，世道人心没有进步，往往恶人享福，有德者困顿。鉴于人间的种种不合理，她在《走到人生边上》中如此设问：“让我们生存的这么一个小小的地球，能是世人的归宿处吗？又安知这个不合理的人间，正是神明的大自然故意安排的呢？”我从中读出的潜台词是：这个不合理的人间只是一个过渡，是神明安排来考验人、锻炼人的，人的归宿处在别处，那应该是一个合理的世界，那才是真正的“家”。

真正的“家”究竟在哪里呢？杨先生没有说，我不知道她最后是否找到了答案。但是，由她在《百岁答问》中谈及快“回家”时的“心静如水”，由她离世前为“回家”做种种准备的从容镇静，我猜想她是心中有数的。那也许是一个美妙纯粹的灵界，洗净尘世污秽的灵魂得以往生。如果没有灵魂不灭这回事呢？好吧，智者明晰生死必然之理，总还可以怀着自然之子的恬适心情回归自然大化这个“家”。

2016 年 8 月 30 日

（作者为作家、中国社会科学院哲学研究所研究员）

杨绛：永远的女先生

陈众议

杨绛先生离开我们已有一些日子。读者的叹惋和追思仍在继续，媒体的惊爆和喧哗渐趋平静，而我也从悲痛和忙乱中缓过神来。自先生病重住院到弥留之际再到起灵往八宝山浴火重生，我见证了几乎每一个细节。这是我幼年送别祖母以来第一次全程参与，甚至可以说是受命主持的一桩后事。可它是怎样的一桩后事啊！它是我国现代文坛最后一位女先生的后事。它意味着一个时代的结束，一代大师的远去。

老实说，我度过了最为艰难的一周。遵先生之嘱，我当先料理后事再发讣告，但媒体的嗅觉太过灵敏，以至于我们不得不改变初衷。在经历了一系列纠结和协商之后，并征得吴学昭老师的首肯，我通过中新社发布了先生逝世的消息，继后是领导和少数亲属的简单、肃穆、哀痛的告别礼和起灵式。虽说杨先生已是高寿，但生命的消逝永远令人悲怆，何况是这样一位厚德者的仙逝。不少领导和亲友潸然泪下，泣不成声。没有闪光灯，更无媒体见证，唯有人们自然流露的感情。

如今，有关先生的报道已经很多，我似乎再也说不出什么“新鲜”的话来。但近二十年因工作关系与先生接触的点点滴滴却不断浮出脑海，挥之不去。从这个意义上说，她并没有离开我们。

我们知道，先生是在痛失爱女和丈夫之后的近二十年间再度为社会所广泛关注的。在此期间，她排除所能排除的一切干扰，信守诺言。那是她作为一位贤妻对丈夫的最后承诺：“你放心，有我呢！”须知钱锺书先生是在爱女钱瑗去世后一年多撒手人寰的。他罹患重病期间一直惦念着久未露面的女儿，无如之下杨先生只好以各种借口搪塞、隐瞒、安慰，并用那简单而有力的诺言让钱先生安心离去。然后，作为一位成名远早于丈夫的才女，她还有自己的使命。她在无比悲伤和寂寥的一个个漫漫长夜和一个个茫茫日子里，翻译了柏拉图关于灵魂的《斐多》，创作了《从丙午到“流亡”》《我们仨》《走到人生边上——自问自答》和《洗澡之后》，主持编辑了《杨绛全集》，主持整理了《钱锺书手稿集·容安馆札记》(3 卷)、《钱锺书手稿集·中文笔记》(凡 20 卷)、《钱锺书手稿集 · 外文笔记》(凡 48 卷附 1 册)。这些先后由北京三联书店、北京商务印书馆和人民文学出版社付梓出版。其中据不完全统计，《我们仨》在海内外累计印行 40 余次，发行数百万册（还不包括大量盗版），成为当代传记文学不可多得的范例。先生以一贯的平和、翔实、婉约和纯真，再造了女儿，唤回了丈夫，展示了三口之家鲜为人知的寻常的一面、快乐的一面、亲切的一面、素心的一面。小钱瑗画父亲带书如厕，可谓童趣横生。它让我想起了杨先生对坊间关于其丈夫“过目不忘”

的回应。她说："锺书哪里是过目不忘？他只不过笔头较常人勤快、博览强记罢了。"皇皇68卷中外文笔记印证了杨先生的说法。这些笔记见证了钱先生是怎样大量阅读、反复阅读各种经典的。许多中外名著出现在他的读书笔记中，可谓经史子集无所不包；但稍加留意，我们就会发现一些奥妙或规律，即钱先生的阅读习惯：一是读名著，尽量不把有限的时间浪费在闲杂无聊的消遣书上；二是他每每从原典读起，并且反复阅读，而后再拿注疏、评述和传略来看。

钱、杨二位先生藏书不多，他们的取法是借书读。用杨先生的话说，个人藏书再多也不过沧海一粟。因此，他们是图书馆的常客，无论国内国外，所到之处概莫能外。过去，我所在的中国社科院外文所就曾留下了钱、杨二位先生的大量手迹。当时，每一册图书的封底，或内或外皆有一只小纸袋，里面插着一张借书卡。每次借阅，须在卡片上签个姓名、写上日期。书借走，卡片留下。我初到外文所时，许多图书的卡片上都有二位先生的签名。而且，从年长一些的前辈、同行口中得知，钱先生一直是图书馆的义务订购员（后来得知，钱先生曾任文学研究所图书资料委员会主任）。他为外文所和文学所图书馆订购的图书不计其数，荫庇数代学人并将继续惠及后人。在钱、杨二位先生看来，所谓学问，无非是荒江野老屋中三两素心之人商讨培养之事。而图书馆便是这个荒江野老之屋，前人通过自己的耙梳、阅读和著述传承经典、滋养后学、培植德行。说到这里，我又不由得想起，早在20世纪70年代末，钱、杨二先生就注意到了博尔赫斯，后者在图书馆终其一生，而且留下了这样的诗句："我总是暗暗思量，天堂该是图书馆模样。"钱、杨二位先生和他当是心有灵犀的。

杨先生还时常提到钱先生和她自己的翻译心得。她关于翻译的"一仆二主"说脍炙人口，谓"一个洋主子是原文作品，原文的一句句、一字字都要求依顺，不容违拗，不得敷衍了事。另一个主子就是译本的读者。他们既要求看到原作的本来面貌，却又得依顺他们的语文习惯。我作为译者，对洋主子尽责，只是为了对本国读者尽忠"。钱先生称这种"一仆二主"是化境，即既要忠实原著的异化，又要忠于读者的归化。这自然是很不容易的，有时甚至是矛与盾的关系，但杨先生在其《堂吉诃德》《小癞子》《吉尔·布拉斯》等译作中努力做到了。要说杨先生年届五旬开始自学西班牙语，那是何等毅力、何等勇气。适值"文革"如火如荼，先生却躲开睽睽众目，利用有限的间隙偷偷译完了《堂吉诃德》。一如钱先生所译德国大诗人海涅的感喟，杨先生认为《堂吉诃德》实在是一部悲剧。是啊，在强大的世风面前，堂吉诃德那瘦削的身躯是多么羸弱，生锈的长矛是何等无力。还有那一往无前的理想主义，简直是不合时宜！但杨先生就是那个不合时宜的高古之人。

此外，她翻译的《小癞子》虽是另一种文学形态，却一样传递了先生的问学之道。下笔前先竭泽而渔，了解相关信息。且说《小癞子》原名《托尔美斯河上的小拉撒路生平及其祸福》，实在冗长得很。杨先生之所以翻译成《小癞子》，是因为《路加福音》中有个叫拉撒路的癞皮化子，而且"因为癞子是传说中的人物"……在此，我们不妨稍事逗留，将杨先生的考证摘录

La vida de
Lazarillo d Tormes:
y de sus fortunas
y aduersida-
des.
M. D. liiij.

《小癞子》初版封面

西班牙画家戈雅为《小癞子》所作插图

于斯，以飨读者 ："早在欧洲 13 世纪的趣剧里就有个瞎眼化子的领路孩子 ；14 世纪的欧洲文献里，那个领路孩子有了名字，叫小拉撒路……我们这本小说里，小癞子偷吃了主人的香肠，英国传说里他偷吃了主人的鹅，德国传说里他偷吃了主人的鸡，另一个西班牙故事里他偷吃了一块腌肉。伦敦不列颠博物馆藏有一部 14 世纪早期的手抄稿 *Descretales de Gregorio IX*，上有 7 幅速写，画的是瞎子和小癞子的故事。我最近有机缘到那里去阅览，看到了那部羊皮纸上用红紫蓝黄赭等颜色染写的大本子，字句的第一个字母还涂金。书页下部边缘有速写的彩色画，每页一幅，约一寸多高，九寸来宽。全本书下缘一组组的画里好像都是当时流行的故事，抄写者画来作为装饰的。从那 7 幅速写里，可以知道故事的梗概。第一幅瞎子坐在石凳上，旁边有树，瞎子一手拿杖，一手端碗。小癞子拿一根长麦秆儿伸入碗里，大约是要吸碗里的酒，眼睛偷看着主人。画面不大，却很传神。第二幅在教堂前，瞎子一手拄杖，一手揪住孩子的后领，孩子好像在转念头，衣袋里装的不知是大香肠还是面包，看不清。第三幅也在教堂前，一个女人拿着个圆面包，大概打算施舍给瞎子。孩子站在中间，伸一手去接面包，另一手做出道谢的姿势。第四幅里瞎子坐在教堂前，旁边倚杖，杖旁边有个酒壶，壶旁有一盘东西，好像是鸡。瞎子正把东西往嘴里送，孩子在旁一手拿着不知什么东西，像剪子，一手伸向那盘鸡，两眼机灵，表情刁滑。第五幅是瞎子揪住孩子毒打，孩子苦着脸好像在忍痛，有两人在旁看热闹，一个在拍手，一个摊开两手好像在议论。第六幅大概是第五幅的继续。孩子一手捉住瞎子的手，一手做出解释的姿态。左边一个女人双手叉腰旁观，右边两个男人都伸出手好像向瞎子求情或劝解。第七幅也在教堂前，瞎子拄杖，孩子在前领路，背后有人伸手做出召唤的样儿，大约是找瞎子干甚事。”同时，汉语里的癞子也并不仅指皮肤上生有癞疮的人，而是泛指一切混混。残唐五代时的口语就有“癞子”这个名称，指无赖；还有古典小说像《儒林外史》和《红楼梦》里的泼皮无赖，也常叫作“喇子”或“辣子”，跟“癞子”是一音之转，和拉撒路这个名字也意义相同，所以杨绛便巧妙地将书名译作了《小癞子》。

奇怪的是，杨先生尸骨未寒，一些对她及钱锺书的诟病便沉渣泛起。我绝对不认为钱、杨二位是无过圣人，但他们在那样的时代做出那样的成绩实属不易。我们怎能苛求他们创造什么惊世理论？尤其是在十年动乱时期，能偷偷读书已经是一个奇迹。没有他们那样的素心、智慧和定力，译完《堂吉诃德》和留下卷帙浩繁的读书笔记（见钱锺书《中文笔记》和《外文笔记》）是难以想象的。逝者已矣，我们能做的和该做的，难道不应该是善意的纪念、善意的评骘吗？

再说近十年杨先生逐渐双耳失聪，最后必得与人笔谈，还须目不转睛地看着对方的表情和口型。我颇为着急，多次劝先生配一副好一点的助听器。她原是有一副助听器的，但质量不好，戴上它嗡嗡地似有发动机在耳边轰鸣。即使如此，每每提起新助听器，她就一再摇头说算了，“不必浪费，我能看书、写字就可以了”。后来，我偶然得知有位邻居叫张建一的，是协和医院的耳科专家，便再次劝先生配助听器。她依然不肯。我和张大夫都以为她心里装着“好读书奖学金”，舍不得花钱。于是，张大夫经与协和医院领导商量，准备替杨先生免费配一副最好的助听器，结果还是被先生婉言谢绝了。我们这才明白，她是不想浪费资源，以便多一个“更年轻、更需要的人”去拥有它。而实际上先生又何尝不需要呢？近年来，其实总有领导和各方人士前去探望，可她却宁可自己将就。

说到“将就”，那也是应了先生的性情。她固爱清静，但更想着不麻烦别人。因此，她最近十来年也着实谢绝过许多热心读者、媒体，甚至领导的造访。这又使我想起了钱先生的逗趣：喜欢吃鸡蛋，又何必非要认识下蛋的鸡呢。

如今，先生驾鹤西去，“丧事从简，不设灵堂，不受赙仪，不留骨灰”，但她的作品早已为她铸就了丰碑，而她的德行便是那不朽的铭文。“不说违心的话，不做违心的事，一生只靠写作谋生。”这便是先生对自己的写照，而钱先生对她的赞美却是“最贤的妻、最才的女”。作为一位著作等心的知识分子，她的同人、晚辈则将一如既往地尊称她为先生。

2016 年 7 月 4 日

（作者为中国社会科学院外国文学研究所所长）

为了天下读书人的面子

——维权永远在路上

王振民

一、仙逝

2015年11月底，我离开生活工作二十多年的清华大学法学院，借调到香港工作。由于工作原因，我经常来往北京香港之间。今年5月24日晚上我参加完一个活动，搭乘晚上8点航班回京，大约深夜12点到达，到家都凌晨1点多了。洗完澡，睡觉前我正准备关闭手机，无意中突然看到一则消息说杨绛先生不幸逝世！我不敢相信自己的眼睛，就浏览网站，越来越多网站报道这个噩耗。由于是深夜，无法打电话确认，但看到这么多网站包括国内各大门户网站都在报道，看来这次她真的离开了这个纷繁嘈杂的人世，到另外一个世界与钱先生和女儿团圆去了。

一夜无眠。早上在进城开会的路上，我立即给清华大学教育基金会的同事池净打电话。她证实杨先生今天凌晨——也许就是我刚刚到达北京的时候不幸与世长辞。我又赶快给吴学昭老师打电话，也得到了确认。吴老师告诉我，这段时间以来，杨先生身体一直不好，前些时候提出想见几位人士，其中提到我。他们告诉杨先生，王院长现在香港工作，不常回京，有什么话他们可以转告。这竟成了永远的遗憾！如果知道杨先生要见我，我无论如何也要回来呀！即便专程回来，再见见她，聆听她的嘱托和心愿，也是应该的呀！这段时间，尽管我人在香港，但一直关心关注她的状况，一直想回京时去探望她，总是因为忙，因为各种各样的事情，有各种似乎正当的理由和借口，未能再去探望她。我总以为她不会那么快离开我们——以前她总是能够逢凶化吉、平安无事的……就这样，留下了永远无法弥补的遗憾！

当代人都忙，永远忙。但是，人呀，该做的事情一定不要拖延，不要找各种借口，尤其不要以忙为理由错过不能错过的机会，特别是老人、亲人，要利用一切可以利用的机会多见面，能多在一起，就多在一起，能够与亲人多说两句话，就多说两句话。

我以前与杨绛先生并不熟悉，只是作为普通读者，对她一直景仰崇拜。特别是作为清华学长和校友，她一直是天下所有清华人的骄傲，是我们做人的楷模和榜样。她晚年勇敢运用法律维权一事，把她与清华法学院、与我自己联系在一起了，让我见证了一位百岁老人对国家法治、对法律人无限的寄托和信赖。

二、拍卖

2013 年 5 月，北京一家拍卖公司——中贸圣佳国际拍卖有限公司（以下简称“中贸圣佳公司”）发布公告，称将于

2013年6月21日举行“也是集——钱锺书书信手稿”公开拍卖活动，拍品为钱锺书先生私人书信66封、《也是集》手稿、杨绛先生私人书信12封、《干校六记》手稿以及6封钱瑗的书信，共计百余封珍贵的私人信札和文稿。为进行该拍卖活动，中贸圣佳公司将于2013年6月8日举行相关研讨会，6月18日至20日举行预展活动。这个消息因为拍品的特殊性而很快传播开来。

5月20日杨绛先生得知这一消息，立即与有关当事人交涉，表示“这件事情非常不妥，通信往来是私人之间的事”，不应该拍卖、公之于众。对此，拍卖公司回应“本意是出于对钱锺书和杨绛的尊重，书信及手稿具有非常重要的文献价值和文学研究价值”，由于社会高度关注此事，有关研讨会和拍卖时间还将提前！对于习惯过低调、无争、宁静生活的杨绛先生，这简直就是晴天霹雳！

由于交涉无效，杨绛先生立即联系清华大学——这是她和钱锺书先生共同的母校，请求清华大学帮忙制止这起拍卖活动。根据之前与她签署的有关奖学金协议等，清华大学也有义务和责任代表她捍卫她和家人的合法权益。学校自然将这件事交给法学院办理。

接受这个艰巨任务之后，我们迅速行动起来。5月26日早上，我们邀请民法、知识产权法和宪法领域权威专家教授，对钱锺书、杨绛和他们女儿钱瑗的私人书信被拍卖涉及的法律问题，进行认真研讨分析，提出了五点意见。大家的基本共识是，无论从私法或者公法角度看，私人书信未经书信作者或者其继承人同意，不得公开，不能拍卖。我们还找到西方国家类似的案例，都是禁止的。如果中国允许的话，将会非常麻烦。即便今天很多东西都可以拍卖，可以被金钱化、物质化，但总应该保留一些矜持，保持底线原则，其中隐私就是不可以被买卖的。如果允许这种侵权行为发生而不加以制止，将发出一个非常危险的信号：在中国，他人可以随意侵害其他公民非常私密的个人信件及其隐私！这必将摧毁人与人之间的信赖关系。法律必须向全社会发出强有力的指引，引导公民在行使个人自由和权利的时候，不能损害其他公民合法的权利。

同日，杨绛先生发表严正声明，强烈反对拍卖其私人书信。她说，这件事让她很受伤害，极为震惊。她不明白，完全是朋友之间的私人书信，本是最为私密的个人交往，怎么可以公开拍卖？个人隐私、人与人之间的信赖、多年的感情，都可以成为商品去交易吗？“年逾百岁的我，思想上完全无法接受。”她希望有关人士和拍卖公司尊重法律，尊重他人权利，立即停止侵权，不得举行有关研讨会、预展和拍卖。否则她会亲自走向法庭，维护自己和家人的合法权利。老人还说，今天人们大讲法治，但法治不是口号，希望有关部门切实履行职责，维护公民的“通信自由和通信秘密”这一基本人权。她作为普通公民，对公民良心、社会正义和国家法治，充满期待。

杨绛先生的声明铿锵有力。5 月 27 日，海内外各大媒体大幅报道杨绛先生的声明和法律专家的五点意见。百岁老人运用法律维权，甚至还要自己走向法庭，引起全社会极大震动和感动，产生了巨大社会影响，扭转了过去几天舆论一边倒的态势。

大家都支持杨绛先生，这不仅仅是个人的事情，也不是因为钱、杨二人是名人，杨绛先生更不是倚老卖老、“拥名自重”，才如此强烈维权。其中的道理是，未经书信作者许可，就拍卖其私人书信，其实就是把别人的隐私拿出来给天下人看，让天下人去评头论足！这不仅侵犯书信作者的著作权以及相关人士的隐私权，而且把中国缺乏诚信的形象放大，让全世界都知道中国不讲诚信，私信可以被随意拍卖而不承担法律责任，以后没有人敢给中国人写信，谁还敢跟中国人交往？

三、立案

5 月 27 日，我们推荐清华法学院申卫星教授和校友王登山律师担任杨绛先生的代理人，并办理了正式委托手续。当天，王律师即向中贸圣佳公司发出律师函，要求立即停止公开拍卖杨绛等私人信件和相关活动。由于时间极其有限，拍卖公司 6 月 8 日就要召开研讨会，这些书信就要被公开展示，即便还不是拍卖，研讨会以及随后的预展也将使得后边的维权诉讼变得毫无意义。迟到的正义就是不正义。我们必须在十天之内向法院申请到紧急禁止令，先让有关活动停下来，再慢慢辩论法律上的是非对错。

5 月 28 日，我们委派王登山律师到北京市某一中级法院申请立案，竟被拒绝！我真切感受到什么叫“立案难”！立案就是一个程序，只要符合形式要件，就可以了。怎么可以如此武断拒绝呢？那时候法院受理案件制度还没有改革，还可以选择案件。但我始终认为，法院立案应该是常态，不立案应该是例外。法院的大门必须是常开的。而且即便法院拒绝立案，也必须是在经过一定形式的庭审、听取当事人的陈述后才能够做出的决定。很可惜，这家法院错过了这个百年不遇的大案，也错过了创造历史的机会。

由于时间紧，一天都不能耽误，王律师赶快到北京市第二中级人民法院申请立案，29 日二中院受理了。好在法院多，可以到不同的法院去尝试。谢天谢地！从接受办理这件案件之初，我就有一个信念：尽管我认识很多法院的领导和朋友，也有不少校友在法院工作，但我坚决不找人，不找关系。作为法律人，我想测试一下，在不找熟人的情况下，中国司法能否自动公正，是否必须由外力“协助”才能实现公正？我认为，司法应该基本公正，而非基本不公正；公正是常态，不公正是例外；自动公正是常态，通过外力（关系等）实现公正是例外；对熟人要公正，对陌生人更要做到公正。令人欣慰的是，整个诉讼过程，基本验证了这一点，尽管磕磕碰碰。

不知为何，想起林肯的一句话，大意是你可以在某地一时蒙蔽一部分人，但是你无法在所有的地方、在所有的时间蒙蔽所有的人。有时公正可能会迟到，但绝不会不到，只要你顽强地坚持、再坚持。

法院要求我们提供被申请人的一些私人材料。这很难，因为你要告人家，人家怎么可能向你提供他的一些私人信息呢？国家机关的一些要求有时违背常识常理。还好这些问题很快得到一一解决。

这几天国家版权局等相关机构、很多社会名人，如中国作协主席铁凝都发表了谈话，表达对杨绛先生坚定的支持。

四、禁令

5 月 31 日，律师紧急向北京二中院提交诉前禁令申请书，请求法院在对方召开研讨会之前，发出诉前禁令，责令中贸圣佳公司及有关人士立即停止公开拍卖、公开展览、公开宣传杨季康（杨绛先生原名）享有著作权的私人信件，也就是先停止所有与拍卖有关的活动，以避免对杨绛先生一家造成无法挽回的损害。法院很快开庭，组织双方进行法庭谈话，提交证据。

在沟通中，对方提出如果他们同意撤拍杨先生和她女儿的信件，她是否同意拍卖钱锺书的信。法院让我们向杨先生确认。

当天夜里，我们到杨绛先生家里，汇报案件进展情况，并确认此事。这是我第一次见到杨绛先生。我与清华党委前书记贺美英老师和同事唐杰、池净一起到南沙沟小区她的家里拜访她。老人家住三楼，没有电梯，每天要上下楼梯。据说自 1977 年，她家一直住在这里，后来几次让她换好点的房子，都被拒绝。她在门口迎接我们。房间非常简朴，还是 20 世纪 80 年代的样子，素白墙，水泥地，也许正是因为这样，也使老人得以免受装修污染之害之苦。

入座后，她一再向我表示感谢。我汇报了情况后，老人坚决反对单独拍卖钱锺书的书信，说那等同拍卖她自己的信件，没有区别。她还坚持把这句话写下来“我不同意拍卖钱锺书的书信”，并郑重签上名。她说她每天打八段锦，“我很牛的，可以打架的”。说着，她伸出自己的胳膊，攥起拳头，证明自己还很强壮。她强调说：“我将坚决战斗到底，决不妥协。这不是为了我个人，而是为全体文化界人士，为了天下所有读书人的面子！”

老人坚决不同意调解，不愿意和稀泥，一定要在法律上弄个水落石出，黑白分明，清清楚楚，不容一丝一毫的模糊。她说，打官司不是为了钱，不是为了名，就是为了讨回公道。在调解盛行的年代，一味调解模糊了很多法律上的是非曲直，中国几乎变成了没有原则是非的国度。先生的这种态度令人敬佩，值得所有法律人学习。

她说，她父亲杨荫杭做过民国京师高等检察长，类似今天北京市检察院检察长。也许是因为今天见面的是法学院院长，她才谈起她的父亲。当然这也表示她对法律不陌生，打官司不是意气用事。我当然知道她父亲是中国现代著名法律家，留学日本、美国，获得早稻田大学法学学士学位、宾夕法尼亚大学法学硕士学位。1911 年辛亥革命后，出任江苏省高等审判厅厅长，之后历任浙江、北京等地司法高官，捍卫司法独立和公正，有很多与强权作斗争、捍卫司法正义的故事。也许受父亲影响，杨先生考大学时，曾想选择读法律，但由于父亲不鼓励，也就选择了其他专业。但是，在一个著名法律家的身边长大，使得她自然具有了法律人的某些气质和心态，例如心怀正义，满身正气，疾恶如仇，有很强的公民权利观。这其实是每一个共和国公民应有的基本素质。

临告别，老人签名赠书，送我《我们仨》这本书。为了题词签名，老人还打了初稿，十分认真。这是一次难忘的访问学习。我见识了什么叫作真实、简约、高雅的生活和人生态度。

这几天，媒体高度关注这个案件的进展。由于法律上的不确定性，一些名人开始回收自己以前寄出的信件，担心这些私人信件以后可能也会被拍卖。可见，这起拍卖，已经引起社会正常交往秩序的混乱。法院必须尽快通过判决明确有关法律观点。

就在本案进行中，北京保利国际拍卖有限公司突然宣布也要拍卖钱锺书和杨绛的三封私人书信手稿。6 月 2 日，我们立即指派王律师向该公司发出律师函。当天杨绛先生发表第二份声明，严词反对包括保利在内的机构拍卖二人书信，并表示决不妥协、坚决维权到底。由于舆论的强大压力，当晚保利拍卖公司在官网上声明，尊重老人意见，涉及钱锺书和杨绛的信件拍卖撤拍。

终于，北京市第二中级人民法院经过认真审理，6 月 3 日作出裁定，任何人包括收信人及其他合法取得书信手稿的人，对于合法取得的书信手稿进行处分时均不得侵害著作权人的合法权益。由于杨绛先生明确表示不同意将其享有权利的涉案作品公之于众，中贸圣佳公司仍将公开预展、公开拍卖涉案书信手稿，及为拍卖而正在或即将复制发行涉案书信手稿的行为构成了对杨绛发表权及复制权、发行权的侵害，将导致其受到难以弥补的损害。法院因此责令中贸圣佳国际拍卖有限公司在拍卖、预展及宣传等活动中不得以公开发表、展览、复制、发行、信息网络传播等方式实施侵害钱锺书、杨季康、钱瑗写给李国强的涉案书信手稿著作权的行为。裁定送达后，被申请人中贸圣佳公司随即发表声明,“决定停止 2013 年 6 月 21 日‘也是集——钱锺书书信手稿’的公开拍卖”。有关的研讨和预展自然也随之取消。这是维权取得的重要阶段性成果！所有关心“我们仨”的人悬着的心终于可以放下了。

我没有想到，在很多国家经常使用的诉前禁令制度，在中国竟然是一个长期休眠、没有被激活的法律制度！在一些紧急情况下，例如针对正在发生的大规模环境污染，有关方面可以申请禁止令，要求法院责令有关公司先停止继续污染环境，然后再审理案件的实体对错。本案因此成为全国法院首例涉及著作权的临时禁令案，也是《民事诉讼法（2012 年修订)》修订实施后首例针对侵害著作权行为作出的临时禁令。我们无意中激活了一项重要的司法制度。

2014 年 2 月 17 日最高人民法院公布近年来人民法院审理的涉及拆迁补偿、著作权保护、刑事冤错案赔偿等民生领域七起典型案例，这便是其中之一。

《民事诉讼法》第一百零一条规定了行为保全制度。为了避免无法弥补的损害损失的发生，人民法院可以责令行为人作出一定行为或者禁止其作出一定行为。北京市第二中级人民法院准确把握了保全措施的适用条件和适用程序，积极主动采取合理保全措施，为权利人——杨绛先生一家人及时提供了必要有力的保护，避免对其造成无可挽回、不可弥补的损害和损失，正确发挥了司法引导社会行为、规范社会秩序的功能。

对此，中国人民大学民商事法律科学研究中心主任杨立新教授评论认为，私人书信作为著作权法保护的文字作品，其著作权由发信人即作者享有，但物权归收信人所有。任何人包括收信人及其他合法取得书信的人，在对书信行使物权进行处分时，不得侵害著作权人的著作权和隐私权。拍卖公司在权利人明确表示不同意公开书信及内容的情况下，即将实施公开预展、拍卖的行为，尽管有物权作为其基础，但会构成对著作权人发表权的侵害，同时，对书信中的隐私内容予以公开，也会构成对隐私权的侵害。对于此类行为人即将实施的造成当事人其他损害的行为，如不及时制止，将给权利人造成难以弥补的损害。法院及时作出诉前行为保全的裁定，责令拍卖公司禁止进行该拍卖活动，制止了侵权行为的发生。他认为，“在这个案件中，绝不仅仅是因为涉及已故著名作家、文学研究家钱锺书及著名作家、翻译家、外国文学研究家杨绛的著作权和隐私权，也不仅仅是因为对本案的处理受到了社会广泛关注，而是依法本应如此，任何符合这一规定要求的，都可以采取这样的法律措施”。

五、判决

在向北京二中院提出诉前禁令申请的同时，律师也向法院提交了民事起诉状，要求保护委托人杨绛及其家人的隐私权、著作权等实体权利。2013 年 6 月 7 日，北京市第二中级人民法院正式立案。之后我们与律师一起收集整理证据。7 月 19 日证据提交结束，我们把有关信件文件通过律师提交给了法院。关于赔偿一事，我认为应该严格依据法律，实事求是，既不故意高姿态放弃赔偿，也不狮子大开口，漫天要价。老实做人是根本，不要哗众取宠，投机取巧。这也是杨绛先生的人生态度。

经过几次开庭审理，2014 年 2 月 17 日北京市第二中级人民法院终于做出一审判决，法院认定二被告的行为已经构成侵权，要求中贸圣佳公司停止侵害涉案书信手稿著作权行为，赔偿杨绛 10 万元经济损失；中贸圣佳公司、李国强停止涉案侵害隐私权的行为，共同向杨绛支付 10 万元精神损害抚慰金；中贸圣佳公司、李国强就其涉案侵权行为向杨绛公开赔礼道歉。

中贸圣佳公司不服一审判决，向北京市高级人民法院提起上诉。由于这批手稿有钱瑗的信件，此案涉及钱瑗的著作权和隐私权。中贸圣佳公司认为现有证据不足以证明杨季康有权行使钱瑗的有关权益；另外，该公司已提前取消研讨活动，不存在主观过错，且早已主动终止被诉侵权行为，原审法院判决缺乏事实和法律依据。故请求撤销原审判决，依法改判驳回杨季康的全部诉讼请求。

北京市高级人民法院经审理认为，根据相关法律规定，杨季康作为钱锺书的遗孀、钱瑗的母亲，是二人的近亲属，在二人去世后，有权就涉案侵权行为请求侵权人承担侵权责任，并有权依法继承钱锺书、钱瑗著作权中的财产权。中贸圣佳公司作为拍卖人，未能证明其履行了《拍卖法》规定的与委托人签订委托拍卖合同、审查委托人的身份证明、要求委托人提供与著作权隐私权相关的其他资料等法定义务，主观上存在过错，对此应承担相应的侵权责任。法院认为，中贸圣佳公司召开研讨会、向鉴定专家提供涉案书信，且未与专家就不得对外提供涉案书信等事项进行约定，以及通过其网站转载媒体相关文章等行为，侵犯了杨季康等人对涉案书信享有的发表权、复制权、发行权、信息网络传播权、获酬权及杨季康等的隐私权。

法院认为，鉴于本案权利人的实际损失和侵权人的违法所得均无法确定，原审法院根据涉案书信的知名度和影响力、中贸圣佳公司的过错程度等因素酌定10万元的著作权侵权赔偿，并根据该公司和李国强的过错程度、侵害手段、侵权行为造成的后果等因素确定10万元的精神损害抚慰金，尚属恰当。

2014年4月10日，北京市高级人民法院作出终审判决，驳回中贸圣佳国际拍卖有限公司的上诉，维持原判：中贸圣佳公司停止侵害书信手稿著作权的行为，赔偿经济损失10万元；中贸圣佳公司、李国强停止侵害隐私权的行为，共同向杨季康支付精神损害抚慰金10万元，同时公开道歉。

两被告也很快执行了法院判决，按照法院要求分别登报赔礼道歉，并赔偿损失。

至此，杨绛先生近一年的维权诉讼圆满结束。

2015年1月7日由《人民法院报》评选的2014年度全国法院十大民事案件公布，北京市高级人民法院终审的杨季康（笔名杨绛）诉中贸圣佳国际拍卖有限公司、李国强侵害著作权及隐私权案，被评为当年全国十大民事案件之首，也是当年全国最有影响的知识产权案件之一。

六、结语

我与清华法学院团队在杨先生晚年帮她打了这场世纪官司，我本人在这个过程中看到很多，也学到了很多。后来在法学院全院大会上，我提出希望我们全体教师每年都办一起类似的案件，一方面可以理论联系实际，只有亲身参与一个具体案件的处理，你才知道在中国打官司多么不容易，我们的一些法律规定是多么模糊、多么不合理；另一方面，也通过个案促进国家司法改革的推进和法治的不断进步。当然要选择具有标杆意义、能够推动制度进步的案例。通过个案推动制度进步，也是很多国家法治建设的经验。

通过与杨绛先生几次接触，我看到一个集中华民族各种美德于一身的楷模，看到一个真实、实在的人。她经历了清末、民国和新中国，可谓历尽坎坷赤心不改，无论事业、家庭遭受多大磨难和挫折，她不改初心，不改做人的本性。她是一个幽默智慧的人，是一个率真、纯粹、洁白的人。做人做事极其认真、追求完美，有时到了“较真”的程度，眼睛里容不进一点点沙子，特别疾恶如仇，捍卫正义。很多人原本也是如此，但与人生几个回合打下来，就被无情的岁月改变了，变得不是自己了。杨先生历尽磨难，逾百年而本性不易，在物欲横流的今天，这样纯粹的人太少，显得更加珍贵，是中华民族的宝贵财富。

到了晚年，面对飞来横祸，面对从天而降对自己和家庭的侵权，她毅然决然地运用法律捍卫自己的合法权益，令人佩服。在整个诉讼过程中，对方和一些社会人士认为，这是她的法律团队故意搞出的官司，因为她年纪那么大了，能够表达自己的意思吗？到底是谁要打官司？为了让对方和社会明白这确实是她个人坚定的要求，我们曾经安排法官到家里进行谈话，并进行了录像。她那坚定明确的言语和神态，让法官确信打官司确实是她个人坚定的主张，不是任何他人的主意。这表达了一位百岁老人对法院、对法治坚定的信仰和信赖。如果中国13亿人有一小半有如此信心和信念，我国法治就大有希望。

2014年春天打赢官司后，她十分高兴，说要请我们团队吃饭，还表示要把20万元赔偿全部捐给清华大学法学院，用途由我决定。经过与同事们讨论，我们决定以此为基础，设立一个普法基金，向社会传播法治理念，特别是教育年轻一代一定要像她那样树立坚定的法治信仰，做个纯真、大写的人。我提出用她的名字来命名这个项目，她坚决不同意。

2016年5月27日，是与杨先生最终告别的日子。我未及赶在她生前再见她一面，再次聆听她的教诲和嘱托，今天一定要向她做最后的告别。告别室简约质朴，没有横幅，没有挽联，没有花圈，没有哀乐。我们排成一队，向这位伟大的女性深深三鞠躬，绕灵柩一圈，瞻仰她的遗容。先生静静地躺在鲜花丛中，浅色被子上撒了些许白色花瓣。她身着浅灰色西式套装，围着一条黑白相间的围巾，安静地躺在那里，显得雍容华贵，恬淡自然。先生走过不寻常的105年，送走了自己的女儿和丈夫，坚强地活着，认真地活着，不屈不挠地与人间的不公不义作斗争。不知道她有无登过泰山，领略“一览众山小”的风光和境界。我确信，先生高寿105岁，肯定早已登顶人生的泰山，领略了人生的“一览众山小”，阅人无数，尝尽人世酸甜苦辣，看透一切，看淡一切，演绎了人生的真谛。从她的文字中我们也可以读到这些。

人生无求，自然就从容、宽容。但有一件事情她是绝对不打折扣的，那就是对真理的坚持，对合法权益的维护。在她的晚年，我和我的团队有幸与她一起团结作战，打赢这起维权官司，让我真切看到了她的执着、坚持和“较真”，看到她维护天下读书人荣誉和合法权益的决心，还有这位世纪老人对法治真诚的期待与渴望。

2014年杨先生就曾经手写过一个委托书，授权我和清华大学法学院不仅在她活着的时候为她和家人维权，而且在她去世后，仍然维护她、钱锺书先生及其女儿的合法权益。当时我告诉她，杨先生，请您放心，清华大学法学院世世代代的师生校友一定会坚决捍卫您和家人的合法权益，让您一家永远清清白白，远离尘世的各种乌烟瘴气。

那天在先生的告别现场，我与吴学昭女士、周晓红女士和有关领导再次讨论后续维权问题。一些机构和人士以为先生已经驾鹤西去，他们仨都走了，可以随便侵权了。吴老师把杨先生生前想见我的意思转告我，她希望我能够继续负责所有有关维权事务。我再次答应下来，让杨先生放心。我们要组建一个法律团队，继续全面保护杨先生一家的合法权益，这件事情将作为清华法学院的一项正式工作，永远做下去，只要有侵权，就会有维权；维权永远在路上，不会停息！我希望杨先生在天之灵可以感受到，可以放心。这不仅仅是为了您的家庭，也是为了法治，为了天下所有读书人的面子。

先生安息！您交代的事情我和我的团队、清华大学法学院世世代代师生校友一定办好，请您和您全家放心！

2016 年 8 月

（作者为清华大学教授，2008 年 7 月至 2016 年 7 月曾担任清华大学法学院院长，现任中央人民政府驻香港特别行政区联络办公室法律部部长）

“隐身衣”下的家国情怀

于殿利

按理说，对于一个105岁老人的离去，我们每一个爱她的人都应该有心理准备，但当事实真的降临的时候，却还是难以接受。一来是因为对她难以割舍的情愫，二来是因为她的离去留下的难以填补的空缺。好在她留给我们的精神营养足够丰富，足够我们消化、吸收好长时间，甚至永远都吸收不完，因为每一次咀嚼都可能会有不同的滋味。这也许就是我们对她最好、最永久的怀念吧。这位老人就是敬爱的杨绛先生。在她留给我们的众多精神财富中，我感受最深的是她晚年充盈在生命中、显现在文字里浓浓的家国情怀。

一

为家人“打扫现场”，为人类传承智慧，可以说是这种家国情怀的一种体现。

作者与杨绛先生合影

杨绛先生辞世后，人们在痛惋之余，都说：时隔17年，“我们仨”终于团圆了。可见在人们心目中，这三口之家是一个不可分割的整体，而维系这个家的重要人物便是杨绛先生，她孑然一身，羁留尘世17年，只为了给这个家“打扫现场”，从她这个充满幽默的俏皮说法，人们便知杨绛先生是个乐观、达世之人，是个追求圆满之人，是个极具责任心之人。她深爱着她的家庭，深爱着她的丈夫，深爱着她的女儿，她要把他们未做完之事继续做完，使他们的事业圆而满之，使这个家圆而满之。圆而满之的意思就是有所交代，就是尽责。她要为这个家尽责，为“我们仨”尽责，为的是让“我们仨都没有虚度此生”；为的是让“我们仨”为这个民族、这个国家，乃至全人类尽责。她所谓的“打扫现场”既体现出她对家庭的爱与责任，更体现出她对民族、国家乃至人类的爱与责任。这么说一点儿也不为过，因为她所“打扫现场”之“战利品”，其价值不是对他们的家庭有益，而是对民族与国家乃至全人类有益。

钱锺书先生一向称杨先生是“最贤的妻，最才的女”，作为贤妻良母，杨先生善于持家，战争年代，为了家计竟从大家闺秀转做“灶下婢”，“十年浩劫”期间，夫妇二人相濡以沫，共渡难关。出于对读书的共同爱好，杨先生最能理解钱锺书的追求、价值和遗憾。她知道钱锺书痴迷于读书，却开列的账单多，实现的太少，特别是晚年，疾病缠身，很多写作计划只能长期搁置。钱先生在《管锥编》的序文中说“初计此辑尚有《全唐文》等书五种，而多病意懒，不能急就”，还曾对杨先生说他“至少还想写一篇《韩愈》、一篇《杜甫》”，特别是外国文学研究，他在清华、在牛津学的都是外国文学，回国初期教书也是外国文学，他曾经想过写一本以外国文学为主体以中国文学为镜鉴的《管锥编》，最后都成了镜花水月。而这些思考和研究的痕迹徒然留在他的笔记本里，因此杨先生力主出版《钱锺书手稿集》，使他的全部笔记得到最妥善的保存、最广大的传播。

杨先生一向以女儿钱瑗为骄傲。她身上有着父亲的聪明勤奋，更兼着母亲的坚韧亲和。晚年丧女，实是人生至痛。杨先生写作《我们仨》就是替女儿达成未能完成的遗愿，书后还附着钱瑗在病床上写写画画的手稿。思念一个人，就会不由自主地提起她的名字和往事，杨先生也不例外。我们的编辑去看望她时，说自己是从北师大毕业的，杨先生便亲切地笑着说钱瑗以前就在北师大工作。听说《钱锺书手稿集》的一位责任编辑叫田媛，杨先生说这个名字好记，跟我女儿的名字差不多。杨先生有一篇《记比邻双鹊》，记录了窗外柏树上一对喜鹊为了孕育喂养子女而奔波劳顿，又因一夜风雨所致小喜鹊的早殇而日日哀啼。2007 年当这篇文章收入《走到人生边上》出版时，钱瑗冥寿七十岁，去世已整整十年。如果说在《我们仨》中，杨先生淋漓尽致地表达出刚刚失去至亲的彷徨和无助，那么《记比邻双鹊》则浸透了她日复一日、年复一年思念亲人而无处排解的痛苦。但是，正如杨先生在文末所说：“过去的悲欢、希望、忧伤，恍如一梦，都成过去了。”

即便是对钱瑗的爱也绝不仅仅是母爱这么简单，它依然能让我们感受到一种家国情怀。在《我们仨》中，杨先生这样写道：“阿瑗是我生平杰作，锺书认为‘可造之才’，我公公心目中的‘读书种子’。她上高中学背粪桶，大学下乡下厂，毕业后又下放四清，九蒸九焙，却始终只是一粒种子，只发了一点芽芽。做父母的，心上不能舒坦。”从这段文字可以看出，杨绛先生和钱锺书先生乃至整个钱家爱钱瑗的重要原因之一，是钱瑗是“可造之才”，这个可造之才绝不是对钱家这个小家而言的，而是对国家这个大家而言的，他们看重的是钱瑗是个对国家有用的人才，而且可能成为栋梁之材。让他们“心上不能舒坦”的，或者说难以释怀的，甚至非常遗憾的，也是这个“可造之才”由于种种原因，“只发了一点芽芽”，未能为国家发挥更大的作用。在这里，我们透过儿女情长，看到更多的还是浸润其中的那份家国情怀。

杨绛先生以惊人的毅力、决心和雷打不动的信念，打扫完了“现场”，先后推动出版了《钱锺书集》、《宋诗纪事补订》、《钱锺书手稿集·容安馆札记》（全3册）、《钱锺书手稿集·中文笔记》（全20册）、《钱锺书手稿集·外文笔记》（全48册附1册），并且为完成女儿遗愿创作了《我们仨》。这一切都是在90至104岁的高龄完成的，我想人间已很难有词语来表达对她的敬意了。

二

杨绛先生晚年绝不仅仅是为家人“打扫现场”，她还以90岁以上的高龄继续其创作生涯。2003年92岁时创作、出版了《我们仨》，2007年96岁时创作、出版了《走到人生边上》，还有2014年103岁时出版了《洗澡之后》。如果说《我们仨》以及《钱锺书手稿集》是为女儿和丈夫“打扫现场”的话，那么《走到人生边上》也可以看作是她为自己“打扫现场”，更确切地说，她要为自己的人生画上一个圆满的句号。在她看来，这个圆满的句号只有一种画法，即把自己百余年的人生感悟，无论是参透的还是未参透的，以文字的形式留给后人、后世，以期对后人、后世有所教益，若是能对改进现实社会的种种不如意有所助益，那更是在老人离开以后可以告慰其在天之灵了。

杨先生在96岁之际向世人奉献了《走到人生边上——自问自答》一书，其创作的艰难是可想而知的。用杨先生自己的话说：“我的《自问自答》是我和自己的老、病、忙斗争中写成的。”之所以要写这部书，是因为“我正站在人生的边缘上，向后看看，也向前看看。向后看，我已经活了一辈子，人生一世，为的是什么呢？我要探索人生的价值”。一个明知自己将不久于人世的老人，还要探索人生的价值，显然不是为自己探索人生的价值，而是以自己的经历和感悟为世人探索人生的价值。之所以要为世人探索人生的价值，源于其对现实社会深深的关切，甚至极大的忧虑。她要世人警醒，她要世人向上，她要世人都像“我们仨”一样，都能实现自己的人生价值，“尽量做些能做的事，就算没有白活了”。这是她在与病魔作斗争中创作此书的最大动力。她以看似糊涂实际早已大彻大悟的自问自答方式，展示了自己的信念和信仰。

在书中，杨先生至少向我们表现了三个层面的现实关怀。在个人层面，她对很多人理想、信念缺失，良知沉沦，以及道德滑坡的状况深感忧虑。她说：“聪明年轻的一代，只图消费享受，而曾为灵性良心奋斗的人，看到自己的无能为力而灰心绝望，觉得人生只是一场无可奈何的空虚。上帝已不在其位，财神爷当道了。人世间只是争权夺利、争名夺位的‘名利场’，或者干脆就称‘战场’吧。”她活脱脱地绘出了今日的众生百相，并不无感慨地指出：“在人生的道路上，如一心追逐名利权位，就没有余暇顾及其他。也许到临终‘回光返照’的时候，才感到悔惭，心有遗憾，可是已追悔莫及，只好饮恨吞声而死。”故而她引经据典，化成循循善诱的教诲：“人活一辈子，锻炼了一辈子，总会有或多或少的成绩。能有成绩，就不是虚生此世了。”

在社会层面，她列举了种种的社会不公，并提出了面对种种社会不公，应该如何自处。为了理清这个问题，在书中，她不停地发问："人死了就什么都没有了吗？"她不相信，她要追问人生的价值。"人是不是有灵魂？""人死了灵魂是不是不灭？"她在这里绝不是在探讨宗教问题或者鬼神问题，她只是要让世人明白，人活着就必须有信仰。"只有相信灵魂不灭，才能对人生有合理的价值观，相信灵魂不灭，得是有信仰的人。有了信仰，人生才有价值。"就像在西方哲学史乃至科学史上对于有没有上帝始终处于喋喋不休的争论一样，最后有没有上帝变得不那么重要了，因为上帝已经成为"善"和"德"的代名词，所以人们包括著名的科学家也都宁愿相信上帝真的存在了。它让人们有所畏惧，让人们择善而行，让人们依德而动，只有善举和道德才能保证人类社会健康、有序发展，而使人类免遭生灵涂炭。在中国传统文化中，灵魂具有类似的寓意，中国人往往把做恶事称作出卖了灵魂。直到百岁之际，杨先生的信念丝毫没有动摇，在《百岁答问》中现身说法，她每天都"要求自己待人更宽容些，对人更了解些，相处更和洽些，这方面总有新体会。因此，我的每一天都是特殊的，都有新鲜感受和感觉"。

在全人类层面，杨先生对人类现实和未来的关切，主要体现在她对人类文明和人性的讨论上。她认为，"人类的文明，当然有它的价值，价值还很高呢，但绝不是天地生人的目标"，她坚信"天地生人，人为万物之灵。神明的大自然，着重的该是人，不是物；不是人类创造的文明，而是创造人类文明的人"。为此，她给出了如下精辟的论述：

> 如果天地生人是为了人类文明的话，那么，人类的文明该是有益于人类发展生存的。的确，社会各界的医学家、

经济学家、法学家、社会学家、农业学家、建筑学家以至文学艺术家等等，以及各国领导人，都尽心竭力为人民谋福利。可是，文明社会要求经济发达，要求生产增长、消费增长，于是工厂增多，大自然遭受污染，大自然的生态受到破坏，水源污染了，地下水逐渐干涸，臭氧层已经破裂，北极的冰山正在迅速融化，海水在上涨，陆地在下沉，许多物种濒临灭绝。人间的疾病在增多，抗药的病菌愈加顽强了。满地战火，人间还在玩火，孜孜研制杀伤性更为狠毒的武器，商略冷战、热战的种种手段。人类的文明却很可观。人能制造飞船，冲出太空，登上月球了。能在太空行走了。能勘探邻近的星球上哪里可能有水，哪里可能有空气，好像准备在邻近的星球上争夺地盘了。我们这个破旧的地球，快要报废了吧？

如此说来，所谓的人类的文明，只是满足人们日益增长的物质需要而已，而对人类应有的知识、良心和道德却相关甚少。杨先生接着又说：“如果天地生人，目的是人类的文明，那么，天地生就的人，不该这么无知，这么无能，虽是万物之灵，却是万般无奈，顾此失彼，而大部分人还醉生梦死，或麻木不仁。”另外，为了我们所谓的文明奇迹，却往往要付出“尸骨相支拄”的代价。所以，她进一步追问道：“我们承袭了数千年累积的智慧，又增长了多少智慧？”

人类文明的这种状况要在人性中去探寻其根源。在杨先生看来，人性具有两面性：“人，一方面有灵性良心，一方面又有个血肉之躯。灵性良心属于灵，‘食色，性也’属于肉，灵与肉是不和谐的。”“人的食欲却不仅仅是图生存，还图享受。人不仅要吃饱，还讲究美食。孔子不是说‘食不厌精，脍不厌细’吗？”“不和谐的两方，必然引起矛盾。有矛盾必有斗争，有斗争必有胜负。”灵性良心若要取得胜利，人类就要不断地修炼自己，“修养不足就容易受到物欲的引诱，名利心重就顾不到良心了”。“只有人类能懂得修炼自己，要求自身完善，这也该是人生的目的吧！”这也是人类与动物界最大的区别之一。

杨先生在书中所表现出的“先天下之忧而忧”的情怀不是偶然的，她始终特别关注社会问题，直至逝世。2012 年 7 月我去给杨先生贺寿，看到她的沙发对面有台电视，茶几上放着当天的报纸，看来杨先生也生活在信息时代。我送给她一本新版《现代汉语词典》，她饶有兴致地一边翻看这本词典，一边说：“平时没有书看的时候，我可以拿这个词典读半天。”这让我们颇有些惊喜！其实想想也不奇怪，钱锺书先生也是把一本《韦氏大词典》常常翻来翻去，而且天头地脚都写了密密麻麻的小字批注。辞书对于普通人来说只是一本工具书，而对于智者来说，辞书中实是负载着文化、科技、政治的广泛内涵而且留有时代发展的印迹。我们谈起词典里面收了很多新词，“比如说现在有很多人天天待在家里不常出门，叫宅男、宅女，这些词就收进去了”。杨先生听得津津有味，并且打趣地说：“那我就是‘宅女’。”大家都被她逗乐了。我还提到一个新词“地沟油”，杨先生开始摇了摇头，看我们写下来，便说：“哦，这个词我知道，但这油究竟是怎么来的，我搞不太清楚。”听完大家的解释，杨先生没说话，但表情略显沉重。

值得一提的是，她给予当今社会的不仅是关注，还力所能及地为改善社会尽自己的一份力。1998 年钱锺书先生去世后，杨先生并没有两耳不闻窗外事，而是将她的情感更多地投向了社会。她关注教育，尤其是寒门子弟的就学问题，2001 年便把她和钱先生的全部稿费拿出来捐赠给清华大学基金会，以“好读书奖学金”的名义资助品学兼优的贫困学生，并且请获奖学生到家里来座谈，跟他们通信，从而了解现代大学生的心理和状况，并给他们有益的开导。

三

《钱锺书手稿集》的出版，是杨绛先生“打扫现场”时处理的最重要的事情，她自己很看重，认为是她在人世间要完成的最后一件重要事情。一方面是因为这件事情太重要了，重要到它不仅关乎中国的文化，还关乎人类的文化；不仅关乎过去的文化，还关乎未来的文化。另一方面是因为完成了这件事情，她也就达成了她理想的完美境界，此生无憾了。

《钱锺书手稿集》（72 卷册）也许可以列入出版史上编辑难度最大的工程之一，杨先生以如此高龄和身体状况对此工程付出的心血不言自明。关于这一点，编辑手记中已有所提及，我在这里就不赘述。我想说的是，无论多么艰苦的差事，总得找点儿乐趣，否则无论是参与者还是观众，还不只剩下被折磨了？所以，我说《钱锺书手稿集》的最终完成除了是一桩重大的出版工程外，它还充满了人情世故，甚至还具有一丝浪漫，它本身也是中外文化交流的一部分，这些与《钱锺书手稿集》一样，也是一笔宝贵的财富，值得珍视。

《钱锺书手稿集》中难度最大的部分是外文笔记，钱锺书先生用七种外国文字所作的手写体草书笔记，内容涉及的又是异域之事，仅凭杨绛先生一人之力，又以百岁高龄，如何能够完成！所以，上苍派给了杨绛先生一对德国汉学家夫妇，来扶助她完成这桩伟业，这对德国汉学家夫妇就是丈夫莫律祺和妻子莫宜佳。莫律祺和莫宜佳夫妇之所以能扶助杨先生圆梦，是因为莫宜佳很早就与钱锺书先生结下了跨国之缘，莫宜佳不是别人，她就是钱先生《围城》的德文翻译者，她还翻译了杨绛先生的《洗澡》和《我们仨》。

说起莫宜佳与钱锺书先生的结缘，还要追溯到"文革"刚刚结束不久的1978年。钱先生作为中国社科院代表团的一员前往意大利参加国际汉学方面的会议，在会上当西方汉学家用汉语发问时，钱先生就用外语回答，机智幽默，欧洲各国的文学典故、民间谣谚更是信手拈来，令与会的西方学者惊诧不已，使他们对"十年浩劫"后的中国思想复苏充满了好奇和希望。钱先生打动了在场的每一个人，其中来自德国的汉学家莫宜佳更是从此与钱先生，与整个钱家，与中国结下了不解之缘。莫宜佳博士说："和钱先生的相遇对我来说，是一个转折点。他给我打开了通向中国文化之门。"杨绛先生告诉我们，美国哈佛大学有位英美文学与比较文学教授叫哈里·莱文，是享誉世界学坛的名家，莱文的高傲也很有名。但就是这位高傲的莱文教授，与钱锺书会见攀谈后，回去说了一句："我自惭形秽。"又说，"我所知道的一切，他都在行。可是他还有一个世界，而那个世界我一无所知。”杨先生反复强调《钱锺书手稿集 · 外文笔记》出版的必要性正在于此。应邀编纂这套书的莫宜佳博士形象地把《外文笔记》比喻为联通中西方的文化长桥，称它“饱含对相互文化的尊重”，“将是向全世界开放的、对民族间交流的慷慨贡献”。尽管工作十分繁重，但莫宜佳和她的丈夫深感荣幸。在这套书里他们深深体会到一位东方学者对西方文学的钟爱与眷恋，当对异国作品的阅读和理解达到足够的广度和深度时，国界与语言都不再是障碍，他们无法阻挡东西方人对同一种文学现象和思想观点发生强烈的共鸣。翻译家许渊冲先生道出了我们的心声 ：“中国梦就是要把中国建设成为一个文化强国，而把中国建设成为文化强国，这套书是非常及时的。《钱锺书手稿集 · 外文笔记》就是建立文化强国的一块基石，将对中国文化走向世界做出重要贡献。”

至于莫宜佳的丈夫莫律祺，杨绛先生更是喜爱有加。我第一次拜访杨先生时，她就跟我兴致勃勃地夸起了他，她说 ：“我称他为女婿，我的洋女婿，他与我女儿年龄相仿，他和莫宜佳两个人加起来刚好懂得七种外语，否则这事儿还真难办。”杨先生所说的七种外语就是钱锺书先生外文笔记中涉及的七种外语，即英、法、德、意、西、希腊和拉丁语。我紧接着杨先生的话说 ：“是呀，虽然中国有句话叫事在人为，但世界上的好多事之所以能做成，机缘也不可缺呀！我们商务印书馆有幸能够出版《钱锺书手稿集》，也是一种缘分。”商务印书馆与“我们仨”都有缘分，杨先生和钱先生自不必说，钱瑗也曾为商务印书馆出过力，早在 1977 年在北师大任教时，她就曾作为主要审订者之一，审订过《英汉小词典》，这部小词典直到现在仍然畅销。在整理、编著《钱锺书手稿集·外文笔记》的过程中，莫律祺和莫宜佳夫妇也与商务印书馆结了缘。好多事业就是能让志同道合的人结缘，幸运的是，商务印书馆与杨先生所结之缘，是她在尘世间最后的书缘。

借“洋女婿”莫律祺的光，在 2013 年拜访杨先生时，我还享受了她给我的一个特殊礼节。在夸奖完莫律祺的才华之后，杨先生接着说：“我的洋女婿很有礼貌，他很有绅士风度，西方的绅士，他每一次来我家，走的时候都会把我的手抬起来，轻轻地亲吻一下。这是西方人的吻手礼。”关于西方的吻手礼，我们在西方的文学作品和电影、电视剧里面都很习以为常，莫律祺先生把它带到东方来，带到与杨先生的日常交往中来，确实令人羡慕。然而让我没想到的是，告别杨先生时，她牵着我的手一直送到门口，还特意把手背递到我面前，让我也享受了一下“吻手礼”的待遇，然后开心地笑了。杨先生让我享受的这个吻手礼，也许只是不经意的一个礼貌和一种风度的表示，可能还有长辈对晚辈的关爱，但我更愿意把它看作是一种缘分的认可，《钱锺书手稿集》——我们共同事业的缘分；看作是一种责任和嘱托。她曾经说过，2011 年《中文笔记》出版时，她不敢指望却十分盼望有生之年还能亲见《外文笔记》出版。在返回的路上，我就对随行的编辑、主任和副总编说，我们必须加班加点，必须和时间赛跑，有什么困难也要让我知道，我们共同努力克服，我们只有一个目标。虽然我没有说出那个目标，但随行的人都心知肚明，此后我们也没有人从嘴里说出那个目标，怕说出来不吉利，但所有人心里都憋足了劲儿。2014 年 5 月，《外文笔记》先期推出了第一辑，我们在商务印书馆礼堂举行了出版座谈会，杨绛先生发来了录音讲话，兴奋之情溢于言表，她说 :“如今《外文笔记》出版了第一辑，全书问世也指日可待了。”作为出版社的负责人，我不知参加过多少次出版座谈会和新书发布会，心里从来没有像这次这样不平静。此外，与一般的出版座谈会和新书发布会不同的是，座谈会和发布会往往意味着一件事情的完结，会有如释重负的感觉，但《外文笔记》的出版座谈会不同。我虽然十分欣慰于杨先生的录音讲话，感觉算是有所交代了，但它于我更像一记重槌，催促我们继续奋进，把交代做彻底了。最后当 72 卷册的《钱锺书手稿集》于 2015 年全部出齐后，杨先生的愿望都实现了。她可以不带一丝遗憾地在另一个世界与丈夫和女儿团聚。

纵观杨绛先生的一生，其文字沉静而内敛，用她自己的话来说，她本人身着“隐身衣”，甘愿做一个“零”，她始终隐藏在钱先生耀眼的光芒之后。但是如果仅仅把杨先生理解为贤妻良母，未免过于肤浅。1938 年，陷入抗战烽火的中国大地上疮痍满目，很多留学生滞留海外，也有很多人前往国外，但是钱、杨夫妇却带着两岁多的幼女长途跋涉赶回国内，开始了流亡般的艰难岁月。1949 年，很多知名文化人迁居台湾地区，钱、杨夫妇也在受邀之列，但他们却留了下来。在他们内心深处，父母之邦有他们挚爱的亲人，有他们眷恋的文化，令他们难舍难分。他们是有志气的中国人，尽管历尽沧桑，但是他们从没有放弃自己的信念，他们始终酷爱读书，钟情于灿烂的文化，更追慕深刻的思想。他们一生所取得的巨大成就让父母之邦为他们骄傲和自豪。

杨先生去世的消息传来时，媒体第一时间采访我，第一句话就让我猜测或想象一下杨先生离开我们时的情形，我几乎不假思索地脱口而出：她一定是笑着走向天国的！是的，她给了自己一个圆满的人生；给了“我们仨”一个圆满的家庭；对那个永远都不会圆满的社会和人类，她也不遗余力地贡献了最后的力量和智慧！这就是她留给我们最大的精神财富，她将激励所有不愿意为自己的生命留下遗憾的人们，激励所有盼望美好人间的人们，激励所有没有丢失的灵魂，沿着她的方向继续努力。这是一代人接一代人的事业，是人类永恒的事业。

音容宛在，风骨长存！

2016 年 9 月 5 日

（作者为商务印书馆总经理、编审）

访杨绛　读杨译

罗新璋

二〇〇四年夏，一天，杨先生来电，告有一小事“相烦”，我于当天下午即骑车去南沙沟。她出示 SOFIA（Société Française des Intérêts des Auteurs，“法兰西作家权益保护协会”）来函，称钱先生名下有三十八美元的稿酬。因数目甚微而手续颇烦，经研究决定放弃，不去理会。——类似事例，如二〇〇五年九月五日曾代杨先生致函法国 Gallimard 出版社，同意 Folio 袖珍本再版“钱锺书两篇小说”，并告稿费请直接汇至清华 Fonds Philobiblio Scholarship“好读书助学基金”为感。两年后，去拜访杨先生，曾赐一册，Qian Zhongshu：*Pensée fidèle*，并有题字：“新璋小弟存览　杨绛代赠　2007 年 7 月 12 日”。

那天正事说过，杨先生问我：“你在忙什么？”告以台湾师范大学翻译研究所聘我为客座教授，杨先生即说，新中国成立前台湾大学或台湾师大也曾聘请过钱先生。（回来后，查华中师大版“钱锺书年谱”，一九四八年栏内载：“本年台湾大学聘钱

新璋小弟存览

杨绛代赠
2007年7月12日
年96

杨先生代钱先生赠送作者书

作者与杨绛先生合影　摄于 2007 年 7 月 12 日

锺书为教授……他均谢辞。”）我接着说，上学期为博士生开翻译研究，暑假后下学期，要为硕士生讲古代翻译，另有两节法译中。拟从傅雷、李健吾、杨先生的译著里找些篇章做教材。

我六二年曾花三四个月，对读过半部《吉尔·布拉斯》（因为六三年工作方向改为中译法，而中止，未读完），觉得比《堂吉诃德》译得活。杨先生说，那是因为原文是法文；言下之意，她西班牙文不如法文娴熟，放不开手脚。

人民文学出版社当年五月出《杨绛文集》八卷本。这时杨先生捧出载有《吉尔·布拉斯》的第七、八两卷相赠，戏说这等于推广自己。我烦杨先生最好亲笔题签。杨说：早晨还能写字，下半天就是老人字了，大大小小，不宜题写。杨先生左耳还能听一点，为便于交谈，有时借纸助谈；这时她在纸上写出“罗新”两字，果然一大一小。

因题字，说到钱先生的字。我说，最近《中国书法》上载文，说《石语》早年（一九三五年）笔录，字体瘦长而纤细，像瘦金体，而六十年后写的题记（“绛检得余旧稿……”），笔画饱满而遒劲，颇有东坡笔意。杨说，钱先生字早年学郑孝胥（在纸上写此三字），晚年字像他舅舅王蕴璋（写“王蕴”两字），“璋”跟你的“璋”一样（旁注“西神”）。（据“钱锺书年谱”称：“母亲姓王，近代通俗小说家王西神之妹。”）

随后随便闲谈，讲到傅聪、傅敏兄弟和傅雷家教等，不克备载。我于次日晨，把谈话内容略记于所得《文集》第七卷卷首，注明“二〇〇四年七月十三日晨记”。

我一向佩服杨先生的翻译。觉得有些处理，比傅雷更自由更大胆。傅雷强调“重神似，不重形似”，总还求似，不脱形迹；杨先生的翻译，像钱先生一再申说的，真是朝得意忘言、登岸舍筏（见《管锥编》12页）一路做去。按《庄子·外物》篇：言者所以在意，得意而忘言。移用于翻译，或可释为：把意思传达过来，而忘掉语言形式、句法结构。又，佛有筏喻，言达岸则舍筏。《筏喻经》谓：“有人欲从此到彼岸，结筏乘之而度，至岸讫。作此念：此筏益我，不可舍此，当担戴去。于意云何？为筏有何益？比丘曰：无益。”

凭粗浅阅读印象，杨译主要特点，约略可分为：

其一，师其意而造其语。试举例说明之：

例一：Mon père，qui n’était pas plus scrupuleux qu’un autre paysan，approuva la supercherie.

英译：My father who was not more scrupulous than his neighbours，approved the deceit.

杨译：我爹是个农夫，不知轻重，也赞成调包。（19页）

Paysan = peasant，Tobias Smollett的英译，作neighbours。杨译完全摆脱原文句型的拘缚，译成复合单句，意思直截而明晰。我曾以此译示康强兄，他说想不到有这样处理，表示佩服。施兄，中译法、法译中兼善，是法语界难得的人才。

例二：Non，Estelle，vous n’êtes pas logée ici assez commodément pour recevoir quelqu’un chez vous.

英译：No，Estella，you have no convenience for him in these lodgings.

杨译：不成，艾斯戴尔，你这房子不便留客。(341 页)

英译已简化，如用中文直译出来，大致是：您在这里住得本不太舒服不可以留人在您家。原句是标准的法文句，但与中文造句，不无龃龉之处。如照原句译出，文字啰啰唆唆，杨译不惜更易原文结构，另选词语，简明易懂。

做翻译的人，大多以为，“此筏益我，不可舍此”，译出不少带外来味的中文句子。两种语言，千百年来使用习惯不同，往往扞格难通。翻译时是否要顾及原文形式？想到六三年初曾将 *René* 拙译寄沪，傅雷先生细读之后，指出有些译句太靠近原文。我复信里说，人家已认为我译得太自由了；先生答告：翻译受原文约束，永远会不够自由的（原信已毁，大意不错）。可为印证的是，先生五一年致宋淇函就说到：“我们在翻译的时候，通常总是胆子太小，迁就原文字面、原文句法的时候太多……我并不是说原文的句法绝对可以不管，在最大限度内我们是要保持原文句法的。”这一主张，不似得意忘言、登岸舍筏那样决绝。傅译《高老头》第一句，就完全仿法文句法：“一个夫家姓伏盖，娘家姓龚弗冷的老妇人，四十年来在巴黎开着一所兼包客饭的公寓，坐落在拉丁区与圣·玛梭城关之间的圣·日内维新街上。”他还主张，通过翻译，“创造中国语言，加多句法变化”。而杨先生的译文，基本上看不到西式长句，大多拆解成汉语短句。区以别之：傅译重传神（不重形似），杨译尚写意（得意忘言）。

“我的父亲，并不比另一个农夫更多顾忌”与“我爹是个农夫，不知轻重”，从原文的比较句，易为中文直陈句，宁无失乎？

四世纪高僧道安有言："译胡为秦，有五失本也。"安惟惧失实，态度强直，但也允许时改倒句（"惟有言倒时从顺耳"），钱先生在《管锥编》1263 页指出："故知'本'有非'失'不可者，此'本'不'失'，便不成翻译。"故凡翻译，语音、辞藻、句式、修辞，必有所失。"安言之以为'失'者而自行之则不得不然，盖失于彼乃所以得于此也，安未克圆览而疏通其理矣。"未克圆览的，不光道安一人。

其次，依傍形象以取胜。

例一：Justement，répliqua le médecin，une vieillesse anticipée est toujours le fruit de l' intempérance（=abus des plaisirs de la table）.

英译：Right，said the physician，an early old age is always the fruit of intemperance.

杨译：医生道："一点儿不错，贪吃贪喝就要未老先衰。"（74 页）

英译基本照搬。此句法文直译为："提前衰老是滥用饮馔之乐的后果。"不如杨先生倒过来译，缘因果关系明显而"后果"两字可略。

例二：Elle me parut assez jolie，et je trouvai ses allures si vives que j 'aurais bien jugé que ce cabaret devait être fort achalandé(=qui a de nombreux clients）.

英译：She appeared handsome enough，and withal so sprightly and gay，that I should have concluded that her house was pretty well frequented.

杨译：我觉得她长得不错；我一见她那股子风骚劲儿，就断定这旅店一定生意兴隆。（7 页）

法文 ses allures si vives，英译作 so sprightly and gay，不及原文具体可感，直译为中文“她的步态那么活泼”，而杨译“她那股子风骚劲儿”其形象呼之欲出。文笔讲究的散文家这么译来，似欠雅驯，但在底层混惯的流浪汉，玩世不恭，从他眼中看来，真是这副模样！

例一中 intempérance，《法汉大辞典》释义为：饮食无度，纵酒，纵欲。英译 intemperance，《新英汉词典》释义为：无节制，放纵，饮酒过度，酗酒。英法文便于互译，可谓“等值”！法国自笛卡尔倡唯理论，注重理性教育，培养抽象思维，喜用抽象词语。杨译适应我国读者的审美习惯与审美趣味，译作“贪吃贪喝”，用形象语取代抽象词，易于接受。例二中 ses allures si vives，英译作 so sprightly and gay，反不及原文，而以杨译“她那股子风骚劲儿”为胜。

文学作品，非学术论文，要以形象取胜。王弼（226—249）言：（形）象生于意，尽意莫若象。锺嵘（468—522）提出：“古今胜语，皆由直寻。”“思君如流水”，既是即目；“高台多悲风”，亦惟所见。认为“指事造形，穷情写物”，形象愈生动，就愈有滋味。文艺作品，重在艺术形象，应尽量避免抽象概念。由于西方人与东方人思想方式不同，原文中的抽象词，杨先生总设法易以具体的形象语，如“贪吃贪喝”与“风骚劲儿”等译笔。好处如王国维所说：“语语都在目前，便是不隔。”多用、善用形象语，正是杨绛译艺的一大特色。

其三，顺理补笔岂无功。

例一：Nous autres personnes du commun，nous regardons les grands seigneurs avec une prévention qui leur prête souvent un air de grandeur que la nature leur a refusé.

英译：We common people，look upon all your great noblemen with a prepossession that often gives them an air of greatness which nature has refused.

杨译：我们平头百姓对贵人阔佬有成见，尽管他们生相庸俗，也觉得气宇不凡。（326 页）

此译例后半句照法文译来为：有一种先入之见赋予他们一种老天拒绝给他们的气宇不凡；"尽管他们生相庸俗"，乃杨绛的改笔或补笔。

例二：Monseigneur，lui répondis-je. La renommée qui loue ordinairement plus qu' il ne faut les belles personnes，ne dit pas assez de bien de la jeune Lucrèce，c' est un sujet admirable，tant pour sa beauté que pour ses talents.

英译：My lord (I replied)，fame，which usually praises beauties more than they deserve，has not said enough in commendation of young Lucretia，she is an admirable creature，both as to her person，and talents.

杨译：我答道："大人，美人儿往往是见面不如闻名，不过这年轻的璐凯思实在是闻名不如见面，她是个色艺双绝的人才。"（615 页）

此译例，前半句法文意思为：名声对美人儿的赞扬，往往言过其实。杨译撮取其意而结合上文，套用"见面不如闻名"

这一习用语。汉语讲究言对事对，各有反正，后半句“闻名不如见面”，乃译者补笔。

西方在二十世纪对翻译有诸多探索，取得卓越成绩。本雅明（Walter Benjamin，1892—1940）写于一九二三年的《译者的任务》，对翻译有不少创见；半个世纪后，才由德里达等人发扬光大。总的意思是，翻译不是炒冷饭。“译作绝非两种僵死语言之间干巴巴的等式。”“任何有益的翻译讨论中，都包括两点，一是忠实于原著，二是译文再创作的自由。”“翻译的语言，能使自己从意义里摆脱出来，而再现原作的意图（*Intentio*）。”“真正的译作不会遮蔽原作，而会通过自身的媒介加强原作。”“不妨说，在译作中，原作达到一个更高、更纯净的语言境界。”（张旭东译文）

生平喜读杨译，于杨先生的翻译造诣与翻译智慧，亦仅管窥蠡测，“识其小者”。本着“取譬明理”，略举数例，挂一漏万，在所难免。惟冀“罕譬而喻”，可以看出，通过杨译，确有“加强原作”之胜。《吉尔 · 布拉斯》杨先生译于五一至五五年，四十至四十五岁之间，六二年重新校订。当时浑不知域外译坛风云，钱先生著作里亦从未提及本雅明。而本雅明《译者的任务》，要到香港城市大学出版社二〇〇〇年出版的《西方翻译理论精选》中才第一次介绍过来。杨先生对翻译自有自己的章法：“以句为单位，译妥每一句”，“译者只能在译文的字句上用功夫表达”，“从经验中摸索怎样可以更臻完善”。其《翻译的技巧》这一长文中，也只引用过德国翻译理论家考厄（P. Cauer）的一句话：“尽可能的忠实，必不可少的自由。”杨先生把译者的职司比作一仆两主，在侍候作者、读者“两个主人不能兼顾的时候，这点不忠实和自由，只好比走钢丝的时候，容许运用技巧不左右跌倒的自由”。

从补笔两个译例，可看出这“一仆”，不是奴仆、佞臣，而是运用了“这点不忠实和自由”。例一，“生相庸俗、气宇不凡”对举，比原句“老天拒绝、气宇不凡”为佳，刘勰所谓“反对所以为优也”。例二，原句“名声对美人往往赞扬过头，而对这年轻的璐凯斯则赞扬不够”，殊觉平淡，而经译者更易润色，胜于原句多多。对句、排比，是中文修辞所长，用在译文上，可补外文所欠缺，发挥独特的汉语优势。再说，补笔不善，未免多事；补而善者，能锦上添花，突过原本，亦无愧于作者。译者以自身的文字修养，并符合语法修辞、审美趣味，对原文做相应的变通与调整，是对原著进入汉语语境更高层次上的负责，也是译者主体性的发挥。翻译史上成功的译例，应能进入翻译学研究的范畴，加以总结提炼，上升为理论形态。补笔不失为翻译之一法。竺法护《正法华经》中译“天见人，人见天”。鸠摩罗什（343—413）译经至此，觉得此语在言过质，与僧睿相与参正，在《法华经》里译为“人天交接，两得相见”，成为翻译史上有名译例。钱先生推许道：“辞旨如本，质而能雅，睿此译可资隅反。”我们已进入改革开放年代，在对待成功译例上，不应该不如六朝人。

评译本好坏，仅从译文看，只是浮表的印象，对照原文，才能看出译笔的优劣，功夫的深浅。“我爹是个农夫，不知轻重，也赞成调包”，这句中文，一般水平也写得出。假如看到是从法文 Mon père，qui n’était pas plus scrupuleux qu’un autre paysan 译成“我爹是个农夫”，凡稍有点翻译经验的朋友，都会觉得新颖可喜。杨绛的《吉尔·布拉斯》是本精心翻译之书。一路读下来，妙悟胜译，纷至沓来，教人学不胜学，无从下手。四十六万字的长篇，各种词类、各种句型，都出现了，需用上无数翻译技巧，才应付得下来。如：

Seigneur cavalier，vous venez apparemment dans cette ville pour voir l’auguste cérémonie de *l’auto-da-fé* qui doit se faire demain.

英译：Senor Cavalier，I suppose you are come to town to see the august ceremony of the *auto de fe*，which is to be performed tomorrow.

杨译：大爷，明天这里有宗教裁判，仪式隆重，你想必是上城瞧热闹来了。（据杨绛手改本 608 页）

原文 l’auguste cérémonie，前译“仪式隆重”，后译“热闹”，一词二译，手法高明，不像初学者笨拙，一眼就能看出。技巧之于杨译，犹如盐溶于水，不注意会觉察不出。又如，在《翻译的技巧》一文中，杨先生在译界第一次标举“点烦”：原句的介词、冠词、连接词等等，按汉文语法如果可省，就不必照用。芟芜去杂，简掉可简的字。如：

Je les remerciai de la haute idée qu’ils avaient de moi et leur promis de faire tous mes efforts pour la soutenir.

英译：I thanked them for the high idea they had conceived of me，and promised to do all that lay in my power to maintain it.

杨译：我谢他们器重，说一定尽心，不负重望。(28 页)

杨先生用旧小说语言译《吉尔·布拉斯》，如用现代汉语，可以写成“我谢他们对我的器重”，也不嫌字多，但译者善于点烦，故语言显得干净精练。

吉尔·布拉斯出身贫苦，十七岁离家，开始闯荡人生。他是个通才，没甚大本领，却有小聪明。小说写他的一生，开始在下层混日子，最后爬到社会上层。三教九流，各阶层都有接触，翻这部小说，杂学旁收，什么都要懂，才能胜任。如一次主人翁遇到一个相面的：

Il me répondit gravement：Si j’arrête sur vous mes regards, ce n’est que pour admirer la prodigieuse variété d’aventures qui sont marquées dans les traits de votre visage. A ce que je vois，lui dis-je d’un air railleur，votre révérence donne dans la métoposcopie. Je pourrais me vanter de la posséder，répondit le moine，et d’avoir fait des prédictions que la suite n’a pas démenties. Je ne sais pas moins la chiromancie，et j’ose dire que mes oracles sont infaillibles, quand j’ai confronté l’inspection de la main avec celle du visage.

英译：He answered with great gravity：“My reason for fixing my eyes upon you，is to admire the prodigious variety of adventures which are marked in the features of your face.” “I see (said I，with an air of raillery) that your reverence deals in metoposcopy.” “I may boast of possessing that art (replied the monk)，and of having made presages，which have been verified by the event. I am also skilled in chiromancy，and will venture to say，that my oracles are infallible, when I have compared the inspection of the hand with that of the face."

杨译：他一本正经的说："我在相你的面，照你这相貌，一定饱历风波，我很钦佩，所以只顾看你。"我冷嘲热讽道："原来你老师父善于风鉴？"那修士答道："那是我可以夸口的。我的预言到头来句句都准。我相手的本领也不差。要是让我把面貌手纹对照着看，我敢说我是个铁嘴。"（手改本356页）

此处录出大段英法文，以供懂外语的朋友鉴赏。对照着看，才更能体味译笔的妙处。读到会心处，颇令人解颐。勒萨日写于路易十四、十五朝的小说，去今已三百年，虽则趣事连连，诙谐讽刺，奈如今已进入读图时代，捧着这上下两厚册，不免稍觉其长。对照外文读，则能弥增阅读趣味。总而言之，即使《吉尔·布拉斯》算不上伟大的作品，杨绛的译本却肯定是伟大的翻译。

呜呼！翻译之理，古今纵横；翻译之文，奥妙无穷。而临风想望，不能忘情者，往昔赴南沙沟，聆听钱公畅论"不失本便不成翻译"之理；而今钱先生之高论不可复闻矣，杨先生之慈颜亦不可复见矣！其谁能复益我以十年之学耶？

2016年7月27日

（作者为中国社会科学院外国文学研究所译审）

杨绛先生的“贤”与“才”

黄 梅

最近十多年，几乎每个长假级别的节日我都去看杨绛先生。今年春节没能成行，因为她住院了。不久网上开始传她病重的消息。我曾打听情况，指望有机会去探望她。但随后便得知她在5月25日凌晨病逝了。

那一天，在很多网站、论坛和自媒体上扑面而来的标题都是“最贤的妻、最才的女”。那凝聚着至亲者间感念、欣赏甚至戏谑的私语，却在这个已经不讲究“贤”，也不太能恰当辨识“才”的时代里被高声调高频率地转播再转播。有点让人感动，也有点让人无语。它呈现的是杨先生面目最酷炫的侧影，还是各色言说者们纷纭的自我想象？

无论如何，杨先生的“贤”和“才”并不都是轻松惬意的个性发挥。其底蕴是延续了近一个世纪的坚毅、辛勤的寻常劳动，融汇在民族命运的坎坷中。

一套假发

在纪念钱锺书先生百年诞辰的一篇短文里我记述了我们家1965年秋天搬至北京东城干面胡同内中国科学院哲学社会科学部（中国社会科学院前身）宿舍的经过。我母亲唐棣华时任学部文学所副所长，1959年后受父亲黄克诚连累遭到批判，戴过“右倾”帽子，受到党内处分。搬家之际她的处分已经取消，但因我父亲的“反党”罪名未除，仍处在尴尬的另类境地。偶尔，她会向我们介绍一下左邻右舍。当年的邻居们如今个顶个都是“大师”。不过母亲赞过的人倒也不多。对钱锺书、杨绛两位，她说过“学问好”。母亲不是专业人士，但却是资深的文学爱好者，她说“好”不是人云亦云或信口开河。

也许因为是所内同事，又存这份尊重和好感，母亲与钱、杨夫妇有些来往。那时还有个年仅四五岁的小表妹寄住在我家，由外婆照看。杨先生过世后，表妹在家人小微信群里晒出一张照片，画面中是个几十年前常见的用玻璃丝手工编织的晶莹物件。她解释道：“这是钱瑗姐姐编的孔雀。在禄米仓干面胡同社科院宿舍大院，姑姑常带我到钱锺书杨绛先生家串门。有段时间正好钱瑗姐姐在家休假，她送给我这只亲手编制的孔雀。”

表妹记忆中的“常常”未必靠得住。因为我母亲从来不是爱串门的人。何况从我们搬进学部宿舍到第二年“文化革命”爆发后她离开北京，时间不到一年。不过，她大概确实去过不止一次两次。说起来，不仅她印象深刻，多年来一直小心地保存着钱瑗手编的小孔雀，杨先生本人在百岁后还曾三番五次地

钱瑗手编的小孔雀，小表妹保存至今

提到我们家那个有“小恶棍”离奇绰号的可爱女童。

我第一次和杨先生直接打交道，已经是“文革”爆发后的夏末。我在学校里受到班上同学小规模围攻批判后就不再住校了。那天傍晚家属院里批斗牛鬼蛇神即“走资派”和“反动学术权威”们。母亲当然在劫难逃。我躲在家里，没敢去观看革命场面。母亲回来时天已经黑了，她叹了口气，说：“我还算好的，杨绛和×××被剃了阴阳头呢。”

我有些惊恐，也有些疑惑。如果论“反动权威”，似乎满院人中首当其冲的不该是杨先生；如果论“罪大恶极”，我父亲所涉的“案子”属于“钦定”，好像我母亲更“应该”倒大霉。没想到“革命群众”最下手重“办”的却是杨先生和另一位家属。

后来听说，此时宿舍大院最重要的造反积极分子是锅炉工的老婆。杨先生因为要在家读书写作，曾就希望院内保持安静提过一些有针对性的意见，让锅炉工夫妇感到不快。群众运动有时确有这样的“里子”：喊出来的口号和发挥作用的心理驱力相去十万八千里。

那一夜是沉闷而不安的。这段时间我常住在家，自然而然被分派了若干家务。次日清晨天还没有亮，我起床后打开蜂窝煤炉正准备做早饭，却意外地听到了轻微的敲门声。打开门，微明中有位个头比我还矮的瘦小妇女低声问到母亲。母亲走出去，两人在楼道的阴影里轻声交谈了几句就匆匆分开了。

母亲转回家关好门然后告诉我：“是杨绛呀。她连夜做了一套假发，叫我看看戴上效果怎么样。我说：蛮好，蛮好。你真有本事呀，换作我，恐怕只能包个头巾、戴个帽子出门了。”说罢，她似意犹未尽，又说了一遍，“她真有本事呀。”

对于这场无妄之灾，杨先生在许多回忆文章中都曾提及。她强调了自己面对打击时处变不惊、镇定应对。但最令我难忘的，却是母亲有关“本事”的赞叹和对比。

我母亲比杨先生小七岁，大体属于同一代人，说来也都是出身于民国初年富裕上层人家的“小姐”。然而，她们各自家庭的实际情况和所受的具体教育却相差甚远。杨先生的父亲是当年最具国际眼光的开明之士之一（早年是革命派）。她作为家中“四小姐”自幼受到关爱却不被娇宠，在平等和睦的家庭氛围中长大，聪慧开朗，爱读书，也喜欢做事、张罗。她九岁即入启明女校住读，进一步受到全面的教育和训练，正式课表里包括体育和缝纫，教会学校严苛的生活自理规矩更是题中之义。青少年时代的良好教养使她具备了健康的身体、心理和较强的动手能力。她真是那个时代里罕见的幸运儿。后来钱、杨夫妇赴国外留学并养育女儿，小家庭的温馨欢愉与潜心问学以及日常操持相交织。归国后在日本侵华战争期间杨先生一度成为承担主要家务的“灶下婢”，“劈柴生火烧饭洗衣等等”亲力亲为，在柴米“大非易事”之际费尽心思周全一家温饱，时常还要照料生病的丈夫和女儿。这些经历反复锤炼了她的坚忍度，也不断提升了她克服困难的能力。后来她对“文革”年代的回忆常常包括一些对体力劳动（如打扫厕所、凿井等等）操作过程的描写，这般摄取世情的眼光在有类似经历的文人中并不多见，却与她讲述“灶下婢”如何制作煤饼、如何把炉子“搪得细细的，省煤”的文字一脉相承。相比之下，我母亲因为憎恨家庭腐败而投身共产党领导的抗日救亡运动，跟随革命队伍转战，虽然历过险也吃过苦，却一直依赖集体生活而很少担当家务或其他具体劳动责任，因而缺乏这些方面的能力和兴趣。

母亲本人那句两相对照的议论，使我自然而然就两位长辈的个性、特点和人生道路做过一些思考，觉得非常耐人寻味。另一方面，每个具体的人又都有不可被轻率简化的丰富面相。比如，作为高级知识分子的杨先生在生活方式和气质做派上与围攻她的“革命群众”可能颇有距离。可是当她遭遇到蛮横批斗时，她所凝神思考的只是“怎么办”——这却又十分近似千千万万草根劳动者的禀性和心态。因为对于他们来说，生活总归要继续，一家人的生计都在自己手上，要紧的永远是需要

“干”什么。杨先生当然会痛感际遇的不公以及事态的荒唐。然而，就在批斗会刚刚结束她反身上楼回家之际，她已经决定要动手做发套了。她深知自己没有时间可浪费，必须在一夜之间完成一件复杂的手工活计，以更从容的面貌应对此后许多艰难的明天。

多年来那个黎明场景在我脑海中萦绕不去。我曾扪心追问，其中打动自己的究竟是什么？经过一次次印象“回放”，我慢慢认识到，杨先生手工制作一套假发应对危机的平凡举动确确实实包含某种值得代代传承的不凡精神品格，那就是劳动（包括日常家务劳动）磨炼出的坚忍、踏实和担当。

“杨氏文风”

“文化革命”结束后我读研究生毕业，于 80 年代初进外文所工作，成了杨先生的晚辈小同事。那时杨先生已经不到所上班了。

她在外国文学研究、翻译专业领域内的成果，首先激发我强烈感受的是文字风格。回想起来原因竟还是和我母亲有点关系。大约是在我从事英语文学专业学习几年之后，有一次她对我说：你怎么把中国话说得那么别扭。我不记得她具体谈的是我哪篇或哪段文字，但这个评论对我刺激不小，至今记忆犹新。初读杨先生的外国文学译著时母亲的话正在耳畔回荡，我立刻意识到杨先生的文笔值得仿效。

对“杨氏文风”的认识，在我是一点一点深化并扩展的。

起初我只觉得杨绛、杨必们的译文极为顺畅、择词妥帖、行文亲和，有时相当俏皮（在原文具备这种色彩的情况下）。后来读到她谈译事的肺腑之言："翻译是件苦差事，译者'一仆二主'……一个洋主子是原文作品，原文的一句句、一字字都要求依顺，不容违拗，也不得敷衍了事。另一主子就是译本的本国读者。他们既要求看到原作的本来面貌，却又得依顺他们的语文习惯。我作为译者，对'洋主子'尽责，只是为了对本国读者尽忠。"一席话如醍醐灌顶。

出人意料的是最后一句。译文传达外文原作要讲究"信"，大家都以为是理所当然。难得的是杨先生把对本国读者的关切提到尽"忠"的高度上。这就不仅仅是翻译技巧和写作文体的问题了。拓展一点，几乎可以说是一种文化姿态。她在积极介绍、探讨外国文化时，怀有一颗"中国心"和"平民心"。不唯"洋主子"，也不唯学术时潮（包括它所能带来的声名地位）马首是瞻。

杨先生的学术著述文字平易近人，却常常有很大的容量。《堂吉诃德和〈堂吉诃德〉》中有一段，起始一句是"《堂吉诃德》最早受到重视是在英国"。为了这句简短的陈述，她作了近一百八十字的长注，说明该书三种早期英译本的情况等等。那个自然段总共不足二百字，却概括了艾狄生、谭坡尔、斯蒂尔以及笛福、拜伦等许多人的见解，而且全都一一作注。注解比正文长得多。着重指出这点，不是说注释比正文长就一定高明或可敬，而是因为此处注释特别体现了译者的治学精神。她不但认为自己的每一陈说或论述都需言之有据，而且总是不辞辛苦考察第一手资料，绝不取巧走捷径。她的《论萨克雷〈名利场〉》

开头谈及车尔尼雪夫斯基以及马克思、恩格斯有关萨克雷的议论。这些对她来说应是相对生疏的。她不拒绝接触新领域或新知识，为此特地查阅了俄文和德文的原著，而且没有采用现成译文，而是依照自己理解另行翻译出来。这些辛勤研读常常被她浓缩进不起眼的注释，不事炫耀，也不在自己尚无特别心得的情况下做任何轻率的发挥。

她很少在正文里长篇大论地旁征博引。比如探讨早期小说理论沿革的《斐尔丁的小说理论》涉及斐尔丁和其他许多古今西方人关于叙事的种种论述，特别是亚里士多德的《诗学》。由杨先生讲来就几乎全是晓达顺畅甚至生动活泼的间接引语——她只是在注里说明出处，大约是为了给那些有志深究的人们一个确切的线索。其中有一段以仅仅六百余字的篇幅撮要复述亚里士多德关于悲剧和史诗的议论，十分清晰明了，即便从未接触过《诗学》的读者也绝不至于“搁浅”。想必她目中的读者不是满腹经纶的大学问家或学院派评审委员会之类，而主要是约翰逊博士和弗吉尼亚·伍尔夫重视的普通读者。她追求清楚的表达和有效的交流，仿佛一位细心的对话者，时时留意着对方的反响。不知道这与她的女性身份是否有关？无论如何，即使涉及理论，杨先生也总是以平等交谈的口气、以常人听得懂的朴实语句来表达。她在《旧书新解》中说：西班牙古典作品《薛蕾丝蒂娜》虽以戏剧形式出现，通篇是人物对话，但实际上用的是史诗或小说的叙事结构；如果称它为小说，却又和传统小说不一样。“我们现在有意识地把它当小说读，就觉得像一部打破了传统的新小说，和近代某些小说家所要求的那种不见作者而故事如实展现的小说颇为相近。”接着她又说，“小说家以‘无所不知’的作者身份，自有种种方法来描摹现实，不必用对话体。而且，作者出头露面就一定损坏小说的真实性吗？小说写得逼真，读者便忘了有个作者吗？小说写得像‘客观存在的事物’，‘客观存在的事物’未经作者心裁怎样摄入小说？”

此处，杨先生翻出一部老作品来探讨“新”与“旧”的关系，并且对“意识流”小说等要求作者隐去的主张提出了质疑。涉及的问题并非没有理论深度，但她的看法却和我们的常识性感受相一致——即小说的作者是无论如何“隐”不掉的。可是，那些大智大慧的名作家为什么会提出这样的主张呢？杨先生没有提供答案。她只是提出了疑问，请我们和她一起思考，并由此间接地向我们建议：不妨多信任一点自己的直觉和常识，对时髦的理论和“权威”的说法多打几个问号再决定取舍。

对我来说，揣摩“杨氏文风”的漫长学习一直延续，至今没有句号。在这个润物无声的过程中我越来越深刻地体会到，作为写者和译者，她对读者的态度包含了对母语（即“他们的语言习惯”）的忠诚。杨先生曾在不同地方多次提及钱先生和她对母语的感情，说他们夫妇 1949 年不肯离开“父母之邦”的原因之一即在于此。看到她将“爱祖国的文化，爱祖国的文字，爱祖国的语言”与如此重大的人生选择连在一起，令人不禁有动于衷。显然，这种忠诚贯穿了他们的全部生命和写作。由此我悟到自己作为新中国同龄者，已是第三代“白话”人，而且在青少年时期基本上只接触到一套流行革命话语，过往的语文教育有所缺失，在祖国语言文学中浸润不深，理解欠深入周全，

作者与杨绛先生合影，摄于 2002 年国庆节

对其优长和美好体验不充分，以致我们中有些人对母语文化忠诚度不足。具体到自己的专业工作，我在翻译时常依仗贫乏的学生腔汉语生硬地从字面上逐一对应外文字句（且不论对后者的理解是否得当），甚至在中文写作中也常不自觉地采用了草率的翻译腔[①]。

不过，“杨氏文风”也不是仅靠家学渊源、少年教养或立场感情便自然而然水到渠成的。杨先生曾回忆说：50 年代初她曾请钱锺书校读自己译的法文小说《吉尔·布拉斯》。钱先生有如“仇校”，拿铅笔在她的稿子上画满横杠，称：“这些看不懂。”她辩

① 不同国家语言各有优长，翻译腔在不少方面丰富、改造了中国语言和文化，对此笔者无意否定。但这是另一个问题或问题的另一个方面，不是本文要讨论的。

解道："书上就是这样说的。"然而钱先生强调他读不懂。于是杨先生听明白了，这是说她没能把原文转换成能让人理解的"适宜"的中文。所以继续重译，直到钱先生点头表示看懂了。她说："要说我的翻译技巧，就全是从这些失败的经验中摸索出来的。"我反复读了她在介绍自己如何改进译文时所举的几组例子，其中每组都分别列举出"死译"稿、修改稿和再改稿。抄录一个较为简短的例子如下：

一	二	三
"……你为什么不去召唤那个最忠实的朋友在朋友中太阳所看见的，或黑夜所遮盖的？……"	"……你为什么不去把白日所见、黑夜所藏的最忠实的朋友叫来呀？……"	"……你为什么不去把那位忠实的朋友叫来呀？比他更忠实的朋友，太阳没照见过，黑夜也没包藏过！……"

杨先生解释说，这里涉及的是对话中的一句"反话"，其中的"忠实"指不忠。说来三稿就对原文的理解来说并无本质差别。即使第一稿也没有所谓的"硬伤"，只不过是循着原文语序一个词一个词地对应翻出来。平心而论，多数翻译通常就停留在一稿或二稿阶段，至多再加减一两个标点、调换个别用词后便完事大吉。而杨先生的第三稿则追求更神似更丰满的表达，效果可谓"朗朗上口、神气活现"。一改再改，可以说是在反复推敲"翻译度"，是在文体上精雕细琢。凡是曾经多少涉猎翻译的人都会

明白，如此这般修改，得让“苦差事”更苦多少倍。我读书信马由缰，没有见过杨先生其他披露修改文章过程的记述。但是在一条条阅读这些译例的时候，我实实在在感受到她那种平实流畅而又亲切自然的文笔其实是辛苦磨炼出的。写家的笔如工匠的手，想出好活儿不能靠取巧。要知不足、有追求，还须经过琐细而严苛的长期习练。正所谓字字皆辛苦。

今年4月初我见到文学所一位退休友人，她提到自己近时身体状况不太好，但没有太影响心态——“因为手头的写作任务没有完成，有一口气提着呢”。她的话让我百感交集。不知怎的，我就联想到今年初《钱锺书手稿集·外文笔记》48卷出齐，标志着他的遗稿整理大功告成，随后杨先生即在春节期间住进医院——“莫非，她终于松了那口气？”

由于国家命运的动荡曲折，钱锺书的许多研读思考心得未能以最终成果的形式面世。他和女儿钱瑗于90年代后期因病去世后，早已年过耄耋的杨先生开始了遗稿整理出版的跨世纪“工程”——为了让智慧和知识的闪光不被淹没，也为给一代中国读书人的治学历程立此存照。她说自己成了“钱办主任”，是留下来独自“打扫现场”的人。相比于自嘲“灶下婢”，此时她选用的词颇为“公务”化，更阳刚也更幽默，表达了某种不太相同的角色认知。看来中华人民共和国语汇其实也渗透进了她的深层无意识。当然两类说法也有共性，除了都含嘲解之外，也许更重要的是都指向具体而繁巨的劳作。

的确，即使不计少年时代的勤读好学，杨先生成年后在近九十年的漫长岁月里一直未曾息肩地尽责劬劳，直到坦然撒手前的最后一刻。举目望去,世间有几人能比呢?九卷《杨绛全集》是她写作成果的见证。此外还有多少教学、持家的劳动弥散到社会生活的琐细进程里,有多少交谈切磋、收集整理、联系商洽、编辑校读的工作融合进了钱先生的人生成就?

我曾对朋友说:杨绛先生是劳动模范。我知道有些人会觉得这个词“煞风景”,与他们心中的想象格格不入。然而它却贴切地表达了我对她最深挚的敬意。

2016 年 8 月

(作者为中国社会科学院外国文学研究所研究员)

走近杨绛先生

马文蔚

我和杨绛先生非同事、非同行；我只是一名小辈读者，从读杨先生的书开始，一点点走近她。后来又幸运地遇到机会，得以面见讨教、书信往来，从 20 世纪 80 年代后期持续至今。关于杨先生的话题，可说的实在太多了。

“杨绛”这位作者引起我的兴趣，首先是她的文字。我最先读到的是散文，最喜欢的也是散文。她真是一位以口语为文的高手。

《干校六记》是我读的第一本书。我们这一代都有过干校经历，这样熟悉的题材，她写来就大不一样。每一记都以叙事为主，打井、盖房、种菜、晚上的电影课等等，这在干校生活中再日常不过。而她这些看似拉家常的话语，余意绵长，蕴含深厚，令人回味无穷。有些句子，富含人生哲理：“这些木箱、铁箱，确也不如血肉之躯经得起折磨”，“炼人比炼钢费事，‘坐冷板凳’也是一项苦功夫”……一读就不会忘记。对干校的“运动”

作者与杨绛先生合影

没有直接描述，它被隐藏在各处，似无还有。

《丙午丁未年纪事》所述事件发生在下干校之前，而写作时间却在《干校六记》之后六七年。80 年代中期，社会舆论环境有所好转，写起来自然比《干校六记》放松，文字的味道也就有了差别。《干校六记》弥漫着压抑感。有同亲人离别的凄楚和看不到前景的茫然；有学员自杀的非常事件，折射出“运动”在进行，斗争很残酷；有不能正面描述，不得不做的隐蔽和曲笔。

《干校六记》也让读者透过叙事，发现作者的心灵密码：天性善良，忧世伤生。一位年轻学员的遗体，被草草掩埋。作者自始至终远远注视着。待拉遗体的大车返回后，暮色苍茫、阒无一人时，她走过去，看了那个小小的“土馒头”。第二天嘱咐兼职邮递员默存（钱锺书），往返时“留心不要踩那新坟，因为里面没有棺材，泥下就是身体”。干校迁移之前，两位老人又到菜园环视一番，权当作别；仍没有忘记那个埋人的地方，而扁扁的小土堆已被拖拉机铲平。几个场景的白描，看出作者对枉死者的同情和哀悼。

“六记”中没有专门记“愧”，但她的“愧”多处可见。愧与阿香的不平等合作；愧比年轻人干得少却工资最高；愧在菜园太过清闲；愧同在客中，人家却尽己所能做出好饭菜送别回京的学员。共同生活、劳动，共同的命运，使她产生“我们感”，就连对不认同干校学员为“我们”的农民，她也怀有深深的同情。看守菜园职责所限，不能把大些的、像样的菜送给他们，她心生愧歉。

“六记”中只“小趋”一章记“情”，其实哪一章没有浓浓的情呢？对这只不吃同类的可爱的小狗，她“只是淡淡的，从不爱抚它”，因为有人说“狗是资产阶级夫人、小姐的玩物”。那么多人里，小趋只认她作主人，对默存也发疯似的蹦跳打滚儿欢迎。它常常到宿舍去寻她，“我感它相念，无以为报”，时常攒些骨头筋皮留给它。

看到村里孩子驱狗围猎野兔，“哈！哈！”地喊叫着，野兔无路可逃，挣命跃起五六尺高，落地还是被群狗咬住，“我代它肝胆俱碎”。她的心这样柔软，怜惜弱小，旁及无辜受害的小动物。

《丙午丁未年纪事》虽同样是记事，“运动”描写就直接很多。抄家、挨斗、剃阴阳头、游街示众、监视居住、集中学习（变相关牛棚）、罚扫厕所，样样不落。但比《干校六记》有了明显的情绪宣泄和个性张扬。作者用看似不动声色的文字，描绘出种种违反人道、极为荒谬滑稽的事，让你发笑，让你思考。这种摧残文化、调动人性恶的“革命”，有何进步意义可言？

《丙午丁未年纪事》同另外三篇回忆文章，1987年结集在香港出版，书名《将饮茶》。此书“代后记”《隐身衣》，也是这一时期的作品。作者特别注明是“废话”。读后可知，不但一点不“废”，还异常精绝、透彻，对于理解钱、杨的人生态度极为重要。可以看作是一个“纲”。

为什么两人一致，都想要仙家的隐身衣？仙家隐身衣不可得，只能要凡间的。凡间隐身衣如何得到？只消“身处卑微”。你成了一个“零”，明明站在那里，人家却视而不见，方得以“万人如海一身藏”（杨引苏东坡句）。

为什么要“隐”？无非是避祸、避扰。人，生来不同；“是什么料，充什么用”，“草木有本心，何求美人折”。“一个人不想攀高就不怕下跌”，“可以保其天真，成其自然，潜心一志完成自己能做的事”。杨先生晚年所说“隐忍，是为了自由”，更加直白。他们避名利如避火，只想争取一个稳定、安静的环境，好好做自己的事。无奈这种普通的愿望，也难以达到。待环境稍好时，又老病缠身。尤其是钱先生，本可以给后人留下更多的文化成果，却被打了折扣。令人痛惜！

记得《隐身衣》发表之后，引来一些因不解而不屑的评论。说“虚伪”、说“犬儒主义”等等。一个以诚实劳动立足社会的人，都希望得到承认，没人愿意当“零”。分析杨先生的经历，确是有一个从委屈承受，到主动选择的过程。对这些评论，钱、杨不予置辩，当然还是隐忍、避扰。

隐忍不等于没有是非，没有态度。“六记”写完后，钱先生特意加了“小引”。既是对杨绛的支持，更是借台唱戏，说几句非说不可的话。钱先生开门见山，认为她漏了一记:《运动记愧》。直截了当指出两年多的干校生活，是以“清查五一六分子”的斗争为重要背景的。运动时松时紧，“仿佛间歇疟，疾病始终缠住身体”。运动中少不了三类人，挨批的同志也许会《记屈》《记愤》；而一般人如自己，应该《记愧》，“惭愧自己是懦怯鬼，觉得这里面有冤屈，却没有胆气出头抗议”；特别指出最该记愧的，是明知有误还去充当“旗手”“打手”的人。

不要忘了，这是 1980 年。那时有几个人能这样清醒地分析，这样不留情面地坦诚自己在运动中的怯懦和愧疚呢？这篇不足八百字的“小引”，提升了《干校六记》的政治品格和道德水准。

《丙午丁未年纪事》中，戴着“反动学术权威”黑牌子的杨绛，敢于在大字报下面贴小字报辩驳；敢于在挨斗时学马睡觉，站着打盹；敢于在“游街示众”时狠命敲锣、嘶声喊叫；敢于借清扫库房之机，谋划“偷”回自己的译稿。她一点不顺从，冒着罪加一等的危险，勇敢抗争。

杨先生在之前之后，各有很多散文作品，有的轻松优美，有的沉静允当，有的尖锐透辟。如“回忆两篇”和《记钱锺书与〈围城〉》《收脚印》《流浪儿》《读书苦乐》《记杨必》《不官不商有书香》《俭为共德》等很多很多。但我以为《干校六记》和《丙午丁未年纪事》最好最重要。因为这是在中国历史乃至人类历史上，非战争年代，发生疯狂内斗，死伤无数、民生凋敝、文化灭绝的巨大灾难时期，一位“陪斗”身份的亲历者，对这段残暴荒唐史的真实记录和抗争呼号。其重千钧，是其他文字不可比的。

喜欢作品，就关注作者。想认识她，进一步了解她。

1988年底，我从广播电台改行到出版公司。感谢老天的眷顾，不久，遇上第二届“彩虹翻译奖”评奖活动。杨先生没有参加这一届，我却从组织者那里得到了她的联系方式。几封书信之后，杨先生邀我“闲时到舍下一谈”。喜出望外呀！

第一次拜访杨先生，是1990年5月13日，一个星期天的下午。我骑车从真武庙三条到三里河南沙沟，不过十几分钟，原来这么近。杨先生笑着开门。去之前还想这想那，有些紧张；真正见了面，反而踏实了。她把我让到靠外的单人沙发上，自己或站或坐，很随便地问着说着。大约六点钟，钱先生加入谈话，后来说得很热闹。天渐渐黑下来，屋里没有开灯，三个人都在窗前围站着。钱先生还拿出他得病时记的笔记给我看，大小不一的字，直一行歪一行。杨先生反应灵敏，说话快；只要钱先生一开口，杨先生立刻停下来，抬头望着他。那天大约八点钟才告辞离开。回信说：珍宝倾泻而下，可惜我只是一张浅浅的盘子，不知漏掉了多少好东西。

见面之后，觉得杨先生比照片美。眉毛长长的，在镜框上面高高扬起，像淡淡的远山。细长的眼睛在宽大的镜片后面专注地看着你，一脸笑模样。钱先生和善、风趣，说话急促时，会突然哽住，仿佛千军万马在喉咙口“堵车”了。两人衣着家常，屋里陈设简单朴素。两张书桌占了厅里三分之一的地盘，单人沙发罩着浅驼色布套，已显陈旧。一看就是书房，偶作待客之用。从那时起，她叫我，我才去。《围城》电视剧开播之前，叫我去看剧照，她讲些幕后故事；播出后，又想听听反应。都是 80 岁的人了，时间宝贵，不可轻易打搅。

恰巧这段时间我接到一位年轻人的书稿，是讲述《管锥编》的。我没读过钱先生的《管锥编》，于是“恶补”。“恶补”也不易，这部大书是文言写成，中间夹着六七种外文。就算把外文略去，文言也读不快，不少古汉字生僻难认。好不容易囫囵着读下来，倒非常长知识、有趣味。杨先生说，读《管锥编》确是需要帮助。谈这部书的很多，但真能领会的极少。“我自己就是不能全部领会的一个。”

这部稿子成书后，拿给杨先生看。过后，她笑着问我：“钱先生是‘书呆子’吗？”我愣在那里，一时难以回答。知道自己失职了。光顾着“恶补”，其他的只想着“文责自负”，这么明显的问题被我漏掉了。杨先生大度，只问了这一次，也没有非等着我作答。钱先生提都没提。我告诫自己不能重犯类似错误。

杨先生问我怎么读的《管锥编》，我实话告诉她，只读了书稿涉及的段落。她说，读书要先通读全部，哪怕粗一点；然后再读局部、细部。有时间可再反复着读，才能掌握总体内容，领会作者用心。读书，没有捷径可走。她告诉我，钱先生说过，有时读到四遍五遍，才发现要害之处，奇怪以前怎么没看到？我牢记两位先生的读书经验，始终奉行。

我很想搜集杨先生分散在各处的旧文。她说，旧文、新文手里有一些，只是在整理，不急于出版。她说，她像老太太翻到年轻时的照片，尽管照得并不如意，对照片也颇宽容。但要拿出来给人看，立刻变得很客观了。她可将这些稿“贿赂”我，不让我到处去找，只想听听批评意见。

后来，她把一摞稿子交给我。手稿啊，一页页稿纸，规规矩矩的小字。这是多大的信任哪。一个多月后，我看完了，很喜欢。可能对其中两篇提了些意见，写下来，一并交给她。她同意，说要改。

再次去见她，她说：“我要给‘花城’出，你不会……”我没有料到。一般来说，把手稿交给一个出版编辑看，意味着有出版意向。要我放手，她知道有点难度。我立时由失落而清醒，肯定地告诉她：“在哪儿出，是作者的权利。”她点头，但还是放心不下：“你不会复印吧？”我摇头：“那样做不合道德。”

这部稿就是后来的《杂忆与杂写》，当时还没有书名。她谢谢我，我说不值一谢，当了您的“第一读者”，我该谢您。她已经口头谢过，满可以了；又在《自序》里谢我为她“细看全稿，提出中肯的意见”。还在信里说“只平平淡淡两句话，远没有道出我心中的感激”。三年后，经增补修订，以同样的书名在三联出版。增补的篇目占很大比例，再用原序中的那两句话就不合适了。杨先生只将新增部分另加序言，原有部分的《自序》“一仍其旧”。杨先生用心太细了，别人的一点点劳动都记着，不愿白白领受。

有一次她边笑边说，有人看了《流浪儿》，说想不到你们在上海生活那么惨，家里什么都没有，到处流浪。问我：“你怎么看？”我也忍不住笑了。知道她是在考我。答说，那是表现读书的急切、渴望和不急于自成体系的治学态度。

“你不要只编别人的，‘为他人做嫁’。一定要自己写。”杨先生很认真地对我说。做出版编辑后，的确写得少了。与新闻采访不同，题目难选，没情绪也写不出。钱先生一抬下巴，意指杨先生：“你写给她，然后把头尾去掉。慢慢写，有感而发，渐渐就多了。”我开始交作业。最早交的，是我在电台时的最后一篇播出稿。没想到杨先生回信时，认真写了评语。最难得的是钱先生在信尾附了意见。看后感动得心跳加快。后来，杨先生每出新作，我都写一篇读后感（不够格叫“书评”）。理解得对不对，请杨先生指教。她总是鼓励为主，说“是的，是的”；或评说“扎实”，“稳重”，“字斟句酌，认真”。我理解得有偏差，她就直说自己的意图。我写的其他文字，也寄去讨教。有的很长，先给她一部分。她说：“我要看全部。”有时批评“没有开门见山”，“人名太多，乱”，“平铺直叙”，“要懂得‘割爱’”，等等。

一篇稿里用了“亡命他乡”一词，“亡”可以是“死”吗？觉得不对，字典只笼统说是“逃”“避”之意。我急于交稿，只在词后画了个符号，请教杨先生。她回信说，查了《词源》，“亡”，逃也；“命”，户籍也；即逃往他乡，丢户籍而保命。我为自己犯懒而脸红。工具书我都有，反去麻烦杨先生。要像钱先生对钱瑗，一定扔回来：“自己查去！”看来杨先生对我事事宽容，我心里应该有数。

自己多写，才能渐渐提高对文字的感受力和掌控能力。再看别人的文稿、作品，眼力会强一些，能发现着力点在哪里，怎样表现的。钱先生给女儿的信说：“汝平日动笔太少，……驾驭文字，非作不可，如打仗非上战场不可。”（吴学昭：《听杨绛谈往事》）两位先生教我在实战中学习，大有益处。

杨先生说话诚恳，很有分量，但从不板着脸。她爱说笑话，好像总能发现一些趣事，品出其中的微妙。她读书不是“苦读”，而是“乐在其中”。年岁大了，还在不停地写，说“不累，好玩儿”。写信常常是“咱们先说正经，再说闲话”，“闲话”里就有逗事儿“供你一笑”。有一封信被来客打断，她说此信“猫头鼠尾”，还在落款处画了一只小耗子，尾巴拖得长长的。钱先生健在时，信后常见他签名、“同候”；有一次杨先生代签，学得很像，又特意拉出一条线，注明“冒牌伪劣品”。

小说《洗澡》1988年出版。我曾写过一篇“读后”，又觉得不够明晰。2004年此书在人民文学出版社出版时，作者加了《新版前言》。针对读者容易误解的地方，说：“‘洗澡’没有得到预期的效果，原因是谁都没有自觉自愿。”“只有一两人自觉自愿地试图超拔自己，读者出于喜爱，往往把他们看作主角。”《新版前言》是好向导，使我有了进一步理解。于是又写了一篇“重读”。杨先生却幽默地说笑：“《堂吉诃德》里两次嘲笑一位画家，画了不知什么东西，只好自己注明‘这是一只狗’。我的第二次前言，大有此嫌。”我说，还是我没有细读，愚钝。

出于真心敬爱或礼仪，每逢年节、寿辰，总有人以各种方式向两位先生祝贺。他们称谢之余也颇感负担。有时送花太多，无处摆放，只好分送出去。两位先生不重形式，说“咱们不用这一套”。钱先生曾在信尾附言：“每逢生日，有如受到一次‘余年又减’的警告。”杨先生说：“家里向例不过生日，偶尔吃面，常常连吃面也忘了。以后的日子是偷来的,你我都悄悄只作不知,咱们就是同伙。”我愿听话当“同伙”,省得给惜时如金的老人添麻烦。

杨先生曾说,我们和你只有一点不通。我们是研究英美文学的,你们这一代是学俄语的。我深知这一点。越到后来越明白,绝不仅仅是个语种差别而已,那是一扇大门哪。

“女儿是我的支柱”,杨先生多次说到。有一次打电话是钱瑗接的,说妈妈去医院陪爸爸了。“她天天去,就是让我多一点休息时间。”钱瑗从小身体就弱,后来又从教俄语转为教英语,还肩负很多社会工作。“一身而三任”,不愿“偷一点懒”,终于病倒了。杨先生两头跑,回家还要为钱先生准备鼻饲的流食。一直到钱瑗病危、“牛儿不吃草”(不能进食)了,杨先生才知道实情。钱瑗去世,“支柱”倒了。还要考虑分几次透露给钱先生,不致引起他病情波动。她心里有多苦,不是常人能想象的。她写过两封信告诉我女儿去世,显然有些恍惚。

钱先生也去世了。杨先生一个人回到空空如也的家。如果是一般人,可能从此一蹶不振。杨先生在独自消化与亲人诀别的巨痛之后,很快振作起来,她知道大量“打扫现场”的工作在等着她。她埋头译《斐多》,哲人灵魂不死,给她安慰。写《我们仨》,重温三人在一起的美好时光,觉得他们仍在不远处陪伴着自己。整理钱先生的大量笔记、遗稿,应付、处理种种后续难题。她多次遭遇著作权被公然侵犯的事件。为钱先生为自己,也为健全法治,她不得不以年高病弱之身,挺身维权。有的被制止了,有的还讲歪理,甚至编造谎言继续侵权。每遇这种事,她就血压升高，走路扶墙摸壁。

从90岁到100多岁，克服“老、病、忙”，又写了三十篇美好而重要的文字。2007年96岁高龄，《走到人生边上》出版了。她将一生想不通的问题做标靶，到书里，到自己和他人的生活经验里寻求答案。“自问自答”，一步步推导，得出结论或继续存疑。“天地生人，人为万物之灵”，在苦难的人世自我修炼，自求完善，也是人活一辈子的价值所在。小个子、孤单单的杨先生，生命不息，探求不止。

尤其是“胡思乱想”两节，回望一生，“一辈子的过错也攒了一大堆”，没有洗净之前，带着一身污垢是不能“回家”的。“回家”的那一刻，自己将以何种形象与亲人相见呢？以现在的老相，父母认不出；以小姑娘时的清秀模样，锺书、圆圆不敢认……种种设想奇妙而合乎情理。近百岁的她，葆有孩子般的天真，感动了无数读者。

她老了，电话里说话慢了，声音苍老了许多。她告诉我：“老人的日子特别短，过得也特别快。这个经验，谅你还不能体会。”“人是一息一息死的。”茶，以前还能喝十片叶子，现在喝了睡不着。听不到柔和的声音，不能听音乐了。剩五颗牙齿，互相对不上。鼻子也闻不到了。下不了楼，只能在屋里活动，“鱼游千里”。

她“随时都可能走”。“传给你什么呢？你要什么？”“只想要您的字。有钱先生画圈的。”她说，有人夸她的字，得意极了。而字是她的“特短”，一辈子写不好的。练，总不至于更坏。每天一篇大字一篇小字，现在没有锺书画圈了。我喜欢她的字，不花哨，看着心里安静。是她内心清凉无欲的外化表现吧。

2010 年 1 月，寄给我一幅字，中楷，抄录钱先生写于 1940 年的诗：《新岁见萤火》。觉得我会喜欢这首诗。纸是钱先生用剩的半张宣纸。另有十一张毛边纸的习字，每张注有日期，钱先生的红圈依然醒目。两年后，2012 年 1 月，杨先生又将平时用的大圆砚送我，连同一本横格、竖写，抄了多首钱诗的笔记本。“想我了，拿出来看看。”我点头，鞠躬拜谢。——这竟是最后一次见她。

2016 年 5 月 25 日，杨先生真的走了。我才忽然醒悟到那句话是说她走后的。我只当平常话，未能体认杨先生的告别之情。她走了，想她。她的字就放在那里，不敢再看。

她对我的称呼有多种：“同志”，“好友”，“贤友”，“小妹妹”，“道伴”（她家乡话“同伴”之意）；我只称她“先生”。为文、为人都是我最好的前辈老师。跟她有着共同的时代经历，能读她的书，走近她，在她的指导下读书、习作，是我今生非常难得的幸运。

5 月末的一天，在地铁换乘。匆忙间，觉得杨先生形象在眼前一闪。定睛看去，只见一个白色灯箱立在高墙上。左侧是杨先生剪影头像，右侧写着：

我们再见了

您们团圆了

105 岁杨绛先生走好

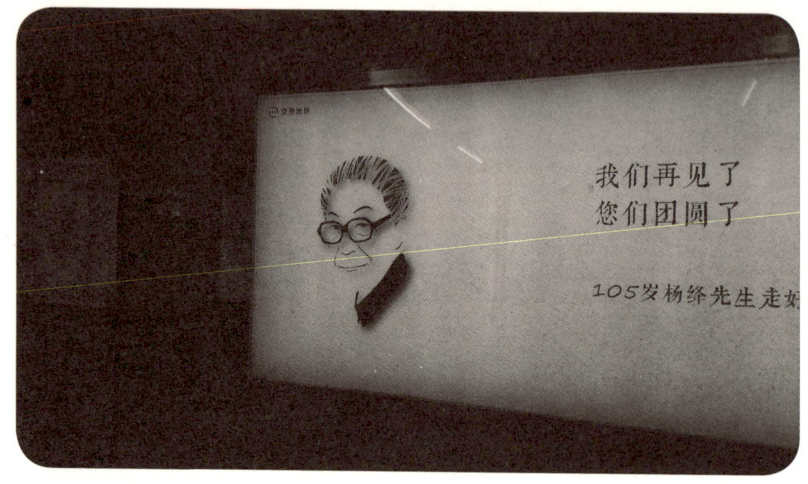

地铁里的灯箱广告

只有亲切祝福，没有悲伤哭泣。杨先生一定是笑着走的。

真正的纪念在民间。她已经走进千千万万读者的心里，还有什么比这更值得欣慰呢！

2016 年 7 月

（作者为新闻出版工作者、编审）

（说明：文中引号内文字，除注明出处的，多是杨先生作品的原句。另一些则引自钱、杨先生书信及谈话。这一部分，本应得到他们的应允，现在无法做到了。但我保证引述有据和准确，否则愧对二位先生和读者。）

私人交往

王海鸰

2007年深秋的一个傍晚，杨绛先生打来电话，说我的书她看了，不喜欢《新结婚时代》中主人公作弊情节，能改一下就好了。在她说怎么改时我一手将话筒贴紧耳郭，一手到处摸笔，同时脑子里还想：送书时特地跟她说过不必费精力看的，除《大校的女儿》其他书我并不满意，都送去只为向她作个汇报……电话那头她说“怎么改”，语速颇快略带兴奋。我保证她说的每个字我都听到了，但就是不记得了。紧张会让人分神。在敬重的人面前我的首要反应永远是紧张，还有拘谨。说完了我的书后她说，她刚出了本书想送我，让我说下邮寄地址。

很快收到老人96岁新作《走到人生边上》。翻开扉页，无字。取出老人附赠近照看背面，无字。再把书翻到188页上，有字。老人电话中说188页韩侂胄的“侂”错印成“佗”，她用笔改了。我到底拥有了未经任何机器处理过的她的字。这本书连同邮寄书的信封被我仔细收起。信封老人亲笔书写，称我“王海鸰同志”。

电话中她也这样称我。我们第一次通话在2006年年末。

2006年11月16日第七次作协全国代表大会开幕式，和文联全国代表大会同时在人民大会堂举行，据说有三千多人。会结束前我来到会场外，心情紧张地等待着，要找到“中直”代表团，还要留意我所在解放军代表团，要求会议结束集体乘车离开。

之前在“中直”代表团名单里看到了“杨绛”二字。老人来参加这么喧闹的活动肯定是碍于情面，顶多出席个开幕式，这可能是我见到她的唯一机会。没指望相认，只想看一眼真人。包里提前装好1980年购于山东长岛的《围城》和2004年购于北京的《我们仨》，祈望得到签字。但当我逆着拥出会场人流挤到高举“中直”木牌小伙子面前问杨绛先生在哪里时，回说“没来”。那一瞬我的情绪肯定溢于言表了，小伙子说我告诉你她的电话吧。

电话拨通后，接电话的人问我是哪位。我是哪位？名字只对认识你、知道你的人有意义——绝不能说自己写过什么，免双方尴尬——先报上单位、职务，使名字不那么光秃秃的。接电话的人让我稍等。不一会儿，杨绛先生来接电话。她说：王海鸰同志吗？我看过你的书，但没看过你的电视剧，听力不好。我家阿姨喜欢，刚才是她接的电话。

我有些错乱了。错乱中我说：我的那些东西比您和钱锺书先生差太远，根本不能比。我目前还要为赚钱写作，不能随心所欲写自己想写的东西，做不到超脱。老人听完后说：钱上我可以帮你。记不得当时除一连串的“不”我还说了什么，但牢牢记住了当时的感受：芒刺在背。

这成了化不掉的鲠。事后专门给老人写信文字说明：“我那不过是人的贪心罢了，要说钱，我早够用了，足够足够了。”

当时自己都没能厘清的一个事实是：把二者差距归咎于“钱”，如同俗人说自己没成为伟人是不想、不屑一个套路，不老实且愚蠢。他们学养深厚，我实际教育程度初中一年级。他们天赋异禀，我不过小感觉小聪明。

委屈是有的。这样空前绝后、大动干戈、千山万水的追寻，难道为了求“扶贫”？但每作此想就内疚就替老人辩解：虽说我也步入老年，毕竟小她四十一岁。电视剧于她是新生行当，她不知道写电视剧本挣钱很多。也算是一种代沟。

那之后十个月过去了，其间妹妹患淋巴癌由济南来京治疗、儿子高考。待妹妹痊愈回家儿子高考结束，国庆节前的一天晚饭后，我和儿子骑车去了三里河南沙沟。带上《围城》《我们仨》，带上我的书，带上一把小巧的宜兴紫砂壶，还带上了提前写好的信，我不确定能否同杨先生见面。

那天没打电话说要去。钱锺书说过：“假如你吃了个鸡蛋，觉得不错，何必要认识那下蛋的母鸡呢？”杨绛说过：“我虽然闭门谢客，亲近的戚友和许许多多小辈们，随时可以冲进门来。他们来，我当然高兴，但我的清闲就保不住了。”

心在想见她、不想打搅她、不想她为难、不想被拒绝中反复纠结，及至来到三里河南沙沟 6 号楼 2 单元门口，我和儿子商定，不求见。信上为此已提前写好：“我儿子办事路过您处，让他把我的书及一个节日小礼物带给您。”把东西送到南门收发室，打电话请杨家阿姨去取，一身轻松心无挂碍在“环境优美”（《我们仨》语）的三里河南沙沟院里流连。儿子用脚使劲踩着6号楼2单元门口地面，若有所思：“钱锺书就从这里走过？”又仰脸望着三层的窗口，若有所思：“希望杨绛活很久，我把我的书送来。”18岁少年志向很多，写作是其中的一个。

那年杨先生96，后来97、98、99……103岁时出版新书《洗澡之后》。老人视死如归，在等待回家的日子里，一直做着自己喜欢的事。我欣慰之余暗忖，儿子许下的愿有可能实现。

2016年5月25日，中午散步时儿子微信转来新闻，题目“杨绛先生今日凌晨去世，享年105岁”。我回：“祝团聚。”

2006到2016十年，我极少打搅先生，小心翼翼保持与她的距离，好比爱极了一样东西不敢轻易触碰。她的书在我这里，她的人在她书里，她有我的书并且是读了的，如此交往已弥足珍贵。每年她生日那天各路官媒、自媒都会有她的消息：她很好，不需要探望，帮她吃一碗面就好。年复一年，我习惯了她的存在，习惯了只要她在，在三里河南沙沟6号楼2单元6室“我们仨”的寓所里，读书，写字，“打扫现场”。

突然她不在了，我一点心理准备没有。人们的自发怀念通过各种渠道铺天盖地，纷攘中我越发孤单，一颗心恓恓惶惶没着没落。

我搜索有关先生消息。意外听到她2011年的一段录音：“钱锺书年轻时曾对我说过一句心里话，他说，我志气不大，但愿竭毕生精力做做学问。他当然知道自己不是有钱人家子弟，他首先得有个职业图生存，剩余的精力才能用来做做学问。”平静的声音饱含对钱锺书的痛惜。

先生深谙人生。“代沟”是由于我的自以为是。如能早听到这段话我不仅不会“委屈”反要奢想：您提出在钱上帮我，可不可以理解为对我的认可，哪怕是，一点点？

永远没机会问了。

6 月 5 日上午，杨绛先生遗嘱执行人吴学昭女士打来电话，说先生那里有我写的两封信，说先生生前对所有写给她的信件，凡涉及自己或他人隐私的、很亲密的信，大都进行了销毁；对未及处理的亲友来信，要求在征得本人意见后，或退还本人或销毁或封存。屏息静气听完后我说，如果销毁的话就退给我，如果封存就不必退了。心是暖的：十年前留下的电话号码，写去的信，先生都给予了留存。吴女士提醒我，我有封信里谈到了王朔，我当即说没关系的。事后察觉欠妥，找出信的底稿发给王朔并说明缘由，不能有悖先生为人行事准则：尊重，严谨。

谈完关于信件处理，吴女士告诉我，杨绛先生把我列为了她的可以联系的可信好友——没有想到，不可能想到——我万分激动地插话：“您的意思是让我保持沉默不要乱说，是吗？”语气是：我明白，我理解，我会的。2013 年一家拍卖公司宣布拍卖钱锺书、杨绛私人书信，杨绛先生维权时质问：“个人隐私、人与人之间的信赖、多年的感情，都可以成为商品去交易吗？”这也是我的价值观，一向恪守谨遵。待我插完了话，吴女士方得解释：“是这样的，有出版社曾和杨绛先生聊过，希望在先生身后出版纪念先生的书。先生当时未置可否，后来交代说：如果将来出版社一定要出个什么集子，总还是要请可信的好友来写。”

无以遣怀的感情终可化作文字，恓恓惶惶的心在文字中安宁。

2016 年 7 月 16 日

（作者为作家、总政话剧团编剧）

在堂吉诃德和桑丘、孙悟空和猪八戒之间来来往往：杨绛先生的自我阐述

[德] 莫宜佳　莫律祺

莫宜佳回忆：

第一次见杨绛先生是1982年在北京，8月里一个炎热的夏日，那次见面令我终生难忘。为了翻译《围城》，我想拜访她丈夫，著名作家和学者钱锺书先生。当时，我只能在北京大学老师陪同下到三里河家里拜访他。先是杨先生给我开门，她身材小巧苗条，声音轻细。让我意外的是，她忽然温和而明确地问我："您是不是有很多问题呢？"直到我打消了她的顾虑，她才把丈夫叫来。好像她常常用这种办法为丈夫"挡驾"。那时，杨先生不仅为我打开了家门，也为我开启了中国文学之门，更揭开了我与他们两人长达三十多年深厚友谊的序幕。那天，钱先生遒劲有力地挥毫为我写下几封介绍信给他同事。杨先生还把蜚声国际、译成多种文字的力作《干校六记》送给我。

1989年，我申请到奖学金，再次来到北京，住在北大，为

作者与杨绛先生在大连合影　摄于 1999 年

研究《管锥编》搜集资料，又见到了杨先生。这时候的中国，气氛已经自由了许多。无须陪同，我自己就可以骑着自行车去拜访杨先生和钱先生了。他们还把女儿钱瑗介绍给我，她是北京师范大学的英语教授。钱瑗开玩笑说，她就是《围城》开篇船上那个"讨厌的孩子"。钱瑗尽管大学工作紧张繁忙，可有一天，她在父母家做了一桌丰盛可口的饭菜招待我，让我惊喜不已。她还很自信地跟我解释："妈妈的厨艺不行，我比她做得好吃多了。"放暑假，我丈夫也来到北京，我们两人一起去看望钱、杨两位先生。

我和钱先生以信交流，钱先生的信书法潇洒，常从中外文学引经据典。后来，钱先生长期重病，才由杨先生代笔。随着时间的推移，我们的交往越来越熟悉亲切。我盼望她来信，也拜读她的作品。发现在内容和风格上都与钱先生截然不同，我对她更加钦佩不已。

1999 年，我再次见到杨先生。她刚刚先后失去女儿和丈夫，他们是她生活中最重要和最挚爱的两个人。我当时正在成都参加一个会议，原本计划去北京看望她。但那时他们所住的小区正在大兴土木装修，声响震耳欲聋，杨先生日夜不得安宁，本来身体已很虚弱，精神亦受影响，无奈"逃"到大连调养。杨先生邀我到大连看她。让我惊讶的是，刚下飞机，杨先生竟亲自到机场来接我了。望着眼前的她，88 岁高龄，虚弱而憔悴，我心里既高兴又难过。

她所住宾馆宽敞舒适，饭菜可口；但她就是睡不着，吃不下。我不得不敬佩她的坚强和泰然自若，尤其是身处磨难仍能乐在平凡小事的积极态度。比如，她教我学传统健身气功"八段锦"，我们做得非常开心。每一式都有口诀："摇头摆尾去心火，两手攀足固肾腰……"杨先生那时勉强支撑，却毅然决心整理钱先生所遗数量巨大的手稿。我自告奋勇提出愿为钱先生的外文笔记做一份目录。

当时，这些笔记都装在几个纸箱里，存放北京家中。从大连回到北京，我们马上开始工作。每天早晨，我乘公共汽车去她家。进门后，先与杨先生和照料她生活的阿姨小吴聊聊天，开开玩笑，直到三人中某个人说"我走开了"。这意味着：每个人要开始做自己的事情，不管别人了。于是，杨先生坐到书桌前去翻译柏拉图的《斐多》，我给外文笔记打作品目录，小吴做午饭。

中午，我们一起吃香喷喷的五谷粥和新鲜蔬菜，边吃边聊，有说有笑。一次，小吴特地为我准备了生菜叶子，非让我吃，说是外国人最喜欢吃的，杨绛、小吴当然没有动筷子。离别那天，小吴蒸了“四福包子”。杨先生陪我走了很远，一直把我送到小区门口。我和杨先生紧紧拥抱，互道“明年见”。

一年以后，我在炎炎夏日再次来到北京。此行只有一个目的：为钱先生的外文笔记编目录。我住进一座漂亮的四合院，是杨先生友人工作单位的院子。让我特别高兴的是杨先生带着小吴和她丈夫同到四合院欢迎我。和去年一样，仍然是同样的方法、同样的节奏。只是杨先生在专心创作她的代表作《我们仨》。她给我讲述了很多感人的细节，日后读这本书时我又重温这些场面。杨先生请我翻译《我们仨》，我欣然同意。钱锺书外文笔记的目录也初步完成了，由于时间仓促，既未细加整理也未按时间顺序分组。我万没有料到，自己十多年后竟然还有机会重新整理这份目录。

2006年，我和丈夫莫律祺到北京，欢喜地与杨先生久别重逢。这次，我们还经常与吴学昭先生聚晤，她是著名学者吴宓先生的女儿，也是杨先生最亲密的朋友，还是帮她料理法律事务和唯一授权作传的人。我们和她结下了深厚持久的友谊，并和她同往北京师范大学校园，瞻仰纪念钱瑗教授的“敬师松”纪念牌，在埋有钱瑗骨灰的雪松前留影。吴学昭先生请我们和杨先生去她家吃饭，沙发上摆着毛绒的玩具猪，据说是惦记生肖属猪的杨先生。杨先生开心地抱起小猪说：“我属猪！”

那时，吴学昭先生早已和杨先生商定，计划邀请我们去北京协助商务印书馆整理、编辑、出版钱锺书外文笔记。杨先生

杨绛先生开心地说：
“我属猪！”

莫律祺、陈洁、冯翠红、莫宜佳摄于清华档案馆

历来认为，保存钱先生笔记，最好的办法是流通，是出版。出版钱锺书笔记，成了杨先生最大的心愿；但怎样才能出版这浩如烟海的笔记呢？吴先生胸有成竹地接过这项任务，融通汇合各方力量，分工合作，密切配合。六年以后，计划变成了现实。最后的成就，实与杨先生的筹划和吴先生运作落实的魄力有关。

这样，2012 年到 2014 年，我们每年在清华大学待两个月，因为笔记原稿当时保存在清华大学档案馆。我们的任务就是帮助商务印书馆，具体说是协助责任编辑陈洁、她的同事田媛和商务印书馆的专家团队工作。

我们又经常和杨先生在一起了。2012 年 4 月 1 日，一下飞机，我们就去了杨先生那儿，她已迫不及待地在等我们了。清华大学基金会的池净女士和她的同事彭卉等人陪着我们，把我们照顾得非常好。我们欢聚一堂。杨先生这年 101 岁高寿，思路清楚敏捷，令人赞叹。吴先生也 83 岁了，一如既往地精力充沛和活跃。杨先生与清华大学同龄，她和钱先生同在那里就读并相识。杨先生听力不太好，我们必须紧贴着她的耳朵说话。她有一张“神奇画卷”，用毛笔蘸着清水在上面写字。开始时，字迹是深黑色的，可过了一会儿，字迹就消失了。杨先生写道：“莫宜佳，汉学家。”我接着写：“杨先生，作家。”杨先生重新挥笔，笑改成“大作家”。我们都非常开心。

接下来的几年里，还有很多一起欢乐喜庆的日子。我丈夫莫律祺每次都送红玫瑰给杨先生，她用各种语言欢迎我们。有一次，她笑嘻嘻地用德文说：“Du bist schön wie eine Blume！”“你像花儿一样美丽！”另一次，在杨先生特别推荐下吃了中国佳肴“猪

神奇吗？莫宜佳夫妇和杨绛先生互赠的竟是同样的礼物！

蹄”，照她的说法，这个菜美容，会让我们每个人都变得更漂亮！我们每次都互相交换小礼物。有回特凑巧，我们准备的竟然是同样的礼物，就是那张“神奇画卷”，这难道不是“心有灵犀一点通”吗？

莫律祺回忆：

杨先生叫我“洋女婿”，这是一个亲近的称呼，也因为我和她女儿是同一年出生的。杨先生跟我说法语或者英语。2012 年再次见面时，她出人意料地用德语欢迎我，不但一点儿错没有，而且字正腔圆，非常标准，没有任何口音。拜访时，她总是细心照顾我，不让我这个在中文交谈中插不上话的人受冷落：她给我看钱先生中文笔记里爱克哈特大师（Meister Eckhart）用德文写的段落，或者把一本摄影集摆在我面前，里面净是精美的图片，大部分以风景为主题，是她的一位曾是电器工程师的亲戚拍摄的影集。我们在希腊休假时常给她寄我自己画的明信片，杨先生非常客气地夸我"你的水彩画画得一年比一年好了！"莫宜佳的母亲比杨先生大两岁，活到了100岁，头脑始终非常清醒，她用过的助听器，传给了杨先生，杨先生又能打电话了。

莫律祺：杨绛对钱锺书《外文笔记》的贡献

杨先生的贡献主要有三个：第一，有她的支持才留有外文笔记。第二，她使外文笔记整理后保存下来。第三，现在，《外文笔记》终于出版了。外文笔记的数量和质量都是惊人的，部分是手写的笔记本，部分是打出来的散页，装在档案袋里。出版后是厚厚的49册（其中一册为索引）。奇妙的是，这些笔记本和档案袋，历经岁月蹉跎，完好无损地保存下来。在一篇早期写的书摘结尾处有一小段打出来的注释，在牛津时，杨钱两位先生就使用过打字机，而且杨先生当时为钱先生打过书摘，但这个工作，后来没有坚持下来。这段注释是这样写的："8.XI.1936/ Typed by Chi-kong Yang Chien."

2014年5月首辑三册《外文笔记》在北京正式发行，杨先生亲自录音致贺词。2016年她幸运地亲眼看到了整套恢宏巨著全部出版。

书架顶层为作者收到的《钱锺书手稿集》样书
摄于 2016 年 7 月

Volume 32 • Stray Leaf with Yang Jiang's Remark

We must sacrefice whole volumes, to achieve a little piece of perfection that, if that too were burnt, the ashes of it would not fill a doll's thimble.

Provided that a book has a binding with a sufficiency of gilt; provided that a picture has its frame, a book's a book, a dinner's a dinner, a picture will cover so much wall-space, and being cheapened, will find buyers enough.

Hueffer's father was a German.. That explains the change of his name into "Ford" just before the War. He is the grand nephew of Ford Madox Brown and the nephew of W.M.Rosseti, his mother and Mrs.Rosseti being sisters.

8.XI.1936.

Typed by Chi-kong Yang Chien.

杨先生在牛津为钱先生打的书摘

莫律祺：杨绛的作品和小说《洗澡》

杨绛先生是一位杰出作家和外国文学翻译家。《我们仨》(2003)、《干校六记》(1982) 和《洗澡》(1988) 都有外文译本，所以我也可以接触和了解这些作品。2012 年，杨绛亲笔题词送给我一本《洗澡》(2007 年出版的汉英双语版)。这三部作品自始至终将我深深吸引：措辞简洁，情节明朗，对话自然风趣，节奏紧凑生动。总之：不矫揉造作，风格古朴。自传性内容的描述，让读者可以从这个或那个人物中看到自己。我们也可以把《洗澡》看作是以真实人物为原型的小说，作品中的机构和地名虽然是虚构的，但人物和情节是根据现实生活塑造的。

很明显，男主人公许彦成教授的原型是钱先生。但是，发生在他和姚宓之间的故事，也就是一位已婚学者和书虫与一位悉心照顾母亲的图书管理员的爱情，这段描写得非常动人的故事却不是自传式的。杨绛认为《洗澡》是她最优秀的作品之一。为了免遭"乱续"，她本人在2010年亲自续写：相爱的人终于走到一起，但不需非法结合或单方面离婚。

对于杨绛感人的小说艺术，我是这样理解的：她描摹人物清晰，着墨不多，但给读者留下想象的空间。她虽然立场明确，却擅长避免非黑即白的评判。这贵在她有积极的世界观，怀疑非黑即白的意识形态，把人看作有缺陷的混合，是理想主义者和实用主义者的结合，是堂吉诃德和桑丘组合而成。只不过各人混合比例完全不同而已。小说中围绕男主人公许彦成教授的两位女主人公，也就是教授妻子杜丽琳和年轻的图书管理员姚宓，前者绰号"标准美人"，带着经过风雨见过世面的自信，后者同样自信，聪明，待人热情真心，她们难道就是杨绛内心中的两个灵魂？

莫宜佳：杨先生的自我阐述

在我看来，杨绛作品有一个绝妙之处，是其他作家所没有或者不如她明显的，即：在她最好的作品里，她亲自亮相，要么在幕后做观察者，要么自己当主人公。这让我们联想到古代欧洲绘画，画家本人也出现在画中，有时调皮地躲在角落里，有时是主角之一。这里举四个印象深刻的例子：

《流浪儿》

这篇散文写于20世纪40年代抗战时期：上海被日本占领沦陷以后，生活急剧恶化：占领军惨无人道，到处是饥荒和房荒。杨绛跟着丈夫带着女儿挤住在公婆家。钱先生失业了，还常常生病。在《流浪儿》中，杨先生富有想象地描写自己：她的身体是狭小、令人窒息的逆旅，她的心神想从里面逃走。她从狭窄、肮脏的逆旅跑到一望无际的远方：她变身小溪中的石子，化作流泉和浮云。有时，她选择书遁：

> 一纳头钻入浩瀚无际的书籍世界，好比孙猴儿驾起跟头云，转瞬间到了十万八千里外。我远远地抛开了家，竟忘了自己何在。

可是跳进自由却是短暂和虚幻的，如同孙悟空，即使一个跟斗可以翻到九霄云外，却仍然逃不出如来佛的手心。杨绛明白，她只是凡人，离不开时空的约束，累了就必须回到自己的家吃饭睡觉。但这个家，到处尘埃蛛网，窗户拍打着，她觉得自己像一团湿泥，闭塞在住不得的自我里。相反，邻居却忙着粉刷扩建房屋，让人有酸葡萄感。不过，这些新刷的房屋也只是气球，轻轻扎一下就塌了。地球转呀转，一切尽从白昼消失在永恒的黑夜。继而重新启程：杨绛只想快快地吃饭睡觉，为的是再偷偷跑到外面。逃向自由与回到闭塞的现实往来重复，在天才的孙悟空和现实的猪八戒、堂吉诃德和桑丘之间跳来跳去。

《控诉大会》

杨绛描写的是她生活中重要的转折点，背景是1951年的“三反运动”。这是号召批评知识分子的第一场运动。杨绛当时在清华大学教授英国文学。一次，在大学礼堂召开的批斗大会上，她突如其来地成为被批判的主要目标：一个她不认识的女生，也不是她的学生，跳到舞台上，毫无道理地指责她在课堂上讲狄更斯（Charles Dickens）的《大卫·科波菲尔》（*David Copperfield*）时只讨论主人公的“爱情生活”，把学生都教坏了。那个时候，这样的指责是致命的。离开礼堂时，大家都躲着她，恰似她是“刚从地狱出来的魔鬼，浑身散发着硫黄臭，还带着熊熊火焰”。

回到家，她反省自己的处境：作为弱女子，她本来应该上吊，另一方面，她也不是女英雄，她只是对诽谤充满愤怒。于是，第二天，她打扮得漂漂亮亮，走进人群里去买菜，观察别人的反应：很多人躲着她，可也有人和她说话甚至开玩笑。但回到家里，她的情绪又低落下来：

> 当时，我火气退去，就活像一头被车轮碾伤的小动物，血肉模糊的创口不是一下子就能愈合的。可是，往后我受批评甚至受斗争，总深幸这场控诉大大增强了我的韧劲。

批判大会对她来说是意外的打击，她后来把它看作是很好的磨炼，这是陪伴她一生的指导思想。

《我们仨》

这是部家庭传记，是杨绛先生92岁高龄时创作的，也许是她最好的作品。中心人物是她的女儿钱瑗教授，第二个主角是钱先生。不过，杨先生在描写丈夫和女儿的死亡时，也同时描写自己多元化的性格：在钱先生的诗中，她是暮年仍有魅力的美人，在牛津和巴黎是好强好学的学者和母亲，后来是柔弱忧伤的病人。她谦虚地自认是三个人里最笨的，但却是敏锐、讽刺的观察者，是果敢、亲切的妻子和才女。就像在《流浪儿》中，她有探险精神。杨绛"文革"期间并非偶然地翻译了游侠骑士堂吉诃德和侍从桑丘的游侠小说。在《我们仨》里，杨绛的冒险精神尤其突出，与丈夫和女儿截然相反。她小时候特别野，爬树爬房顶。在伦敦、巴黎和北京她一再哄着锺书去探险。钱先生重病期间，她还希望绑架钱先生偷偷回家。

其中，有一个去北京动物园的情节，刻画性格格外幽默生动：钱、杨两位先生"文革"期间为了放松，常常去那里，他们特别喜欢园中的一对大象：

> 更聪明的是聪明不外露的大象。有公母两头大象隔着半片墙分别由铁链拴住。公象只耐心地摇晃着身躯，摇晃着脑袋，站定原地运动；拴就拴，反正一步不挪。母象会用鼻子把拴住前脚的铁圈脱下，然后把长鼻子靠在围栏上，满脸得意地笑。饲养员发现它脱下铁圈，就再给套上。它并不反抗，但一会儿又脱下了，好像故意在逗那饲养员呢。

开头是对两个动物的细致描写，但当母象笑起来时，我们忽然开始怀疑还有别的寓意。我们可以把两头大象的行为看作“文革”中两种不同的生存策略，同时也是对钱先生和杨先生不同性格的风趣描写：公象毫无反抗地听天由命，而母象则一次又一次大胆反抗，挣脱锁链，笑着向饲养员挑战。

另一个有多重含义的自画像是古驿道两旁的柳树，杨绛曾反复描写。这些柳树是她与丈夫告别的信号，同时也是含蓄地描述她自己：春天飘舞的柳絮迅速变换成冬天光秃秃的柳树，也寓意着她年轻时的快乐和雄心、暮年时的痛苦和绝望。

杨先生做的梦也包含自我描述，梦境里杨先生跨越时空与女儿和神秘的鬼神世界联系在一起。按照美丽的中国民间传说，在梦里，灵魂可以离开身体到远方去看望深爱的人。那个人也要做一样的梦，就能见面，互相说话交流。不过，在《我们仨》里，杨绛没有那么强的法力，她只能看到女儿，却不能和她交流。她的梦反映出她感到越来越绝望，当她得知女儿的死讯时，她浑身血污爬到山顶，这时，她的绝望达到了极点。但是，也有充满希望的梦境，那就是女儿离开人生客栈，回到自己家。结尾那句话“我还在寻觅归途”，就像通往其他世界的神秘之门。

《走到人生边上》

在这部作品里，杨绛穿越“神秘之门”进入未知世界探索。她用自问自答方式探讨生活和受苦的意义，谈论死亡和上帝。这是中西式的遗嘱。书中讨论的问题是：人有不灭的灵魂吗？她所有的朋友都认为这是迷信。尼采的名言“上帝之死”常挂在人们嘴边。相反，杨绛列举人类先师孔子、苏格拉底（Socrates）和耶稣等的观点，引用古罗马奥列里乌斯（Marcus Aurelius）、弗洛伊德（Freud）甚至脑科学家的说法，并回顾了古代中国鬼怪故事。

然后，杨绛提出人类一个古老问题：如果真有上帝的话，为什么生活惨无人道，到处是不公正，是充满妒忌、仇恨、争斗和欺骗的名利场，人如同命运的玩物被抛来抛去？面对如此多的人间悲剧，谁敢断定生活是有意义的？即使文化有那么多杰出成就也证明不了生活是有意义的。更可怕的是，古埃及金字塔或者中国万里长城这样伟大的文化成就恰恰就是一部血泪史，因此长城才有古名“紫塞”。但是，杨绛继续发问：人类惨烈的痛苦会不会有点儿意义呢？上帝在痛苦中敲心灵之门这个古老的哲理是有道理的吗？杨先生的这个问题有点儿佛教的味道。对我们西方读者来说，这也有些像天主教的道理，比如像爱克哈特大师（Meister Eckhart）的格言：“痛苦这个动物用最快速度把你带到完美境界。”这句话也在全世界很多宗教、冥想和成语中找得到共鸣。

杨绛最后猜测：痛苦的意义只能是对不灭灵魂的修炼，否则生活就是没有意义的。“修炼”这个概念源自杨绛本人的生活经验，常常出现在她的著作中。在她眼里，人的生活是神秘的“大熔炉”：

> 这个世界好比一座大熔炉，烧炼出一批又一批品质不同而且和原先的品质也不相同的灵魂。有关这些灵魂的问题，我能知道什么？我只能胡思乱想罢了。

在“胡思乱想”一节中，杨绛进一步探讨灵魂不灭。她先进行忏悔，这是依照苏格拉底在《斐多》中说到的：灵魂在永生之前先要得到所得罪人的宽恕。然而，她对灵魂不灭之说并非绝对肯定。她也贴近现实，用调侃的方式谈论彼岸：假如她“真的上天堂”，她应该穿什么“衣服”呢？如果是现在的样子，丈夫和女儿还能认出她来。可是比她年轻许多就去世的父母就肯定会以为应该叫她“妈妈”了。如果是年轻姑娘，她女儿就会以为是她孙女。但紧接着又跳到未知世界：在梦里，她经常碰到家人，但没有真的看到他们，虽然她清楚地知道是他们。人死后也许就是这个样子。

莫宜佳和莫律祺：

杨先生去世那一天，清华大学学生自发组织起来，叠了上千只纸鹤，用这个美丽感人的仪式为杨先生送行。在中国和西方文学里鸟儿们会送信，就让我们托白鹤给杨先生带去几句话：

至尊的杨绛先生，亲爱的老朋友：

您充满传奇的生活道路已走到了尽头，那是历尽生活磨难的岁月，漫长而经历丰富的人生路，您奇妙地把它变成奇迹。

作为作家，您创作了睿智、充满刺激的著作。这些作品深深感动过国内外无数读者，让他们得到快乐和安慰。今后也依然会让读者爱不释手。

您塑造的人物和自我画像寓意深远，让很多人看到自

清华学子闻知杨先生仙逝，自发折叠千纸鹤为先生送行

己：先一个跟头翻到九霄云外再回归现实，再次启程前往新岸，在堂吉诃德和桑丘、在美猴王和猪八戒之间来来往往。

杨先生，我们充满感谢，默默向您鞠躬！

2016 年 8 月

（作者莫宜佳为德国汉学家、教授，

莫律祺为德国教授，曾任政府官员）

本文译者：唐峋

杨柳本是君家树　折却长条送远行

钱碧湘

5 月的北京，杨花飞尽，杨柳依依，杨绛先生收拾起她的生花笔、咏絮才，风风光光地“回家”了。

何时“回家”？如何“回家”？杨先生思量已久。米寿之年，她转译柏拉图对话集之《斐多》，寻踪先哲苏格拉底为信念而从容就死。96 岁，她撰写长文《走到人生边上》，就人生价值、灵魂不朽等诸多重大的哲学命题苦思冥想，自问自答。期颐之年，她敞开心扉，笔谈心得，向公众宣告“准备回家”。

人生风景，远眺近观，变化有自。回望来路，幸矣不幸，我曾经耳闻目睹了晴和前的风风雨雨，峰峦间的沟沟坎坎。

天意从来高难测，黄泉路上无老少。曾几何时，钱瑗背着母亲悄声对我说：“我是什么思想准备都有的了。”她充分准备接受父亲久病不治的打击，却万万没有想到，自己倒会先老父而去。

钱瑗大病急起，转送西郊胸科医院，只说得了骨结核。胸

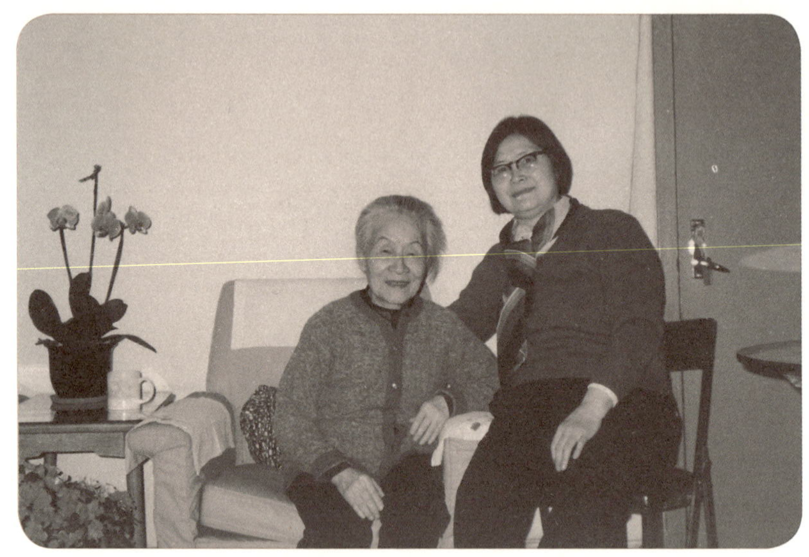

作者与杨先生合影　摄于 2002 年 3 月 10 日

科医院是一所结核病院，善意的谎言一时骗过母女二人。杨先生起初甚是宽心，对我说："结核病总归会好的，只不过慢一点。"钱瑗对康复深信不疑，筹划未来："病好之后，我怕是上不了讲台了。我就在家里带学生！"我查医书，得知骨结核预后不良，极有可能导致瘫痪。但见她们母女乐观坚强，我不敢说一句忧心的话。

1996 年 10 月，钱瑗病情大坏，杨先生才得知真相：癌症！

11 月 12 日返所，听说钱瑗高位截瘫，胸骨断了两三处，已多日不能自主进食，下了胃管。次日上午，我战战兢兢给杨先生挂电话，杨先生竟出奇地镇定。她说："我怕了好几个月了。现在事情出来了，我索性死了心，倒也罢了。"她告诉我一件怪事："锺书最近比较平稳。昨天有点怪，他突然大叫：'阿圆！阿圆！

快回家去！’我说：‘阿圆在医院里，不能回去。’锺书说：‘回去！叫她回去！’我说：‘回三里河吗？’锺书说：‘不是！’我问：‘那么是回西石槽吗？’锺书说：‘也不是！叫她回自己家去！’我昨天一天没有阿圆的消息，也不敢问。今天下午我要去看她。”钱先生久病失语，常常昏睡，对爱女病危并不知情。他此刻突然清楚开口，斩钉截铁命爱女“快回家去！”“回自己家去！”，冥冥之中，有如神示。玄而又玄，费猜难解。

29日再通电话，杨先生说：“早先他们瞒着我，我心里怕得很。讲穿了，我索性死了心，心倒静下来了。原来，三个人里不知道是谁先走。现在看来，我不是第一个了。不过也难讲，我是可以随时倒下来的。”我说：“你千万定下心来。事情到了这地步，只好拿命来解释。你要保住自己，不然，他们父女俩就可怜了。”杨先生说：“是呀，我现在心里蛮静。我没希望了，心倒静了，别的不想了，就想想安排她后来的事。我也没经验，有什么想不到的，你提醒提醒我。”

12月2日上午，我电话回复杨先生“提醒提醒”的要求，说了我的几点考虑。谈到钱瑗的归宿，我忍不住重拾话题：“上次你说钱先生叫阿圆回家去，我一直在痴想：既不是回三里河，又不是回西石槽，那是不是叫她回德一那里去？”杨先生说：“那是不会的。他们总共结婚不过一两年，感情不是那么深的。倒是和现在的女婿时间长，有二十多年。锺书叫阿圆回家去的话，我去看阿圆时把话也传到了，阿圆听了还笑眯眯的。我体会，锺书讲的话的意思是：‘从来处来，回来处去。’”母女二人都是绝顶聪明人，一个细语传达，一个微笑听受，彼此心照不宣，都不忍心捅破那层窗户纸。死亡是何等地冷酷无情，古今中外，无不讳言直说一个“死”字。阿圆在死亡线上挣扎，又是何等地痛苦煎熬。父爱如山，钱先生用“回家”这样一个温馨的字眼，催促爱女早脱苦海，速登彼岸。看似最是无情的催促，却是慈父最通达、最浓情的关爱。“回家”成了他们三人间死别的最柔情的讳辞。

也就在这次通话中，我第一次听说了“不留骨灰”的话。杨先生说：“锺书早就明确表示：不留骨灰。我呢，开始倒还想不通，现在我也想通了，也不要留骨灰。阿圆是越加豁达，说：‘留它干吗？！扔掉！扔掉！’既然不留骨灰，那么事情就简单了。”我说：“从我们来说，总希望你们三个人在一起。要是这样主张，或者先走的人骨灰暂时留一留，等最后一个人走的时候一起处理。”杨先生说：“既然不留了，就不必这样了，就各自扬掉算了。”

杨先生说，她近日得了风疹，眼皮下面出了许多红点，身上起了许多风疹块，服用扑尔敏，直犯困。我说：“困倒是好事情。”杨先生说：“哪有这样的好事？！睡是睡不着的。我呢，我总是顶在那里。我说：‘有什么难你就来吧！我全当了，全受了，我也不怨。’我以前和锺书说过：‘我这么受苦，我也不埋怨；要是下世轮回，还受苦，我也认的。’锺书说：‘你这么一想，就能跳出轮回了。’”我说：“我有时痴想：老天爷选你来担当，倒也是有道理的。万一是你倒下来，要钱先生来弄这一摊，他可是办不了。”杨先生说：“我现在是心都死了，心倒静了。我有时候想：这样也好。要是我先走了，阿圆我怎能放心得下？阿圆是样样好，就是没有像她自己那样的一个女儿。虽说有个前房女儿，待她也蛮好，到底不是自己的，谁知以后会怎样？所以现在看着她先去，我虽然舍不得，倒也是放了心。要不，我闭眼睛的时候，我怎么放心得下阿圆呢？！”一颗失独母亲的心无处安放。杨先生反反复复念叨“死心”“静心”“放心”，用“休克疗法”自我修复被击碎的心。

钱瑗第一个“回家”了。杨先生说：“阿圆蛮安顿。她这样安顿，睡梦里去了。我现在放心了，我对她没牵挂了。我不再怕她痛了，她也不再会老了，她也不会再吃力了。”杨先生亲自打点阿圆的行装：“衣裳是我挑的，假发是我提的，化妆我关照不要过分。”阿圆的骨灰未能如她本人所愿“扔掉”。杨先生说：“亲送钱瑗去火化的学生实在不舍，还是悄悄将老师的骨灰捧了回来。他们在北师大图书馆附近钱瑗每天走过的一棵雪松下，挖了一个心形的圈，将钱瑗的骨灰埋在里面。”

接下来的难题是：如何瞒过钱先生。杨先生说：“我得编一点讲，不然他要问。也不能告诉他，告诉了就要坏事了。”阿圆去世两个月后的一个周日，我去电话问候。杨先生说，她每天去北京医院陪侍钱先生：“只有礼拜天不去，讲的是那天去看阿圆。明天我又要编点话说。现在是越编越难了。日子一长，越编越难了。”

1998 年 1 月 26 日，我打电话问候。杨先生说：“锺书有时有点烧，有时又退下去了。现在也可以和他说说阿圆了。”我一听，知道钱先生已了解真相，便问什么时候告诉的？杨先生说：“很早了，是香港回归之后就告诉的。我一直编点讲，编编呢，也不像了。肺病嘛，哪有一直不好的？锺书头脑是清楚的，不像有的人病得糊涂了，骗个一两年都行。锺书觉得我不讲真话，不要听我讲了，都不理我了。我想，我还巴望他回来。回来了，我再怎么讲呢？要是情况再坏下去，再讲，也又不好了。这样，我用了十天的时间，每天讲一点，每天讲一点，慢慢把事情讲出来。最后我讲：'阿圆还是有福气的。我们老的老，病的病；婆婆那边还有两个老人，婆婆老了，女婿比阿圆大好些。要她服侍四个老人有多吃力。她自己又没儿没女，自己老了又怎么办？现在呢，她也不用再吃力了；我们呢，也不用再牵挂她了。阿圆还是一个有福气的小囡。'我这么一讲，锺书全明白了，马上热度就上去了。之后很长一段不作声，不提阿圆。现在呢，可以和他讲讲阿圆了。"我说："这么说来，钱先生总算过了这一关了。"杨先生说："是的，现在还算好。"

说是过了眼下这一关，又何尝真正过得了心上这一关？！钱先生从此体温时升时降，生命体征日渐消退，迁延一年有余，终于跟随阿圆"回家"了。

两年之内，失独丧偶，情何以堪？！三里河不复成家。戊寅（虎年）除夕夜，杨先生身边没有一个亲人，是和司机小王夫妇、阿姨小吴同桌吃的年夜饭。饭后，杨先生电话里问我："你们三个人吃年夜饭，吃得开心哦？！"我怕勾起她伤心，忙说瞎做了几个菜，瞎吃一通，赶紧转了话题。己卯（兔年）初一，电话就打不通了。

初八接通电话，杨先生说她从年初一病起，病了五天："初一起来就头晕，也不是吃多了，也不是感冒，就是头晕，只好躺下来。躺一会儿，起来还头晕，电话只好叫小吴接。请了一个医生朋友来看，是个主任，说我是脑血管轻微出血，开点药，吃了就好些。这是锺书、阿圆等着我去呀！”栾贵明告诉我，杨先生对他说：春节病了五天，和钱先生、阿圆过了一个年。他们在那边很好，等着她去呢！医生诊断她有心脏病，她不让医生开药。“那边”是哪边？老惦记着去“那边”可不妙！“虎兔相逢大梦归”，曹雪芹为元春写的判词，二百多年后千万别应到杨先生身上！

3 月 17 日打电话过去劝慰。杨先生说：“没什么。心脏病嘛我是宝贝的，我要藏在那里的。这病也不是一天两天了，医生说我血管硬化，心电图做出来不正常，还说我严重缺钙，给我开了药。我是吃药的，我会当心的。我还有好多事情要做，我会小心身体的。”

说做就做。年内，杨先生完成了“攘外”“安内”两件事。

“攘外”：就“文革”后期“打架”旧案撰文发表，引发轩然大波。

杨先生 88 岁米寿，我和傅德惠于 16 日前去暖寿。钱家迁往三里河新居，傅德惠一家随后搬进了干面胡同钱家旧居，与同一“芳邻”苦处九年。她们二人一见面，有了共同的话题，互相诉苦不迭。杨先生原原本本、详详细细讲述了时隔二十五年的那场混战。这是我第一次听杨先生亲口说这桩旧案。次日去电话祝寿，问到个别细节，杨先生答疑后说：“锺书觉得一个文人和人家动了手，总归说起来不好。所以大家说好了，以后再也不提这件事了。”这件事在钱家成了谈话的禁区。杨先生说，前不久，有朋友给她看了《我的小灾小难》，其中不实之词使她气愤。如今，钱先生“回家”了，杨先生向我们痛陈往事，意味着曾经的禁令已经解除。她将公开辩白此事了。

9 月中旬，杨先生从大连避暑回来，电话告知：“我最近写了一篇，叫《从“掺沙子”到“流亡”》，我就是要写点事实，等打出来了你看看。”10 月 1 日寄来打印稿，征求意见。我大胆进言。杨先生说，稿子给了三个人看：“三个人里，你提的意见最好，最贴心。”文章在《南方周末》发表后，中国社科院的老人都同情杨先生，同时也替她担心。杨先生说：“我写出来了，就丢开了。我也没点名，看他们来认还是不认。”对手应声而动，强使北京鲁迅博物馆专业刊物《鲁迅研究》刊登与鲁迅研究毫不相干的反驳文章。杨先生听说《鲁迅研究》决定同时转载她的文章，很是高兴：“这样最好，他自己来认领了。我看过他那个复印件（指此前对手致编辑部的一封信），写得滑稽得很，像是叫人家去救他。朱正是我的朋友，他主张两篇文章同时发，是在帮我。”年后，《经济日报》首起呼应，随后，《上海文学报》等多种报刊纷纷跟进，一时热炒。杨先生说：“我不去理她（指对手的夫人）。她巴不得我去和她对骂。我不上这个当。我的文章青年出版社书也要出了，香港正要出繁体版。”“我不会生气，我不理她，叫她难过去。”杨先生坚守自己的定则：“写出来了，就丢开了。”她要做的大事多得很，不愿将有限的生命浪费在宵小身上。

对于外界的恶意骚扰，杨先生采用“冷处理”。2000 年刚过，我听友人说：杨先生生病住院，李铁映院长前去探望。我赶紧打电话询问。杨先生来接电话：“这是他们的老花样又来了。那时锺书生病，有人打电话来问：‘钱先生去世了吗？’我故意笑嘻嘻地说：‘还没有呢！’司机小王说我傻，不该理他们。后来又来电话问：‘钱先生去世了吗？’‘钱夫人住院了吗？’我都不再理，把电话放在那里。有一天门口放了一包豆浆，也不知是什么意思。总是在咒我吧！我也只是把豆浆扔了就算了。他们心里想着巴不得我死掉！他们是故技重演。你放心，我还蛮好呢！”如此恶意骚扰的是些什么人？简直没有一点人性！

“安内”：据英译本转译柏拉图对话集之《斐多》，失独无后、丧偶孀居的痛苦得到抚慰，内心趋于平静。

杨先生精通英、法、西班牙文，擅长翻译小说。译著《小癞子》《吉尔·布拉斯》《堂吉诃德》译笔活泼生动，倾倒读者无数。中央电视台做过一次测试：问在场嘉宾最喜欢哪位翻译家？第一位嘉宾答“傅雷”；第二位嘉宾答“杨绛”；第三位嘉宾答“杨必”。杨先生电话里笑着说：“我得了第二名。”如今，她突然舍弃驾轻就熟的小说翻译，硬生生闯入哲学领域，去翻译一本她既不掌握其语言，又非专攻其术的古希腊哲学经典名著。更何况，《斐多》的译介在中国并非一片蛮荒。20世纪50年代，北大哲学系外国哲学史教研室即有选译推荐。80年代，全译本已有面世。杨先生在《译后记》中坦言：“我不识古希腊文，对哲学也一无所知。……我正试图做一件力不能及的事。”选择如此艰难的跨界之旅，必定有异乎寻常的动机与目的。

1999年是杨先生内心最为挣扎的一年。两年内，死亡接连来袭。她两次面对狰狞可怕的死神，与死神争抢自己的骨肉至亲。无奈天不从人愿，她连连败下阵来，无助无语。生命中的两大支柱轰然倒塌，逝去的亲人尚留有遗憾，未竟之业有待她去继续。她必须从废墟中自救！现世已无可依傍，她将目光投向历史，从人类智库中寻找精神支柱。她找到了！这便是《斐多》！

《斐多》记录下伟大先哲苏格拉底生命最后一天的言行。他一早遣送走哭喊着的妻子，和门徒们侃侃而谈，反复推论生与死、灵与肉、物质与精神、认识与记忆、灵魂不朽、轮回转世等等。他笃信，一个真正的哲学家一生追求灵魂超越肉体，脱离肉体。灵魂脱离了肉体，才能纯洁高尚，求得真正的智慧。肉体脱离灵魂即是死亡。因而，哲学家不怕死，临死时是轻松愉快的。面对死亡而害怕苦恼是愚蠢的，号哭是荒谬的。行刑的时刻到了，苏格拉底安详地接过杯子，平静地服下毒药，从容就死。苏格拉底为信念选择死亡，不恐惧，不怨悔，不悲伤。他的肉体被杀害了，他的精神战胜了死亡，得到了永生，世世代代激励后来人。如今，他的精神穿越遥远的时空，来到杨先生的书桌前，从她的笔端汩汩流淌，浸润了她的心田。她在翻译时“投入全部心神而忘掉自己”。“忘掉自己”也就是战胜自己，战胜死亡。

翻译《斐多》，还帮助她屏蔽掉尘世的喧嚣：三里河小区又开始新一轮的装修了。杨先生说：“我呢，除了厨房、卫生间弄一下，别的一概不动。人家呢，铺木地板，封阳台，电锯响得不得了。中午闭闭眼睛，两点不到，又响起来了，我只有翻译的时候，心思一集中，那么就听不到了。”

写完《译后记》，新世纪即将敲门。12 月 31 日给杨先生挂电话拜年，杨先生笑道：“真的是跨世纪了。我这里看礼花真清楚，就坐在房间里看，就像是专门放给我看的。”30 日在世纪坛试放礼花，就在三里河正南方不远。杨先生有心情看礼花，阴霾开始消散了。

《斐多》次年4月由辽宁人民出版社出版，校样都是杨先生亲自看的。这年年底，我要给她寄贺卡，杨先生说：“别寄了，我收到的贺卡多得很。”我说：“写都写好了，落款是朱狄、碧湘、非非、聪聪。”杨先生问:“聪聪是谁？是非非的女朋友吗？”我笑了：“是我们家的猫咪呀！”杨先生也笑了：“好！收到了我拿它摆出来！去年收到贺卡，我全横倒放在那里，没有兴致呀！今年收到了，我都一张张竖起来，摆得桌子上、窗台上到处都是，热闹热闹。”杨先生终于从死亡的阴影里走出来了。

送走了亲人，调适了心态，在余年里，杨先生做成的“好多事情”，方面广，数量大，有目共睹。公益事业方面，她秉承钱先生遗志，在母校清华设立“好读书奖学金”，又襄助了钱瑗教育基金的设立。为女儿，《香港文学》钱瑗特辑，纪念集《我们的钱瑗》，杨先生都亲自出面约稿，为爱女留下惊鸿一瞥。为钱先生，无论粗细事宜，一揽承包。杨先生笑对我说：“我都成了钱锺书办公室了。”重头戏当然更在《钱锺书手稿集》的整理出版。杨先生亲自整理手稿，往往工作到深夜。钱先生百岁诞辰出纪念集，集中有三十位撰稿人都是杨先生亲自一一电话约稿。若说两位逝去的亲人各留遗憾，杨先生亦已竭尽全力拾遗补阙，使逝者无憾了。至于她自己，翻译、散文、小说、回忆录、文集、全集陆陆续续不断面世。她以105岁的寿数创纪录，更以红霞满天称传奇。她在《走到人生边上》结尾处下结论道：“灵魂既然不死，就和灵魂自称的‘我’，还在一起呢。”其深意究竟何在姑且存而不论，此时此刻，我愿意顺遂她的心意，祝愿她不死的灵魂带上她丰硕的成果，“满船载得明月归”，轻快地摇向彼岸，高高兴兴“回家”，到“那边”和她的“锺书、圆圆”大团圆！

2016年6月

（作者为中国社会科学院文学研究所副研究员）

杨先生，想念你！

沈　宁

杨先生，我们好像又开始在聊天了，在我的耳边仿佛又听到你那轻轻的、柔柔的带着南方口音的声音。现在的你一定很轻松，耳朵不背了，可以听见我说话了吧？

我和先生一定是有缘的。当时我们都在社科院外文所，她是大专家，我是《世界文学》编辑部的一个小编辑。“文革”中“革命群众”贴大字报揭发钱锺书的书桌上从来不肯放毛主席的书，杨先生知道了就连夜打着手电，在大字报旁贴了一张小字报，说这不是事实，这件事激怒了“革命群众”，然后批斗了她一次。另外在外文所一次小型的批斗会中，“革命群众”让学术权威们每人脖子上挂了一个黑帮牌子，手里拿一个盆或者锣，一边敲着游街一边说自己有罪。在这次批斗会中，杨先生真让我敬佩。她最瘦小，但把锣敲得最响、最愤怒，当时觉得这么一个瘦小的老太太胆真大，内心居然这么强大！后来她被惩罚去打扫女厕所，在《丙午丁未年纪事》中对此有所回忆：“有一个平时也

作者与钱锺书、杨绛二位先生在三里河寓所合影

并不很熟的年轻人对我做了个富有同情的鬼脸，我不禁和她相视而笑了。时过境迁，群众有时还谈起我收拾厕所的故事。可是我忘不了的，是那许多人的关心和慰问，尤其那个可爱的鬼脸。”杨先生后来告诉我那个年轻人就是我，我却一点都不记得了。我当时还算是“革命群众”，比较自由，但仍是黑帮子女，对她做个同情的鬼脸完全发自内心。

20 世纪 70 年代我们都下放到五七干校，她在菜园子劳动，我随大队一起下地干农活，都在改造中。所以和杨先生接触得稍微多一点，钱锺书先生当通信员，每天上邮电局取报取信，有空就顺便过来看看杨先生，和她一起散散步、聊聊天，这也是他们最浪漫的一刻。有时见到我们打个招呼，有时还给我们(我和刘慧琴，她是我的好友，也是杨先生的忘年交）带一点当时吃不到的零食。一次，钱先生给我们一个罐头食品，他认为不太好吃，说：“有福同享，有难同当吧！”至今我还记得他的幽默。

1971年干校由宿县整个搬到明港，几十个人同住一间大宿舍，我们接触更多了。再后来老弱病残陆续调回北京，钱先生和杨先生第二批一起走，大家都为他们高兴。那时是3月份，虽然已是春天，但屋子里还生着火，我和刘慧琴就琢磨怎么做点好吃的给杨先生饯行，于是决定到外面去挖野荠菜，包一顿荠菜肉馄饨给她吃，又剁肉又洗菜，忙活了半天，才发现馄饨馅调得味道太淡，不好吃。为此事我后来一直懊恼，没想到杨先生还记得，写到《干校六记》里去了。

干校回京，他们在干面胡同旧居没住多久，就因“掺沙子”进来同住的那位强势造反派实在难处，被迫“逃亡”，避居到钱瑗在北师大的一间狭小的宿舍，后来又搬到学部七号楼底层的一间办公室居住。那间屋里堆满了杂物，多年没有打扫，脏得很。好在有大家（那些被杨先生称为“披着狼皮的羊”的年轻人）帮忙收拾，很快就弄干净了。他们总算有个地方可以安顿了。房间里只搁了两张折叠床，两张床中间放一个木箱，充当床头柜，另加一张桌子和一个箱子。那屋子正如杨先生所说的，“吃喝拉撒全在此了！”房间靠窗的走廊很深，屋内光线暗淡，钱先生灰尘过敏，一不小心就要犯哮喘，窗缝被封得实实的，空气流通又不好，这可真难为他们了！好在这时钱瑗也在北京，常来看看他们，三个人总可以干自己的事情了：钱先生在写《管锥编》，杨先生在译《堂吉诃德》，钱瑗在学校工作。他们三人只要能聚在一起，再困难也感到幸福。在这间简陋的办公室里他们熬了四年，才搬到三里河比较宽敞的单元房。钱瑗在那儿也有了自己的房间，他们仨才真的团圆了。他们多次说：“我们总算有了自己的家了。”三里河寓所真是他们晚年的安乐窝了！

我说我和杨先生有缘，其实他们和我父亲夏衍虽然来往不多，但相互钦佩，相互关怀。我曾多次听父亲对我说，钱锺书是个大学者、活字典，他“中外古今一脚踢”。有一次在一个文艺座谈会上李健吾老先生大捧钱先生，我父亲就说，“你们捧锺书，我捧杨绛”，因为父亲原来写过剧本，他品得出杨先生的剧本写得好。整理父亲遗物时，我发现他在一个小笔记本上，抄录有杨先生文章里的一段话：

> 人物的对话，口气里可以听出身份，语言里可以揣想性格，但人物的状貌服饰，本人不便报道……若用对话，则需从别人口中道出，这也得按各人的身份，找适当的场合。
>
> （杨绛《旧书新解》，《文学评论》81 年 4 期）

想来他一定读过杨先生的这篇文章，觉得有心得，才摘录了这段话。

1990 年钱先生和杨先生都快满八十岁时，父亲专请了丁聪和苗地两位大画家给他俩画像，自己还题了字。给钱先生题的是“风虎云龙笔，霜钟月笛情”；给杨先生题的是“无官无位，活得自在；有才有识，独铸伟词”。我父亲很少给别人写字题签什么的，因为他自己觉得他的字不好，但这次却是主动写的。

当然，钱先生、杨先生也很欣赏我父亲。杨先生在一封给我的信中说：“谢谢你送我的许多书，尤其谢谢你带来夏衍同志赏我们的大著《懒寻旧梦录》(题目我就喜欢)，读后使我对向来敬重的前辈增添了认识又增添了敬佩。你真是个有福气的女儿，有这么一位好爸爸！我孜孜阅读时，忽发现我们的名字，惊喜得意，觉得很荣幸。锺书说歌德自传《诗与真理》简直可以做这本书的副题，因为这本书具有好诗那样的艺术性和信史那样的真实性。”

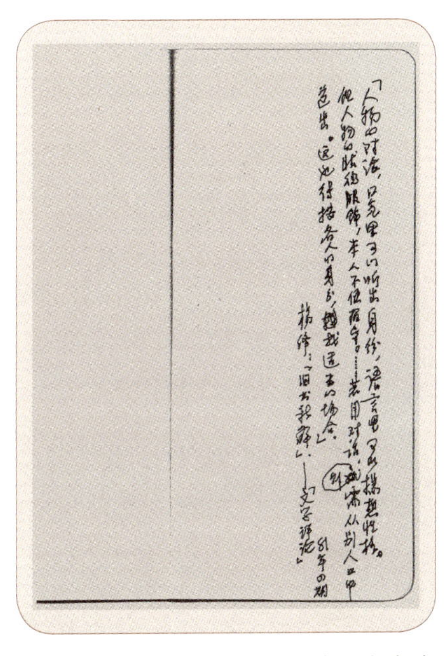

「人物的对话，口吻里可以听出身份，语言里可以揣想性格。他人物的肤色服饰，本人不便自叙……若用对话，就需从别人口中道出。这也得按各人的身分，趁或适当的场合」

杨绛：「旧书新解」——文学评论 81年4期

夏衍先生在笔记本上录下杨先生文章中的一段文字

杨先生对我的家人都很关心。我的两个孩子见她都挺亲，我丈夫赵少伟身体不太好，杨先生知道了，给我写了封信，转告少伟如何按摩保健，还在信中画了图。当时少伟就说，早知道，我就不用吃这么多药了！

1994年我父亲生病住北京医院，一天，我在三楼走廊里遇到了杨先生。她手上提着暖壶，扶着墙艰难地一步步走着，原来她要去打开水，我才知道钱先生也在住院。回来把这消息告诉了父亲，他马上说，那不行，得照顾他们。父亲通过官方渠道，通知了有关部门，使钱先生的就医条件得到了改善，并找到了一个好的护工。那时我每天中午给父亲送家里做的菜，常常顺便先到三楼也给他们送一份，他们是南方人，吃得惯我们家的南方菜。

后来钱先生因牙床萎缩，不能装假牙，进食只能通过鼻饲。

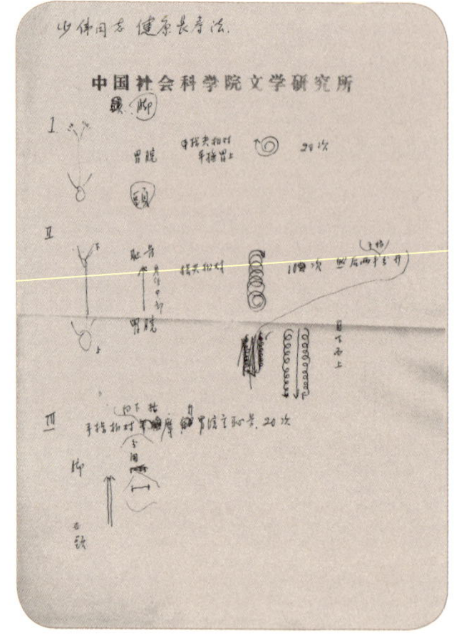

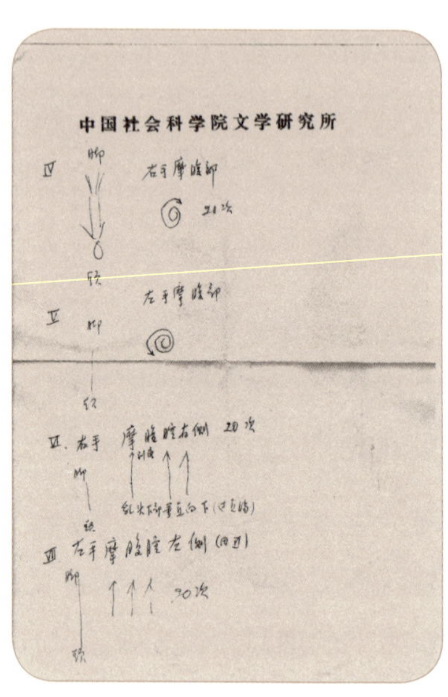

杨绛先生为沈宁夫婿赵少伟绘制按摩图

医院里鼻饲的食材都是冷冻的，不太新鲜，杨先生于是决定自己做。我替他们找了一个很小的粉碎机（当时不太好买）。可以把鸡鸭鱼肉等食材打碎，让先生吃下去，增加点营养。这就忙坏了杨先生，每天把有营养的菜换着花样做好、打碎，送到医院。这样虽然辛苦，但杨先生没有任何抱怨，我想她为钱先生做任何事都会觉得是幸福的。当时她对钱先生的病情也是充满乐观的。

1998 年 12 月 19 日清晨钱先生去世，杨先生找到我，说按钱先生遗嘱，死后马上火化，不留骨灰，不搞仪式，她希望最好第二天就火化。我听了大吃一惊，觉得这么大个人物，怎么也得开个追悼会隆重悼念一下。我说不要骨灰，那就和那些不要骨灰的老百姓撮到一块去了？杨先生说，钱先生就是要这样。她希望马上火化，最好明天，让我给想办法。但第二天是星期日，那时北京只有八宝山一个火葬场，一般高级干部火化都得等个十天半个月。尽管知道很难，我还是答应去想想办法。因为1995年我父亲和我丈夫相继去世，八宝山火葬场，我倒是有几个熟人。第二天我去找了火葬场管事的同志。八宝山火葬场的工作人员送走的大人物多了去了，但听说要马上火化，他们还是第一次遇到，都很诧异。我求他们说：这是一位大作家，也是一位大人物，他不要搞仪式，也不要租礼堂，一切从简，死者就这么一点小小的要求，你们就帮帮忙吧。他们中也有知道钱先生的，就破例定于星期一上午举行火化！据旁人统计，说钱先生从去世到火化只等了50多个小时，这在当时算神速了。

火化那天，没来多少人，也没有满屋子的花圈。只有社科院党委书记王忍之来了，他们的无锡老乡李慎之大病后也扶着拐杖来了。机关的同事来得并不多，新闻记者更少，现场比较清静。那天天很冷，杨先生给钱先生穿了一套中山装，里面穿的是女儿给他织的厚毛衣毛裤，外面穿上大衣，戴一顶他常戴的贝雷帽，身上盖了一条白色的单子。我连夜用白色和紫色的花编了一个小小的花盘，经杨先生同意，放在他身上。同时也照我父亲火化时那样，在遗体上洒满红玫瑰花瓣和白菊花瓣，让先生在花丛中安详地走完最后一程！遗体往火化炉推时，同事薛鸿时从工人手中把车接过来，推着钱先生，说：“我也最后送先生一程。”杨先生一身黑衣，沉重地一步一步跟随遗体走到火化炉旁，直到把钱先生推进火化炉，杨先生要目送钱先生走。火化时间不长，因为关照过，火炉风门要开得很大，骨灰少，时间短，杨先生一直站着，虽然她当时身体不太好，但她坚持着没有流泪，没有倒下，内心的痛苦也只有她知道。

杨先生最伤心的事，莫过于钱瑗的走。那么优秀、那么阳光的女孩，那么好的老师，那么孝顺的女儿，怎么就先他俩而走了呢？按杨先生的说法，去世“应是男在前，女在后”，白发人送黑发人是她万万没有想到的！我和钱瑗接触不多，只知道她特别忙，天天背个大书包挤公共汽车去上班。一天杨先生说，阿瑗病了，住院了，可能是扭了腰。一开始杨先生大约真不知道阿瑗得的是什么病，她只知道她的腰有过伤。其实钱瑗是癌症扩散，但当时大家都瞒着她。我也觉得奇怪，怎么扭了腰会住到远郊的胸科医院去呢？她们母女天天通电话，相互安慰。渐渐地杨先生有些不安了，打听出了阿瑗病情的真相。她一面要瞒着阿瑗的病情照顾钱先生，一面还要去远郊的胸科医院看阿瑗。

1997年3月初的一天早上，杨先生给我打电话，口气很急，叫我去她家。我不知什么事，去晚了一些，她接着又打了个电话，语气更显着急了。我一到，她就直接带我到钱瑗的屋里打开她的箱子，叫我帮忙挑选衣服，要钱瑗喜欢的又能搭配的衣服。杨先生虽然没说什么，但我心里知道，一定是接到病危通知书了。真是欲哭无泪呀！后来杨先生告诉我，钱瑗去世那天她坐在床边，钱瑗没有痛苦，安详地握着妈妈的手说：“妈，我想睡觉了！”就这样安静地走了。钱瑗也是不要留骨灰，但舍不得她的学生们，还是偷偷地把她的骨灰埋在一棵她经常走过的大雪松树下，让她入土为安！

送走了女儿和丈夫，杨先生独自一人回到了三里河的家。她需要用多大的毅力才能把心头的痛压下去！过了不久，她慢慢克服了精神上的创伤，开始整理钱先生的书稿。她把钱瑗住的房间改成了一间书房，做了一整面墙的书架。她告诉我，她天天在这儿工作。

三里河的房子，当时是所谓的高级单元房。入住时阳台是没有封的，后来公家出资为各家封阳台，每家都愿意封，独有杨先生家不封，她说要留一片天空，可以天天往外看看。这样她才看见了窗外老树上那对老喜鹊失去小喜鹊的痛苦，触景生情写下了《记比邻双鹊》那篇感人的散文。

杨先生一生勤奋写作，数量多且品种多。她外语基础好，但从 47 岁上开始学西班牙语，并翻译塞万提斯的巨作《堂吉诃德》，堪称奇迹，快九十岁时又翻译了柏拉图的《斐多》，更令人意外。

她也是一位奇女子！说她“上得厅堂，下得厨房”一点不为过。年轻时在国外有一次她把钥匙忘在房里进不了门，居然能翻窗进屋。钱先生吃不惯西餐，她会想着法就地取材，做出钱先生爱吃的饭菜。在上海沦陷期间，她辞去了用人，从斯文的千金小姐变成了家庭主妇，既挎篮子上街买菜又生煤球炉。她不但会做饭，会做衣服，还能爬上凳子修电灯，会用推子给钱先生理发。当然她也命大。虽然在干校几次迷路，差点掉到粪坑里淹死，回北京暂住办公室时，差点煤气中毒，但她都化险为夷了。她生活窍门也多，曾有一次她兴冲冲地告诉我，蜜饯放时间长了、干了，只要用少许红酒泡一泡，就能“还魂”。她是一个有生活情趣的人！

其实杨先生身体并不太好，先是嗅觉坏了，闻不出味道，她说食物馊了她也吃不出来，得告诉她。后来耳朵逐渐失聪，年老体衰、失眠，还经常感冒……在那么困难的条件下，她能坚持自我保健，做八段锦，天天吃黑木耳，饭后吃一些开心果……这是因为她心态好，一定要把该做的事做完，让那颗受过伤，但也十分坚强的心静下来、静下来，一百多岁还在写作，并且还打了一场官司！

有一事，至今让我不解。“文革”期间，一位“革命群众”抄家时，把他们家一尊鎏金的佛坐像，狠狠地按成了90度角，让这尊佛也低头认罪，永世不得翻身！这尊佛像身体是鎏金的、空心的，比较软，但头却是铸造的。杨先生曾多次说过这尊佛像的脸是最美的。佛像被压弯以后，杨先生只好把它藏起来，她觉得总不能放在外面让佛老对大家低头吧！后来我们提出说想办法找人去修修看。但因为是佛，又不能随便让不了解的人修。正好我弟弟手巧，就交给他修理。他努力修了，但佛的身体还不能完全伸直，他怕再用力佛头会掉下来。后来我找到上海博物馆的专家，好容易才修复到身体差不多能直起来。这尊佛前前后后在我家起码放了三四年，杨先生从来没问起过，可等刚刚修好送回北京，她第二天就来了电话，问佛像修好了没有，她想看看。当时我真是惊呆了！心想我又没告诉她，她怎么会知道佛像回来了？是佛先告诉了她，还是她心有灵犀呢？第二天我和女儿拿去给她看，她见了大喜，立即搂在怀里，高兴极了！

最让人钦佩的是，“文革”期间，在干面胡同住的时候，被那“左派大娘”恶毒地给她剃了阴阳头，当时钱先生急得不得了，怎么办？第二天怎么出去？杨先生临危不惧，不慌不忙，找出

杨先生捧着那尊失而复得的佛

作者为杨绛先生祝寿

了先生以前用过的压发帽，钱瑗剪辫子留下的头发，连夜做了一顶假发，猛一看，还真看不出来！

杨先生，我常常在想念你，但我能回忆起来的却只是一些零碎片段，这些碎片太多，而且我也写不完。

杨先生！我一直觉得你不是一个凡人，你身上有仙气，你完成了你在人间的一切任务后才走。你说，怕你老成这样，地下的亲人们会不认识你。其实你不用怕，他们都在等着你呢！你们仨相聚在天堂，一定会永远幸福！

2016 年 8 月

（作者为中国社会科学院外国文学研究所《世界文学》编辑）

追忆杨绛先生

董衡巽

记得我们在北大上学的时候，很喜欢到朱光潜先生家里去。在朱先生书房里一坐就是一两个小时；那时年龄小，不懂得应该珍惜先生的时间。朱光潜先生是一位严师，课堂上不大有笑脸，对谁也不留情面，但课下待学生很宽厚，你提什么样稀奇古怪的问题，他都不嫌弃。如："全中国英文谁最好？""全中国翻译谁最好？"他为了打发我们的好奇心，有问必答，记得他告诉我们说："杨绛的散文翻译最好。"这是我第一次听到杨绛先生的名字。

1956年，我从英语专业毕业，分配到中国科学院哲学社会科学学部文学研究所外国文学组工作（当时还没有单独成立外国文学研究所）。钱锺书先生和杨绛先生都在这个组里。那时候年轻人进所，只要条件允许，一般都有专家指导做研究工作，领导安排杨先生担任我的导师。杨先生起初推辞说，自己"政治思想水平低，指导不了年轻同志"。后来和我接触稍多，觉得我对文学还算是有点悟性吧，便勉强同意了。于是我有幸成了杨绛先生的关门弟子。此后几个月，杨先生给我开英国当代文学的书目，指导阅读，解答问题，极其耐心细致，认真负责。

我在学生时代，自从听了朱先生对杨先生的评价之后，就一直想向杨绛先生学点翻译的本事。来到文学研究所后不久，我作为练习，试译了一篇英国短篇小说《开着的窗户》去向杨先生求教。谁知杨先生看完译稿，上面打了十几个问号。我一下子蒙了，心想我译得非常用心，怎么会有这么多错？杨先生问我：你是怎么翻译的？我说，头一遍对着原文边查字典边译，译得很慢，第二遍润色中文，速度就快了，最后誊清，誊的时候再改中文。她说这个方法不对，你译第二遍第三遍的时候，应该更加严格对照原文，看译文是不是符合原意，有没有走样。

回家后，我仔细琢磨杨先生打问号的字句，发现错误分两类。第一类是原文把握不住，摸不透真意，这也许是英语水平问题；第二类属于态度：自己心里偏爱某个词，不管同原文贴切与否，便擅用了，还有，原文细微的地方，照顾不过来时，就来一个简化处理，企图马虎过去。

以上所犯错误可能是初学者的通病，但杨先生这次谈话给我上了一堂端正态度的启蒙课。我头一次感到翻译是一件难事，首先难在态度。即使属于水平方面的问题，如果竭尽全力反复琢磨，也会减少一些错误。所以，认真的翻译和不认真的翻译，对于同一个译者来说，效果的差别会很大。

为了提高翻译水平，我读了杨先生翻译的法国文学名著《吉尔·布拉斯》。读后很感到一种语言文体美的享受。译文像行云，像流水，从容舒缓，有时虽夹杂一些方言，却与自然流畅的译文浑然一体。我能一口气读完。正如法国文学专家郑永慧先生读了译本后，评价道其行文之流畅，用词之丰富，应是“文学翻译中卓越的范例”。

我读了杨绛先生谈翻译的文章《翻译的技巧》之后，加深了对翻译观的理解。她说：西文冗长，多复句，“一个句子可包含主句、分句、形容词组、副词组等等。按我国语法，一个句子里容纳不了许多分句和词组，所以翻译时免不了断句，而在断句和重新组合这些断句的过程中，必须突出主句，并衬托出各部分之间的从属关系。从属的各分句、各词组都要安放到合适的位置，使这一重新组合的断句，读起来和原文那句是同一个意思，也是同样的说法。在组合这些断句的工序里，不能有所遗漏，也不能增添。好比拼七巧板，原是正方形，可改成长方形，但重拼时不能减少一块或增添一块板”。这意思是说，译者要按读者熟悉的语言习惯,去传达原作的内容。即“信”与“达”二位一体。“要‘信’得贴切，‘达’得恰当”，在这里，杨绛先生创造了“翻译度”这个术语。顾名思义，是指从原文转化为译文过程中译者经过努力所达到“信”“达”的程度。记得 1959 年我第一次翻译美国小说家马克·吐温的《竞选州长》时，就碰到了其中一个长句，怎么也翻译不好，只好硬着头皮去请教杨先生，她把我原译“想侵吞芭蕉地，那是当地一个寡妇和她一群孩子的唯一依靠”，修改成“企图侵占一小片芭蕉地，那是当地一位穷寡妇和她一群孤儿丧失亲人之后在凄惨的境遇中赖以活命的唯一资源”。杨先生把我原先漏掉了的许多内容加进去之后，既符合原意，读起来又很通顺，读者一看就懂。后来译稿交人民文学出版社后，一次就通过了。

我本是一个肤浅的人，正是在杨绛先生认真细致、耐心具体的指导下，才懂得了一点点在翻译方面的道理。

从外表看，杨绛先生是个典型的文弱女子，说话细声细气，温文尔雅，但性格却极其刚烈。大概是在“大跃进”前夕，杨先生变成了西方文学组的一面“白旗”。她论萨克雷《名利场》的文章一度被扣上“人性论”“资产阶级写真实论”等帽子。但她并没有因此改变自己的观点，只在论述到萨克雷的思想和艺术处加上大量注释，看得出字字有来历，句句有出处。而她本人的见解隐匿在客观评论之中，在那特殊年代，她仍保持着“学术争鸣”的气概，回想起来，这种精神是多么难能可贵。不久，我国历史上那场空前浩劫，所谓“无产阶级文化大革命”就到来了。杨绛身为“反动学术权威”，整天挨批，还被铰了阴阳头。学部大院游斗全院“资产阶级反动学术权威”那天，由于红卫兵们认为她“态度最坏”，就命令她在前面打锣，后头跟着一大群“牛鬼蛇神”在大院里游走，接受革命群众批斗，要知道，那些人里可有不少是有真学问、真见解的国宝级人物啊。只见杨先生使劲敲着锣，锣声越来越响，后来锣差点被她敲破了。我看得出来，她是在反抗，表明了她对当时那种污辱人格、侵犯人权罪行的极度不满和愤恨。

在我心中，杨绛先生是位“无事绝不去惹事，有事也绝不怕事”的很有胆识的导师。我深深敬佩杨绛先生，怀念杨绛先生。

2016 年 6 月 18 日

有一件事是大家都不应当忘记的。“文革”后期，钱锺书先生奉命参加《毛主席诗词》汉译英工作。当时他们有家归不得，只好在学部大院七号楼一层尽西头一间办公室暂且栖身。钱先生气喘，病得不轻，但这项工作性质之重要可想而知，是不得耽搁的。翻译五人小组少不了他，其他成员只得到他住处，就诗词翻译问题与他切磋，老实说，也只有他钱锺书有定稿能力。就这样，钱家居住条件之窘迫，让上边知道了。后来，“四人帮”派三名亲信到钱先生住处来，请他和杨绛先生搬到钓鱼台国宾馆去住，这样有利于翻译工作的进展。在当时，这可是千载难逢的“殊遇”呀，有的人还巴不得使劲往上贴呢。不料钱、杨两位先生竟不识抬举地婉言谢绝了，说“我们都是学部的人，住房问题单位总会解决的”。我们应该实事求是，不能事后拔高或贬低任何人，但是从这件事里，我们不但能够领悟到两位先生对世事的洞明，对“四人帮”的憎恶，并且可以看出他们坚守决不取悦于邪恶势力的道德底线。

钱、杨两位先生都是“性善论”者，对于人们在狂热的政治运动中对他们的胡乱批判都很谅解，大势所趋，人人都得表演一番。杨先生还把有过火行为的年轻同事们戏称为“披着狼皮的羊”，她确信大多数人本质上都是善良的，她也事事关心、帮助她的晚辈们。事实确实如此，她的心血结晶《堂吉诃德》译稿就是在当时一位通情达理的群众组织负责人帮助下，才得以幸存的。这件事令她感念不已，晚年时她还对我和其他人提起这个人就是德国文学专家张黎同志。

她百岁高龄后，有一次听薛鸿时说我已体衰，不良于行。

这句话牵动了她的心，当天就给我打了电话。那时，她的听力已经极差，我们已无法通过电话交流了。她请保姆转告我，要我加强营养，她还要买营养粉、壮骨粉送给我。我何其有幸，数十年来都得到她的教导、栽培和爱护，如今她已永远离我而去，回想起已往点点滴滴，怎不令人潸然泪下？

2016 年 6 月 20 日补记

（作者为中国社会科学院荣誉学部委员、外国文学研究所研究员）

怀念钱锺书、杨绛两位先生

薛鸿时

上篇

回顾已往，我之所以有幸结识钱、杨两位先生，完全拜中共十一届三中全会之“赐”。那次会议，恢复了“实事求是”的思想路线，从而开辟了中华人民共和国历史上最美好的改革开放年代。1979年4月，我43岁，已经历了二十一年的劳动改造生涯，竟然能在冯至先生等几位与我素不相识的好心人（黄文华、朱虹、柳鸣九）慷慨无私的帮助下，直接从长沟峪煤矿调到中国社会科学院外国文学研究所担任编辑，恰似一场美梦成真。我业务荒疏已久，是在外文所学长们的热心扶持下，才得以胜任分配给我的工作，并且还能重续我对英国文学（尤其是狄更斯）不灭的“旧情”。在李文俊学长的帮助下，我的译文《论契诃夫》在《世界文学》上刊出，一向爱护我的老师、同学们才知道我还活在人间。那时我感觉外文所内充满阳光，人与人之间的关系友好而坦诚，思想认识、学术观点不同，都能心平气和地充分各抒己见，平等地展开讨论。“内乱”“浩劫”中惯用的那种仗势欺人、蛮不讲理、乱扣大帽子的做法再也行不通了。我认为，这是从野蛮到文明的了不起的进步，因为文明就是讲道理。一个人如果对自己的看法真有信心，就更得虚心听取他人的不同意见，摆事实，讲道理。那一时期，所内、院内学术思想活跃，成果最为丰硕，这一切都是渐趋正常的社会氛围使然。

我曾在一篇文章中说过，我自小就从长辈们口中听到钱、杨两位先生的近乎“传奇”的故事，早就心向往之。想不到此生真的会与他俩相识。进所后，我工作认真，为人处世严谨，渐为学长们所认可。一天，杨绛先生的关门弟子董衡巽问我，是否愿意做钱、杨两位先生的助手，经常替他俩借借书、查查资料？我当然表示愿意。于是他就带我去了三里河南沙沟6号楼，介绍我认识这两位我景仰已久的学人。记得那天，我面对两位待人平易亲切的长辈，一点都不感觉拘束。钱先生问我是否薛福成的后人，因为他听说我祖籍也是江苏无锡。我说我父亲祖籍江阴，母亲祖籍无锡，两家都是普通读书人，祖上从未出过显贵。钱先生淘气地问：“你知不知道‘江阴强盗无锡贼’的说法？”我说：“这句话小时候就听说过，大概是明末战乱时期清廷对苏南民风的印象吧。无锡民风较为柔弱，江阴民风更加刚毅。”我还信口说了阎应元靖难前血书的对联：“八十日戴发效忠表太祖十八朝人物，十万人同心死义留大明三百里江山。”也不知道自己记错了没有。钱先生听说我是北大中文系出身，便问我：“你读的是中文系，英文怎么会这么好？”我如实回答：

“其实我的英文还差得很远。小时候在中西、位育打下的底子，1957年以后仍舍不得丢掉而已。”钱先生连声说：“可惜，可惜！”那天杨先生说话不多，但过后却告诉董衡巽：“钱先生和我对你介绍的人很满意。一个人就是一本书呀，薛鸿时是我俩读得懂的。”

从此我尽心尽力地做他俩的“助手”，凡是他俩需要的书籍、报刊、资料，只要我借得到的，总是尽快借来，送到他俩的手里；凡是不出借的，我就找出所需书页、段落照抄下来（当时我国图书馆还没用上复印机）。好在钱先生当时虽年已七十，但记忆力惊人，要找什么，目标都十分明确。例如，杨先生要写回忆自己父亲杨荫杭先生的文章，钱先生记得黄远庸《远生遗著》里有重要资料。我数经查询，终于得知该书存于北京图书馆柏林寺分馆，只供查阅，不准外借。我就带上纸笔，骑脚踏车去借到了书，坐在阅览室里一页一页翻看，终于找到了所需段落，便照抄了下来。我不是在这里无聊地为自己“评功摆好”，我常去钱家，不但为自己而且为所里几位从事英语文学研究、翻译的同事向钱先生请益求教大大提供了方便。许多人遍查不得、苦思不解的问题，到了钱先生那里，无不迎刃而解。我们所得的教益使我付出的些许辛劳，简直不值一提。钱先生对晚辈非常爱护，知道我们这代人中，虽然有些人很优秀，有各自的长处（如：朱虹英文最好，又最能干；李文俊为《世界文学》选材，兴趣很广，知识面宽；董衡巽长于艺术分析，读书精审，文笔又好；文美惠底子厚实，浏览广泛……），但是由于长年不断的运动干扰，读过的书、掌握到的知识都还很欠缺。在接到我们请教的种种问题后，他常会打趣我们说 ：“你们怎么老是来剥削我？ ”他不但为我们释疑解惑，还会对所提问题的质量，一一作出评价 ：“这句话不知道，情有可原。”“这句话嘛，应当一目了然的！ ”“这段拉丁文我《管锥编》里引用过，已经把意思翻译出来了，你们读书怎么这样不认真！ ”总之，那些年，我们有了他，看书、翻译心里就有了底，有了依靠。记得我以前说过，我翻译英国马克思主义文艺理论家考德威尔的一本书，遇到一个词“calcerous”，查遍各种权威词典都查不出，只好去问钱先生。他只对上下文瞟了一眼，就说 ：“是考德威尔的笔误，一向未被校出，这个词应作 calcareous 或 calcarious。”我这才懂得，什么叫“一目了然”。现在，我们这一代人也都老了，无能为力矣。希望下一代会产生出第二个、第三个像钱先生那样渊博的学者来，达到能纠正黑格尔谬误的层次（参见《管锥编》周易正义一论易之三名），那起码得有一个安定的做学问的氛围。因此我衷心祝愿我们的国家今后能往民主、法治的正确方向走，再也不要出现“内乱”或“浩劫”了。

我常和董衡巽结伴去探望两位先生，我俩常在一起，被钱先生戏称为“董超、薛霸”。董衡巽在杨先生“谈往事”时，被称为一个“学业极其优秀的年轻人”，而且在运动的风风雨雨中始终在暗暗“维护”她。我进外文所时，董衡巽已以《美国文学史》的第一作者成为学科带头人。他由衷地敬佩他的导师，有一次听到杨先生自谦说她不是什么有成就的学者，董衡巽忍不住说：“其实杨先生才华卓绝，可惜被钱先生 overshadowed（遮蔽住）了。”钱先生笑了起来，说 ：“你夸赞我的阿姆（无锡话 ：

妻子），我听了高兴。”两位先生终身相互深深地理解和欣赏，难怪有朋友要打趣钱先生，故意问他："uxorious（誉妻癖）一字是什么意思？"

董衡巽的毛笔字在外文所是被公认为极其漂亮的，但钱先生却说："衡巽呀，你不会写字！"并说他的字没有"帖意"，就像上海马路上的招牌字那样"俗气"。董衡巽听了不但没有生气，心里还暗暗称奇。董衡巽事后告诉我，他之所以爱好书法，是因为小时候写作文，国文老师在他作文后面批道"字迹秀挺"。他得此鼓励后就更注意要写好字了，但家里没有好的法帖，他只能在放学回家路上跟商店招牌学字。奇怪的是，钱先生怎么一眼就看出来了？

写到这里，我不禁想提一提，在董衡巽和我的记忆中，钱先生可不会轻易地抬举人，说董"不会写字"就是一例。我也记得他曾不止一次因我不熟悉某书、某典而批评我读书太少。我还清晰地记得他的乡音："啊，你那哼连依格呀不晓得格？"（无锡话：你怎么连这个都不知道？）我们俩算是晚辈中与他们两位先生较为亲近的人，有什么话，他从来都实言相告，不会客气。但是，对于他不熟悉的人，在他写的书信里往往有溢美之词，这是我国传统文人书札中的格套，是礼貌用语，仅表示他对收信人的善意而已，是绝不能拿来当钱先生对该人的考评用语的。我想，手里握有此类信件的收信人一定不少，大家都应当明白这个道理，不要由此产生对自己不恰当的评价。在 1956 年起就与钱先生成为同事的董衡巽记忆中，钱先生对他同辈学者们最高的赞誉不过是"清通"两字，而当得起这两个字的也仅仅只有冯至先生和杨宪益先生等少数几位而已。

我感激钱先生对我的爱护、惋惜和勉励。他应我之请为我手书自己的一首诗《春风》:“春风恰似解相欺,缭乱缤纷也满蹊。宿命沉沦花堕溷,禅心安隐絮和泥。含情欲拾人沾臆,得意休蹂马避蹄。姑待阴成秋陨叶,好教物论漆园齐。”拿给我时,他还说:“鸿时呀,我给你写这一首,是有用意的啊!”我没有请求他加以详释,我相信自己已经懂得了其中的含义。钱先生对职称评定之类事,本来不怎么留意,但20世纪80年代,当我被评为副编审时,却接得他的信,“前夕获讯今岁贵所迁擢诸君,足下亦与其列,愚夫妇皆极欣喜,区区蜗角蝇头,初不足为贤者轻重,然稍为浮沉潦底之士吐气,亦是快事”。1992年我与年轻同事傅浩博士同获对岸梁实秋文学翻译奖,并受邀前往领取,费用对方全包。当时还没有“台独”势力嚣张之事,本是两岸中国人之间文化交流的好事情,不料我们却未能成行。钱、杨两位先生读到刊登我的译文及评语的那张《中华日报》,写信鼓励我,说我译笔大有进步:“士别三日,刮目相看,而海外佳评,又所谓:天下自有公论。不懈益进,未可限量。……勉之勉之。”在“不懈益进”和“勉之勉之”下还画了双线,可见他是非常认真的。这是我收到的钱先生的最后几封信之一,没过多久,他就因病住院了。在他离世前,承杨先生厚爱,还特地安排董衡巽和我去北京医院见了他最后一面。那时他已下了胃管,靠鼻饲维生,口不能言,但仍目光炯炯,我想,他脑子仍然还是清楚的。

下篇

杨绛先生享年很高，因此我有幸受她教益的时间更久，受她的影响更深刻些。我中年时才进入外文所，二十余年的改造生涯，早就改掉了我早年骄傲自负的重大错误，但同时也在一定程度上失去了自信。当时正是“文革”后百废待兴的好时机，人们如饥似渴地寻找精神食粮，各家出版社都在大出外国文学作品，我也有很多出书的机会。我译出的东西，都会送到杨先生手里，请她为我把把关。当时我也知道这样会占用她宝贵的时间，心中也感到不安，只是我认为写作、翻译是严肃的事，不经她过目，我不放心交出去。杨先生总是尽快给我回复，信中一语道破我最大的问题是“拘谨无自信”，她鼓励我说“译得很好，完全可以胜任”。她还写了好几张大稿纸，通过实例教我如何将英文中的长复合句拆开再拼接起来，如拼七巧板。她更进一步指教我说，译文应该尽量与原作风格接近。例如我译特洛罗普的小说，杨先生说原文较通俗，而我的“译笔稍嫌太文”。她还把那篇系统论述她的翻译方法的文章《失败的经验》赠送给我。我仔细琢磨，深受教益。后来我的翻译就比较放得开了。但是，我从来不曾也永远不会自命为钱、杨两位先生的“学生”，深恐因我的不才而辱没了两位先生。

说起杨先生让我接手翻译《董贝父子》一事，我还有一段故事呢。我自小听母亲讲述一本又一本狄更斯小说，他的人道主义精神和机智幽默，可说已渗透到我心里。高中时，我翻着字典试着看英文原著。1949 年后，英美人几乎都离开了上海，临走时匆匆处理藏书，旧书店里英文名著多得很，价钱也不贵。因为当时几乎所有人都在赶时髦，学俄文。当时我父亲已病，我已无力购置这些闲书。有一次，我和两位同窗好友杨家骥和陆际午（后来他俩都成为国防科技专家）一起散步走过一家肉铺，忽见掌柜正在撕掉一堆烫金皮面精装本狄更斯全集的封皮，把书页用来包肉。我选了一本，掌柜放在秤盘里称分量，他收了我两千元（即1955年币制改革后的两角人民币），这已是我的全部购买力。回家后，母亲很乐见我的好学，还替我用布包上硬纸板给书重新装上封面。这就是我珍藏至今的牛津版《董贝父子》，因为它蕴藏着慈母无限的爱意和期盼，尽管我以后的遭遇用荆棘填满了她的心房……上大学时我把它带在身边，历经磨难居然没有丢失。我在煤矿改造时还翻译了开头部分。我进外文所时，杨绛先生已译出约八万字而不想继续译下去的竟会就是这本书！我不相信什么“天意”，觉得仅仅是“巧合”了。杨先生慷慨地把她的译稿送给了我，嘱咐我把它译完。正如杨先生自己所说：“我的遗憾是没有翻译英文小说，而英语是我的第一外国语，但是我不能选择。”（《杨绛全集》第三卷，第272页）阴错阳差，她却以西班牙语和法语文学名著翻译传世。她留下的这八万字英国文学名著翻译，不但被我视作珍宝和学习楷模，李文俊学长也请求她应允在《世界文学》上刊登，但杨先生不愿意让读者看未完成的译稿。我对照原文阅读，深感自己的能力还不足以“狗尾续貂”。因此我决心从头开始研究狄更斯，以弥补这巨大的差距。等我对狄更斯和他的小说艺术增加了认识，并完成《浪漫的现实主义——狄更斯评传》一书后，竭力想要模仿杨先生的翻译方法译完全书，并真诚地希望能得到同行们的批评、指正。等我终于译成时，我早已退休了。令人尤其感动的是，杨先生在百岁高龄时还为我的译作写了“介绍”，并把这篇短文收在她的《全集》第二卷的最后一页。此书由人民文学出版社出版，衷心感谢责任编辑吴继珍女士在我迟迟未交稿的情况下仍没有把这个选题从计划中取消。本人才疏学浅，译作固然不足为世人所重。这应了奥斯卡·王尔德的一句俏皮话：The only thing worse than being talked about is not being talked about.（唯一比遭人议论更糟糕的事就是没人议论。）但是，我在书上注明“此书 1 至 97 页却是杨绛先生留在世上唯一的英文长篇小说译作”，尽管还是“未定稿”。

1986 年 7 月，我是同时请求钱、杨两位先生赐以墨宝的。杨先生本来没答应，说她的字写得不好。但过了几天，我忽然接到她这样一封信：“鸿时同志：劣字向来藏拙，因你肯听我‘教导’，喜而献丑以示鼓励也！”我真是大喜过望，赶紧到钱家去拿，与得到钱先生写的诗的同时，得到杨先生手录的韩退之诗：“忽忽乎余未知生之为乐也，愿脱去而无因。安得长翮大翼如云生吾身，乘风振奋出六合，绝浮尘。死生哀乐两相忘，是非得失付闲人。”她的字不像钱先生的字那样如龙的飞舞，但极其端庄秀丽。我不敢说自己懂诗，但似乎感觉诗的意境与她翻译的蓝多那一首是相通的。

杨先生在钱瑗和钱锺书先生接连离世后，除了整理钱先生的手稿，仍笔耕不辍，做了大量的工作。翻译《斐多》，创作小说、散文，有些篇章，仍保持壮年时为文的高质量，为广大读者所喜爱。此外，她还完成了妹妹杨必先生著名译作《名利场》的“点烦”工作。在此之后，杨先生还不肯闲着，她让我借显克微奇 *Quo Vadis*？（《你往何处去？》）的一种英文详注本，决心翻译这部鸿篇巨制，时年 104 岁。但是我发现我院图书馆已今非昔比，由于每年大量进新书，架上容纳不下，这些古典名著只在架上放一本最薄的纸面简装本以节省空间。我奔走其他地方也无所获，结果杨先生就没有完成这一心愿。遗憾的是我当时没有问杨先生为什么选择翻译此书。我常常在想这件事，因为我知道小说写的是罗马帝国暴君尼禄时代的故事，书名出自彼得看到基督显圣的传说。彼得问：“你往何处去？”耶稣基督答道：“我到罗马去，再次钉死在十字架上。”

2015 年 7 月 17 日是杨先生最后一个生日，外文所的好几位晚辈前往庆贺，那天我因故未去，董衡巽遇堵车迟到。当晚罗新璋学长等就打电话告诉我，杨先生在送客时忽然问：“董超、薛霸怎么没来？”过后我单独前去探望，见到我她很高兴，虽然听力有障碍，仍不妨碍我俩的交流。她还送给我一大摞《香港文学》，让我今后要经常去，她把杂志给我留着。这是我俩的最后一面。

杨先生在刊登钱先生残缺的遗作《欧洲文学里的中国》（《中国学术》2003 年第一期）时写道：“几位‘年轻人’看到这几页未完的稿子，叹恨没有下文。连声说：‘太遗憾了！太遗憾了！’我心上隐隐作痛。他们哪里知道钱锺书的遗憾还大着呢！……我知道他打算用英文写一部论述外国文学的著作。他既回不了外国文学组，也只好不作此想了。……反正他连《管锥编》都未能写完，为这几页残稿还说什么‘遗憾’呢！”1949年不忍去国的国宝级学者中，钱、杨两位先生的晚景比起“涕泣对牛衣，卌载都成肠断史。废残难豹隐，九泉稍待眼枯人”的陈寅恪先生和夫人来，还算是幸运的，因为他俩在六十七八岁时赶上了改革开放的新时期。国家总算由“知识越多越反动”转变为“尊重知识，尊重人才”了。钱、杨两位先生的著作也受到国家很好的保护，与他们在母校清华大学所设的“好读书奖学金”一起，他俩的全部心血和财富都奉献给了人民。此刻我眼前仿佛看见了钱先生，他正含笑对我说：“书香铜臭，一时并尽，得其所哉，得其所哉。”

在那不正常的年代，他们艰难地守住了知识分子做人的底线。据杨先生说：那时，钱先生的处世原则是“保持沉默，不做颂圣诗，不做歌德式表态，但也谨言慎行，从不贸然就政治发表意见”。经历过那特殊岁月的人们才会懂得，要做到这一点是很不容易的。他们高洁的品格为后人钦敬。

2016年6月

（作者为中国社会科学院外国文学研究所研究员）

杨绛先生静卧在花木丛中　周晓红摄

先生回家纪事

吴学昭

不知是天意还是巧合，2016年5月24日下午，我去协和医院看望杨绛先生，万没想到这竟是与老人的最后一见！

因为有些日子未去探视，保姆小吴见我走近病床，趴着杨先生的耳朵说："吴阿姨来了！"久久闭目养神的杨先生，此刻竟睁大眼睛看我好一会儿，嘴角微微上翘，似有笑意，居然还点了点头。随后轻轻地嘟囔了一句，隔着氧气面罩，听不很清，意思应该是：我都嘱咐过了……我从未见过杨先生如此虚弱，心上酸楚，强忍住几将夺眶而出的泪水，答说："您放心！好好休息。"杨先生已没有气力再说点什么，以眼神表示会意，随即又闭上了双眼。据一直守候在杨先生身旁悉心照顾的保姆和护工说，此后到“走”，杨先生再也没有睁开过眼睛。

不久，杨先生的侄媳和外甥女也来探望。内科主任及主管大夫请我们到会议室，介绍了杨先生病情，说她目前大致稳定，但已极度虚弱，随时有意外发生的可能。我还是那句老话：即使发生意外，请勿进行抢救。这是杨绛先生反复交代过的，她愿最后走得快速平静，不折腾，也不浪费医疗资源。

杨先生的身子暖暖的，手足却凉。小吴和护工不断摩挲杨先生的手臂使它热乎，又用热水为杨先生泡脚生暖。她静静躺着，乖乖地听任她们摆布不做声。

我时时盯着监测仪，不祥之感突如其来。时已晚上8点多钟，大大超过了探视时间，可我还想在杨先生身边多待一会儿。后来经不住传达室同志的一再催促，才依依不舍离开。他们为等候我们交还探视证、取回身份证，已耽误下班好几个时辰了。

当日午夜时分，医院来电报告杨先生病危。我和清华大学教育基金会项目部部长池净、杨绛先生遗嘱的另一执行人周晓红，以及杨先生所在单位中国社会科学院外国文学研究所陈众议所长，从京城的四面八方急急奔往协和，一心想着亲送杨先生最后一程。但待我们到达病房，杨先生已经停止了呼吸。那是2016年5月25日凌晨1:30，所幸老人临走没有受罪，有如睡梦中渐渐离去。

方经洗面、净身、换衣的杨先生，面容安详，神情慈和，就跟睡着了一样。协和医院的值班副院长、值班医师、护士长、护士同志，与我们一起向这位可敬可爱的老人深深鞠躬道别。

我们谢过了连日来为治疗护理杨先生辛勤劳累的医护人员，缓步推送杨先生去太平间安放。

杨绛先生遗嘱交代：她走后，丧事从简，不设灵堂，不举行遗体告别仪式，不留骨灰。讣告在遗体火化后公布。对于杨绛先生这样一位深为读者喜爱的作家、一位大众关心的名人，如此执行遗嘱难度很大，首先媒体一关就不好过。幸亏周晓红同志和我，作为杨绛先生的遗嘱执行人，在杨先生病势危重之际，已将杨先生丧事从简的嘱咐报告国务院有关负责同志，恳请领导知照有关单位打破惯例，遵照杨先生的意愿丧事从简办理。后来丧事办理顺利，一如杨先生所愿，实与领导的理解和大力支持有关。

2016年5月27日清晨，协和医院的告别室绿植环绕，肃穆简朴。没有花圈花篮，也没张挂横幅挽联，人们的哀悼惜别之情，全深藏心底。杨绛先生静卧在花木丛中，等待起灵。她身穿家常衣服，外面套着上世纪80年代出访西欧时穿的深色羊绒大衣，颈围一方黑白相间的小花格丝巾，素雅大方。这都是按杨先生生前嘱咐穿戴的，她不让添置任何衣物。化了淡妆的杨先生，头发向后梳得整整齐齐，细眉高扬，神采不减生前，只是她睡得太熟，再也醒不过来。

尽管没有通知，许多同志还是赶来送别杨先生。全国政协主席俞正声来了，副主席陈奎元来了；国务院副总理刘延东来了，看望了亲属并讲话；中央组织部、宣传部负责同志来了；中国社会科学院、清华大学、作家协会负责同志来了。温家宝同志、吴仪同志也来了，他们是以杨绛先生生前好友的身份来相送的。

温家宝同志慰问了杨先生的亲属。吴仪同志悄悄来去，将两枝自家院里种的粉红玫瑰放到杨先生身旁，知道她喜欢。这里没有前呼后拥，也无嘈杂喧哗，人人都轻手轻脚，生怕把睡梦中的杨绛先生闹醒。

起灵前，众至亲好友行礼如仪，将白色的玫瑰花瓣撒在杨先生覆盖的白被单上。我和周晓红等乘坐灵车陪伴杨先生去八宝山，陈众议所长留下向媒体发布讣告。讣告内容如下：

著名作家、翻译家、中国社会科学院外国文学研究所研究员杨季康（笔名：杨绛）先生，以一百零五岁的高龄于2016年5月25日凌晨1:30与世长辞。

遵照杨绛先生遗嘱，她去世后，丧事从简。不设灵堂，不举行告别仪式，不留骨灰。

杨先生生前已将她和丈夫钱锺书先生二人全部作品著作权中因作品使用而获得的财产收益捐赠母校北京清华大学教育基金会，设立“好读书奖学金”，用以鼓励清华大学家庭经济困难但好学上进的学子，能够没有后顾之忧地完成学业，并希望领受奖学金的学子学成后，能以各种形式报效祖国、回馈社会。清华大学教育基金会履行协议，在享有钱杨作品因使用而获得的财产收益的同时，有义务负责全面维护钱杨二人作品著作权以及与著作权相关权利不受侵犯。

关于许可他人依照我国著作权法的规定使用钱锺书、杨绛作品的权利以及钱杨作品的发表权，杨绛先生已委托专人行使。家中所藏珍贵文物字画，已于生前全部无偿捐赠中国国家博物馆。书籍、手稿以及其他财产等，亦均作了安排交代，捐赠国家有关单位，并指定了遗嘱执行人。

杨绛先生遗体已于5月27日火化。

从讣告看，杨绛先生生前对身后所有重要事项，已一一安排妥帖；与众不同的是，这一讣告居然经杨先生本人看过，并交代遗嘱执行人，讣告要待她遗体火化后方公布。

杨先生那种“向死而生”的坦然，对身后事安排考虑的睿智、周到、理性，往往使我感到吃惊和钦佩。

对于年老衰迈、死亡病痛这类话题，一般人、特别是老年人，不喜欢也不愿多提，杨先生却不忌讳，不但谈论，且思考琢磨，体会多多。我就听杨先生说过“病”与“老”不同：她以为“病是外加的，临时性的，不论久病、多病，可以治愈。‘老’却是自身的，是生命日渐萎弱，以至熄灭；是慢吞吞地死。死是老的 perfect tense，老是死的 present participle；dying 也。老人就是 dying 的人，慢吞吞，一面死，一面还能品味死的感受”。

杨先生自嘲当了十多年“未亡人”和“钱锺书办公室”光杆司令，已又老又病又累。可是她无论读书、作文、处事怎样忙个不停，永远都那么有条有理，从容不迫。

同住南沙沟小区的老人一批批走了，杨先生也等着动身；只是她一面干活儿一面等，不让时光白白流过。

为保持脚力，每天“下楼走走”的步数，从 2008 年的七千步渐减为五千步、三千步，由健步而变成慢慢儿一步步走；哪怕不再下楼，退到屋里也“鱼游千里”，坚持走步不偷懒。

日复一日的“八段锦”早课，2016年春因病住院才停做。“十趾抓地”还能站稳；“两手托天”仍有顶天立地之感；“摇头摆尾”勉强蹲下；“两手攀足”做不到就弯弯腰；“两手按地”则只能离地两三寸了。

毛笔练字，尽量像老师指导的那样，“指实、掌虚、腕灵、肘松、力透纸笔”，少有间断。只是习字时间，已由原来的每天90分钟步步缩减为60、30、20分钟，直到后来无力悬腕握笔。

杨先生这“钱办”司令真是当得十分辛苦，成绩也斐然可观。《钱锺书集》出了，《宋诗纪事补正》《宋诗纪事补订》出了，《钱锺书英文文集》出了，《围城》汉英对照本出了，尤令人惊讶的是，包括《容安馆札记》（3巨册）、《中文笔记》（20巨册）、《外文笔记》（48巨册，附1册）在内皇皇72巨册的《钱锺书手稿集》，竟于杨先生生前全部出齐。很难想象，杨先生为此倾注多少心血。以上每部作品，不论中英文，杨先生都亲自作序，寄予深情。

还有，钱锺书先生的尊人钱基博老先生珍藏多年的谭复堂献《复堂师友手札菁华》也出版了。杨先生因为手札珍贵，担心丢失，不想拿出家门，宁请人民文学出版社编辑同志登门扫描。连续十多天，她让出起居室供人文社同志们工作，自己躲进卧室读写。

杨先生在忙活钱著出版的同时，不忘自己一向爱好的翻译和写作。她怀着丧夫失女的无比悲痛翻译柏拉图的《斐多》，投入全部心神而忘掉自己。她仔细研究原著多种版本的注释，按照自己翻译的惯例，一句句死盯着原文而力求通达流畅。她成功了，把这篇盛称语言生动如戏剧的对话，译成戏剧似的对话。

《斐多》出版后，杨先生私下说，她原来倒没想深究灵魂死不死，而更想弄清“绝对的公正”“绝对的价值”究竟有没有？如今不是仍在讲“真、善、美”吗，是非好恶之别，是先天的，还是后天的呢？

杨先生思念女儿，又写了《我们仨》，在点点滴滴的往事回忆中，与锺书和圆圆又聚了聚，写到动情处，泪滴溅落纸上。

《走到人生边上》，则写得不那么顺当，有过周折，颇费心思。听杨先生说，此作起意于她94岁那年，立春之前，小病住院。躺在病床上，闲来无事，左思右想，要对几个朋友“人死烛灭”“人死了就什么都没有了”的一致信念来个质疑。

没想到一质疑，便引发了许许多多问题。这些问题并非从未想过，有些还是经常想的，只是不求甚解，糊里糊涂留在心上。糊涂思想清理一番，已不容易，要一个个问题想通，就更难了。不料问题越想越多，好似黑夜走入布满乱石的深山僻径，磕绊跌撞，没处求教。自忖这回只好半途而废了，但是念头愈转愈有意味，只是像转螺丝钉，转得愈深愈吃力；放下不甘心，不放又年老精力不足。正像《堂吉诃德》里丢了官的桑丘，跌入泥坑，看见前面的光亮却走不过去，听到主人的呼喊又爬不起来。

杨先生说：“我挣扎，这么想想，那么想想，思索了整整两年六个月，才把自以为想通的问题，像小姑娘穿珠子般穿成一串。我又添上十四篇长短不一的注释，写成了这本不在行的自说自话。”她为台湾出版此书的繁体字本写道：“我这薄薄一本小书，是一连串的自问自答。不讲理论，不谈学问，只是和亲近的人说说心上话、家常话。我说的有理没理，是错是对，还请亲爱的读者批评指教。”

此前及其后，杨先生的《文集》《全集》先后面世。出版社营销部门的同志出于职业习惯，总想弄个研讨会什么的热闹热闹，或请杨先生上上电视、做客网站，吹吹自己。他们好心，却不清楚，这对不喜张扬的杨先生来说，几乎是不可思议的。

杨绛先生一生淡泊名利、躲避名利，晚年依旧。我印象较深的，就有三例：

中国社会科学院授予杨绛先生荣誉学部委员，她没去领受荣誉证书；讣告中也没让写上这一头衔。

2013 年 9 月，中国艺术研究院函告杨先生已入选为第二届中华文艺奖获奖候选人，请她修订组委会草拟的个人简历，并提供两张近照。杨先生的答复是：“自揣没有资格。谢谢！”

2014 年 4 月，钱、杨二位先生曾就读的英国牛津大学艾克塞特学院（Exeter College）院长佛朗西斯·卡恩克劳斯（Frances Cairncross）女士来函称，在 Exeter 学院建立七百周年之际，该院以推选杰出校友为荣誉院士的方式纪念院庆，恭喜杨绛先生当选牛津大学艾克塞特学院荣誉院士，特此祝贺。

杨绛先生不使用电脑，便口授大意，要我代复电邮说：

尊敬的 Frances Cairncross 女士，

我很高兴收到您 4 月 25 日的来信。

首先，我代表我已去世的丈夫钱锺书和我本人，对牛津大学艾克赛特学院建立七百周年表示热烈的祝贺。我很荣幸也很感谢艾克赛特学院授予我荣誉院士，但我只是曾

FROM THE RECTOR
FRANCES CAIRNCROSS

OXFORD OX1 3DP, UK
+44 (0) 1865 279605
rector@exeter.ox.ac.uk
www.exeter.ox.ac.uk

EXETER
COLLEGE
OXFORD

25 April 2014

Dear Yang Jiang,

Exeter College has the privilege of electing distinguished persons to Honorary Fellowships of the College. I am pleased to tell you that at its Governing Body yesterday, the Fellowship elected you *nem con* to just such an Honorary Fellowship in recognition of the extraordinary contribution that you have made to the field of literature and literary scholarship. We also hope that it will mark our admiration for the work of your husband, our alumnus Qian Zhongshu, in whose company I believe you visited our College in the mid-1930s.

You will be pleased to hear that there are no duties attached to an Honorary Fellowship, but it does bring some privileges. You are entitled to:

- Common Table (free lunch and dinner),
- Senior Common Room (SCR) membership, including the right to dine and to introduce guests at High Table,
- 'Lunching Rights' – the right to lunch in the Old Bursary, and
- To use an SCR guest room for yourself.

I realise that you may not be able to take much advantage of these privileges, but I hope you will do us the honour of accepting this token of our esteem and admiration.

Yours sincerely,

Frances Cairncross, CBE, FRSE

Registered Charity No. 1141333

牛津大学艾克塞特学院院长写给杨绛的信

在贵院上课的一名旁听生，对此殊荣，实不敢当，故我不能接受。

杨　绛

Frances Cairncross 是牛津大学 Exeter 学院建立七百年来的首任女性院长，已任职十年。此次当选的荣誉院士只有两位，全系杰出女性：一位是西班牙王后，一位就是杨绛先生。Frances Cairncross 怎么也想不明白，别人求之不得的殊荣，杨绛竟然拒绝。她转而求助于我，要我帮助说服动员，一定将她 5 月 4 日的来信所言充分转达杨绛先生。

Frances Cairncross 院长生怕杨绛先生误解 Exeter College 授予她荣誉院士，系因她是钱锺书先生的遗孀，因而再三解释：

1. 杨绛自身就是一位杰出的学者，Exeter College 知名校友众多，我们却从未考虑过授予其遗孀荣誉院士。杨绛的情况很特殊，事实上如果她接受这一荣誉，将有助于在欧洲弘扬她的学术成就。

2. 她对塞万提斯研究做过重要贡献，我院设有阿方索十三世西班牙语言和文学讲座，现任阿方索十三世讲座教授埃德温·威廉逊（Edwin Williamson）也是一位研究塞万提斯的学者，他本人对杨绛女士在此领域的研究也深感兴趣。

3. 目前我院还没有女性学者获此殊荣；作为牛津大学的首位女院长之一，我对此深表遗憾，这也是我热切希望她能接受此荣誉的原因之一。

我将 Frances Cairncross 院长托付的话，详细转达杨先生，并将她的电邮打印送杨先生亲自阅看。然而杨先生再次辞谢，5 月 7 日命我大致如此作答：

尊敬的 Frances Cairncross 院长：

您 5 月 4 日的来信，我已认真仔细拜读。您和您的同事们对我的褒扬和赞赏，您再次敦促我接受 Exeter 学院最高荣誉所抱的热切、真诚，我深感亲切，受到感动，甚至回想起 1935—1937 年我与钱锺书在 Exeter 学院、在 Bodleian Library 一起度过的那段美好时光。

然而，我仍不能不坦诚直告尊敬的阁下，我如今 103 岁，已走在人生边缘的边缘，读书自娱，心静如水，只求每天有一点点进步，过好每一天。荣誉、地位、特殊权利等等，对我来说，已是身外之物；所以很抱歉，虽然我非常感谢您们的深情厚谊，我仍不得不辞谢贵院授予我荣誉院士的荣誉，敬求您们原谅和理解。

致以最良好的祝愿！

杨　绛

Frances Cairncross 院长此时大概已对杨绛先生的“倔”脾气有所领会，于是回复说，“以我对您超众脱俗品格的了解，您具有尊严和思虑缜密的回信应在我的预料之中。未能将您延揽入我院授予的极少数的杰出的女性荣誉院士中，我个人非常难过，但我尊重和接受您的理由。感谢您为回应我们的请求，做如此认真的思考。”

杨绛先生心感 Frances Cairncross 的理解和宽容，提出《钱锺书手稿集 · 外文笔记》出版后，将请商务印书馆代为寄送牛津大学 Exeter 学院图书馆和 Frances Cairncross 院长各一套，以表达对母校的栽培和对院长的感激之情。钱锺书这些涉及七国语言的笔记，正是他 20 世纪 30 年代在 Exeter 学院求学时做起的，使用的还是 Exeter 学院的练习簿。

Frances Cairncross 要我转达杨先生，深表谢意。她写道：您亲切友好的来信，对我前些日子的失望是一个莫大安慰。杨绛提出赠与学院和我的美好礼物，让我深受感动。我的同事请您代我们向她热情致谢。

杨绛先生历来低调，不爱出头露面；90 岁前已决心"蛰居泥中"，安安静静做自己的事。哪里想到 2013 年暮春，中贸圣佳国际拍卖公司拍卖钱锺书、杨绛书信手稿一案，不但把她从泥中揪了出来，还抛向风口浪尖，连日登上社会新闻的头条!

2013 年 5 月下旬，媒体连连曝光中贸圣佳拍卖公司将于 6 月 22 日，在北京举行钱锺书、杨绛、钱瑗书信及手稿等共计 101 件作品专场拍卖会，包括 66 封钱锺书书信和《也是集》手稿，杨绛 12 封信和《干校六记》手稿，6 封钱瑗书信等。拍卖公司公告，这批手稿信札定于 6 月 8 日在现代文学馆展出。公司已将这些拍品拍摄成数码照片，刻制光盘，广为散发、宣传。6 月 1 日在现代文学馆召开研讨会，进行预展。于是钱锺书先生的书信手迹满天飞。所谓的"钱学研究家"们，兴高采烈，为拍卖公司造势助阵，在媒体和网站，大肆披露宣扬钱、杨私人书信内容。甚至有一位所谓的"旅美钱学家"，居然还根据拍卖方提供的光盘，对钱锺书先生的书信作了笺证。

个人隐私竟可拍卖，怎不令人吃惊！自然引起社会关注。

这次拍卖的，主要是上世纪八九十年代，钱、杨与时任香港《广角镜》杂志总编辑李国强的通信。杨先生立即去电质问，李国强答非所问，以后干脆不回应。

2013 年 5 月 26 日，杨先生决定依法维权，发表公开声明："此事让我很受伤害，极为震惊。我不明白，完全是朋友之间的私人通信，本是最为私密的个人交往，怎么可以公开拍卖？个人隐私，人与人之间的信赖、多年的感情，都可以成为商品去交易吗？年逾百岁的我，思想上完全无法接受。"她希望有关人士和拍卖公司尊重法律，尊重他人的权利，立即停止侵权，不得举行有关研讨会和拍卖，否则她会亲自走向法庭，维护自己和家人的合法权利。她说："现代社会大讲法治，但法治不是口号，我希望有关部门切实履行职责，维护公民的'通信自由和通信秘密'这一基本人权。我作为普通公民，对公民良心、社会正义和国家法治，充满期待。"

杨先生的话感动了无数有良知的人。

真是得道者多助，声援源源而来。

清华大学和其他高校的民法、知识产权法和宪法领域的权威法律专家，对私人信件拍卖引发的法律问题进行了专题研讨。一致认为：未经作者同意，拍卖私人信件严重侵害了作者及他人的隐私权和著作权，违反社会公序良俗，应依法禁止。

国家版权局有关负责同志表态认为："钱锺书私人书信将被拍卖的行为，可能涉及物权、著作权、隐私权、名誉权等多项权利。就著作权问题而言，书信作为文学作品，著作权属于作者，即写信人。拍卖活动的相关行为在对信件进行处分的时候，未经著作权人同意，不得对书信做著作权意义上的任何利用，否则涉嫌对著作权人合法权益的侵害。将书信的全部或部分内容公之于众，就可能涉嫌侵犯著作权人的发表权。”

中国拍卖行业协会也表示“深切理解并尊重杨绛先生的感受和反应。鉴于由此给杨绛先生带来的困扰，目前正积极协调有关人士，希望委托人能充分尊重杨绛先生的意愿”。他们还建议并督促有关拍卖企业积极融通各方，在法律的框架内，秉持杨绛先生一贯遵守的“对文化的信仰”和“对人生的信赖”精神，使问题尽早妥善解决。

2013 年 5 月 31 日，因中贸圣佳拍卖公司即将举行研讨会、预展等活动，时间紧迫；杨先生的代理律师急去法院登记立案，申请诉前禁令。6 月 3 日，北京第二中级人民法院发出诉前禁令裁定，责令被申请人中贸圣佳国际拍卖公司在拍卖、预展及宣传等活动中不得以公开发表、展览、复制、发行、信息网络传播等方式实施侵害钱锺书、杨绛夫妇及女儿钱瑗书信手稿著作权的行为。这是新民事诉讼法实施以来，该院发出的首例知识产权诉前禁令。

在此期间，还有另一插曲：2013 年 6 月 1 日，杨先生读报始知，保利拍卖公司亦有三封钱锺书、杨绛信件将于 6 月 3 日上拍。6 月 2 日，代理律师上午向保利公司发函请立即停止侵害。杨绛先生亦于下午发出紧急声明，严词反对保利在内的拍卖机构拍卖钱杨书信，并表示绝不妥协，一定坚持维权到底！各媒体网站很快播发。当日 18 时许，保利拍卖公司在其官网上公告，钱锺书、杨绛三封信件撤拍。

2013年6月6日，中贸圣佳拍卖公司在法院发出禁令三天后，宣布停拍钱杨书信手稿，然其侵权行为已造成伤害，诉讼继续。

由于法庭开庭审理此案在即，102岁高龄的杨先生体弱不宜亲自出庭，10月26日拍摄录像，以备当庭播放。她在录像中，强烈表示对于这件事，在思想上完全无法接受，感情很受伤害。“我打这官司，不仅是为自己，也是为了大家，否则给别人的信都可以拿来拍卖，那以后谁还敢写信？社会上人与人之间的信任和承诺都没有了。两位被告做错了事，就应承担责任。”她委托律师代为诉讼，希望法庭依法判决，支持她的请求。

经过激烈的庭前辩论等许多程序，2014年2月17日，北京二中院一审宣判钱锺书书信手稿拍卖案：判定中贸圣佳国际拍卖有限公司停止侵害书信手稿著作权行为，赔偿杨绛10万元经济损失；中贸圣佳公司和李国强停止侵害隐私权行为，共同向杨绛支付10万元精神损害抚慰金，并向杨绛公开赔礼道歉。

中贸圣佳公司不服，向北京市高级人民法院上诉。

2014年4月10日，杨绛先生得知，北京市高级人民法院已就她诉中贸圣佳公司、李国强侵害著作权及隐私权案作出二审裁定，驳回中贸圣佳公司的上诉，维持一审原判。至此，持续几近一年的案件，终于告一段落。杨绛先生将所获赔偿金全部捐赠母校清华大学法学院，用于普法讲座。此案后被最高人民法院知识产权庭评为2014年十大知识产权案件之一。确像杨先生说的，她这回挺身维权，不仅是为自己，也是为了大家。

长时间的应对侵害，费心劳神，于杨先生的健康不无影响。她预感来日无多，更加紧对身后诸事的处理。

2014 年 9 月，杨先生将家中所藏珍贵文物字画，还有钱锺书先生密密麻麻批注的那本韦氏大字典，全部捐赠给了中国国家博物馆收藏。移交时，周晓红和我在场，杨先生指着起居室挂着的条幅字画，笑说：“这几幅虽然已登记在捐赠清单上，先留这儿挂挂，等我去世以后再拿走，怎样？免得四壁空荡荡的，不习惯也不好看。”国博同志立答：“当然，当然。全听您的。”

遗嘱已经公证。书籍、手稿等重要物品的归属，也都做了交代。所收受的贵重生日礼物，杨先生要我们在她身后归还送礼的人。其他许多物件，一一贴上她亲笔所书送还谁谁的小条。为保护自己及他人隐私，她亲手毁了写了多年的日记，毁了许多友人来信；仅只留下“实在舍不得下手”的极小部分。

杨先生后来也像父亲老圃先生早年给孩子们“放焰口”那样，分送各种旧物给至亲友好留念。有文房四宝、书籍墨宝，也有小古玩器物等等。我得到的是一本纽约麦克米伦公司 1928 年版的 *THE GOLDEN TREASURY OF SONGS AND LYRICS*（“英诗荟萃”），杨先生在此书的最后一页写道：“学昭妹存览　绛姐赠。”我惊诧于杨先生的神奇：我从未跟她提及喜读中英旧诗，她竟对我与她有此同好，了然于心。我深知这本小书有多珍贵，它曾为全家的“最爱”，原已传给钱瑗，钱瑗去世后，杨先生一直把它放在枕边，夜不成寐时就打开来翻阅，思绪萦怀，伴她入梦。许多页面，留有她勾勾画画的痕迹。我得到的另一件珍贵赠物，是一叠杨先生抄录于风狂雨骤的丙午丁未年的唐诗宋

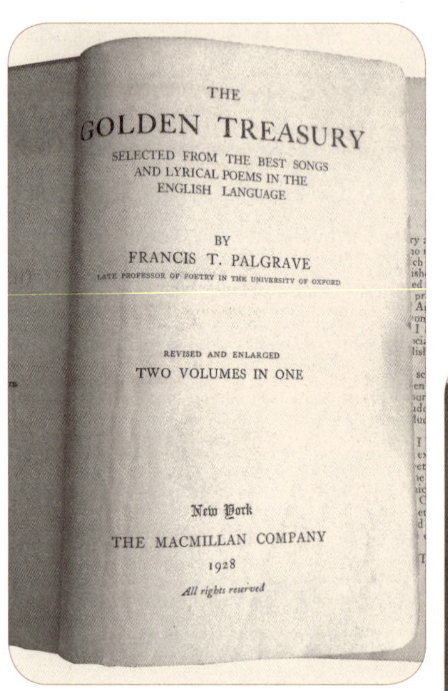

THE

GOLDEN TREASURY

SELECTED FROM THE BEST SONGS AND LYRICAL POEMS IN THE ENGLISH LANGUAGE

BY

FRANCIS T. PALGRAVE

LATE PROFESSOR OF POETRY IN THE UNIVERSITY OF OXFORD

REVISED AND ENLARGED

TWO VOLUMES IN ONE

New York

THE MACMILLAN COMPANY

1928

All rights reserved

杨绛先生赠与作者的《英诗荟萃》内封

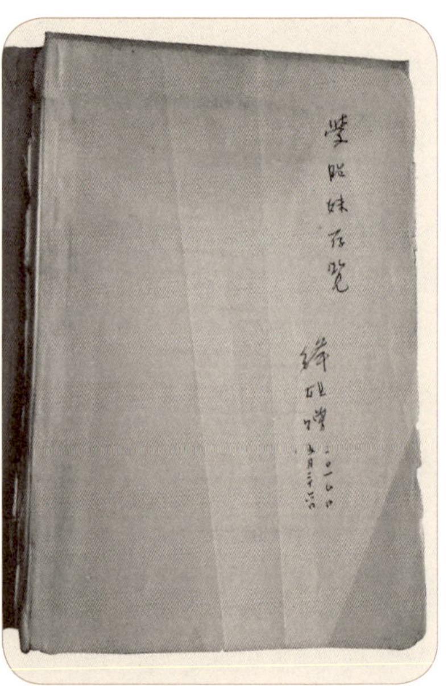

赠书的题签在书末环衬

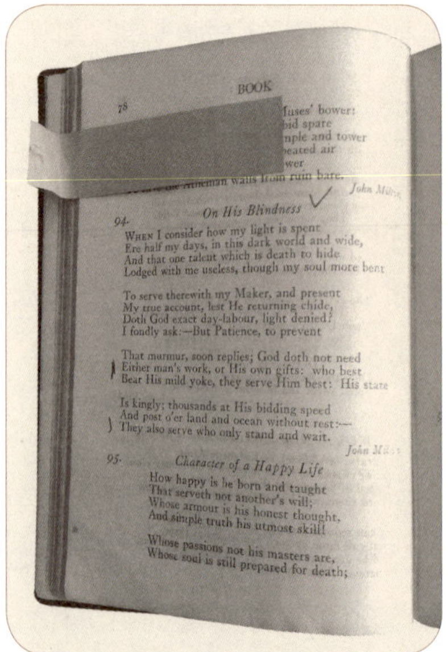

78 BOOK

94. *On His Blindness*

When I consider how my light is spent
Ere half my days, in this dark world and wide,
And that one talent which is death to hide
Lodged with me useless, though my soul more bent
To serve therewith my Maker, and present
My true account, lest He returning chide,
Doth God exact day-labour, light denied?
I fondly ask:—But Patience, to prevent
That murmur, soon replies; God doth not need
Either man's work, or His own gifts: who best
Bear His mild yoke, they serve Him best: His state
Is kingly; thousands at His bidding speed
And post o'er land and ocean without rest:—
They also serve who only stand and wait.

95. *Character of a Happy Life*

How happy is he born and taught
That serveth not another's will;
Whose armour is his honest thought,
And simple truth his utmost skill!

Whose passions not his masters are,
Whose soul is still prepared for death;

杨绛先生在此书中每页上的勾画和贴条

词，都是些她最喜欢的诗词。第一页面上赫然写着：文革时抄此，入厕所偷读。我能想象这一页页用钢笔手抄的诗词，当年曾被她贴身带入劳改厕所，在清理打扫之余，“猴子坐钉”式地蹲坐便池挡板上，偷偷诵读，自娱自乐。这具有历史意义的文物，我怎敢领受？可是杨先生执意说：“拿着，留个纪念。”

杨绛先生表面看似理性、清冷，其实她是很多情的。她一向把读者当成朋友，把理解她作品的读者视为知己。她存有许多对她作品反应的剪报。她拆阅每一封读者来信，重视他们的批评建议。她对中学语文教师对她作品的分析，发出会心的微笑。孩子们听说她跌跤，寄来膏药，让她贴贴。许多自称“铁粉”的孩子，是由教科书里的《老王》开始阅读杨绛作品的。有位小青年因为喜爱杨先生的作品，每年 2 月 14 日，都给她送来一大捧花；后来他出国留学去了，还托付他的同学好友代他继续送花，被杨先生称为她的“小情人”。前些年，她还常与读者通信。她鼓励失恋的小伙振作，告他：爱，可以重来。她劝说一个绝望的癌症患者切勿轻生，而要坚强面对，告诉他忧患孕育智慧，病痛也可磨炼人品。她给人汇款寄物，周济陷于困境的读者而不署名……

杨先生走后，我们在清理遗物中，发现一大袋已经拆封的读者来信，多数来自大陆，也有“台粉”“港粉”还有“洋粉”寄来的。杨先生在许多信封面上，批有“待复”“当复”……最后可能都没有作复。这里，我想借此文之一角，向杨先生亲爱的读者朋友说声：“对不起！”杨先生最终没能如你们所愿，和大家见个面、回封信，实在是因为她已太年老体弱又忙，力不

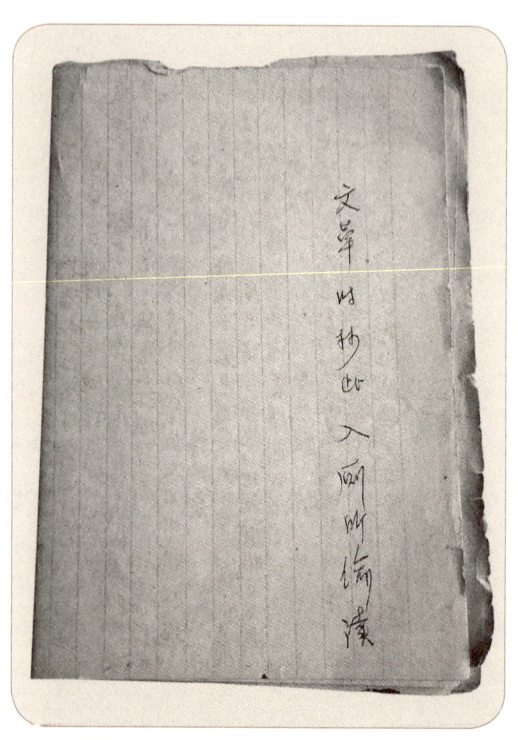
文革时抄此入厕所偷读

杨绛先生将“文革”中为入厕偷读所抄诗词散页赠与作者

184

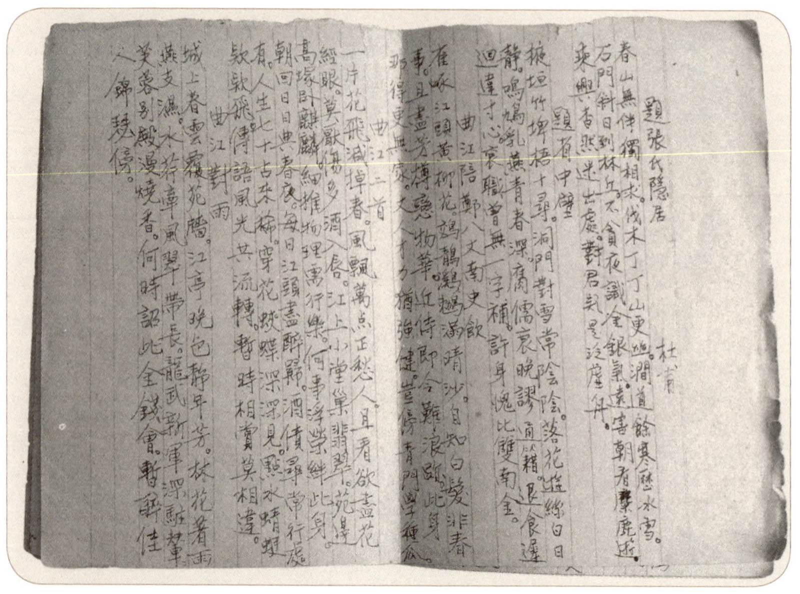
題張氏隱居　杜甫
春山無伴獨相求。伐木丁丁山更幽。澗道餘寒歷冰雪。石門斜日到林丘。不貪夜識金銀氣。遠害朝看麋鹿遊。乘興杳然迷出處。對君疑是泛虛舟。
題省中壁
掖垣竹埤梧十尋。洞門對雪常陰陰。落花游絲白日靜。鳴鳩乳燕青春深。腐儒衰晚謬通籍。退食遲迴違寸心。袞職曾無一字補。許身愧比雙南金。
曲江陪鄭八丈南史飲
雀啄江頭黃柳花。鵁鶄鸂鶒滿晴沙。自知白髮非春事。且盡芳樽戀物華。近侍即今難浪跡。此身那得更無家。丈人文力猶強健。豈傍青門學種瓜。
曲江二首
一片花飛減卻春。風飄萬點正愁人。且看欲盡花經眼。莫厭傷多酒入脣。江上小堂巢翡翠。苑邊高塚臥麒麟。細推物理須行樂。何事浮榮絆此身。
朝回日日典春衣。每日江頭盡醉歸。酒債尋常行處有。人生七十古來稀。穿花蛺蝶深深見。點水蜻蜓款款飛。傳語風光共流轉。暫時相賞莫相違。
曲江對雨
城上春雲覆苑牆。江亭晚色靜年芳。林花著雨燕支濕。水荇牽風翠帶長。龍武新軍深駐輦。芙蓉別殿謾燒香。何時詔此金錢會。暫醉佳人錦瑟傍。

杨绛先生手抄的诗词

从心了。她感谢你们的关心、爱慕和呵护，给她孤寂的晚年带来温暖和快乐。在她内心深处，真的很爱你们！2011年7月，杨先生百岁生日前夕，同意在《文汇报·笔会》上作“坐在人生边上”的答问，也正是想通过这样一种方式，说说自己的亲身经历、谈谈人生感悟，向亲爱的读者最后道别。

今年春节，杨先生是在医院度过的。旧历大年初一，我去协和探视，床前坐坐，聊聊家常。末了杨先生又交代几件后事。我心悲痛，不免戚戚；杨先生却幽幽地说，她走人，那是回家。要我“别太难过，说不定以后我们还能在天上再聚聚呐”。

2016年5月27日上午9时许，我去八宝山送杨先生回家。当电化炉门咔嚓一声关闭，杨绛先生浴火重生之际，我脑海中突然冒出杨先生上述那话。我知道，杨先生不信上帝，也不信佛，她之所以有时祈求上苍，不过是万般无奈中寻求慰藉，也安慰他人。她仿佛相信，冥冥之中，人在做，天在看。然而不论如何，我宁愿相信灵魂不死，但愿有朝一日，还能与这位可爱的老人在天上再聚聚。

2016年7月30日午夜

（作者为杨绛先生遗嘱执行人，

全国人大常委会法制工作委员会离休工作人员）

不够知己的纪念

——忆杨绛先生

周绚隆

杨绛先生在她 105 岁的时候，平静地走了。根据她生前遗愿，后事从简，没有开追悼会，也没有告别仪式，最后送别她的只有极少数戚友。杨先生一生为人低调，不慕荣利，喜欢安静。后事的安排，体现了她一贯的行事风格。

尽管杨先生和她的戚友们刻意保持低调，但她去世的消息传出后，媒体还是做了铺天盖地的报道。也有记者打电话来要我谈谈与先生的交往，我都婉拒了。我想把对她的纪念珍藏在心里。同时在她的去世成为媒体热点、记者们四处捕捉新闻的时候，我也不愿意跟风而上，冒充知己。

和杨先生相识，是沾了我所在的出版社的光。他们夫妇都是我社的重要作者，平日里免不了要打交道。大概 2000 年前后，我刚参加工作不久，钱先生的《宋诗选注》重印出版，责编弥松颐先生要给杨先生送书，问我有没有兴趣一起去见见。我当然乐意去，只是心里有些忐忑，怕在老人面前说话露怯，所以见面的时候略微有些紧张。那天具体谈了些什么，如今都记不清了，印象中聊得还算愉快。话题似乎一直围绕着钱先生和他的学术，中间好像也问过我一些问题。杨先生大概觉得我还不算很外行，后来提出说有个东西要给我们看看。说完就从里屋抱出一本手工装订的大厚册子，封面题签写着“复堂师友手札菁华”的字样。册子里贴的全是晚清著名学者和词人谭献的友朋书信，其中很多作者都是政界显要或文化名流。老人说这原本是她公公的藏品,后来给了钱锺书先生。这批东西共有八大册，拿给我看的只是第一册，其中包含着有关晚清社会各个方面的丰富信息。我想它们如果能被整理出版，对于研究晚清社会和学术文化都有重要意义。于是试探着向杨先生提出了出版的建议，她说将来可以考虑，还答应会交由我们出版。

那次见面以后，转眼三年多过去了，我无缘再去登门拜访，出版《复堂师友手札菁华》的事也没什么进展。虽然不好继续追问，心里却始终不能放弃。一次去看望吴学昭老师，听说杨先生已准备将一些文物捐赠给国家博物馆，我立刻想到了这批东西。我的态度是,文物交给国家固然是最理想的归宿，但考虑到大陆博物馆与图书馆的普遍做法，捐赠的文物和图书一旦入库，往往侯门一入深似海，很难重见天日，其所承载的文献价值与文化价值也会因之埋没，有负捐赠者的初心。所以我主张在把文物交给国家的时候，应考虑把文化留给大众。吴老师性格豪爽，有极强的文化责任心，对我的观点表示支持。她也认为对于珍贵的纸本文献，出版是最好的保护，所以慨然答应帮我促成此事。有了她的帮助，这件事很快就

《复堂师友手札菁华》书影

定下来了。

就具体操作的问题，杨先生特意约我上门谈了一次。这次见面谈得很轻松，主要就该书的出版提了两点要求。一是为了文物安全考虑，她希望我们制版时能到她家里来扫描，免得把原件带出去发生丢失或损坏。二是她不要求我们付任何报酬，只希望将来出版时，书的定价不要太高，好让更多的人购买使用。这都是合情合理的建议，而不要底本费则是对我们的最大支持，令我既意外又感动。

我们商定扫描工作只让一个技术人员来操作，免得人多给老人的生活带来不便。但杨先生希望我能每天陪在那儿，以便有问题随时交流。她还客气地说，如果只有你，午饭就在我这吃，但有个工作人员，我就不留你了。我笑说若要吃饭，就是给头上脸了，她听了大乐。这一次，我们就这批书札有了较多的交流。

它们其实原是谭献的家藏。1911年春，袁昶夫人六十大寿，谭献之子谭紫镏托当时的无锡图书馆馆长徐彦宽介绍，请钱基博先生为撰寿序。钱先生序成而不受润笔，谭氏即以这批书札相酬。书信涉及作者一百多人，近五百余通。钱基博先生对之做过精心整理，并为部分作者撰写了小传，与书信一起粘贴在毛边本上。前面还有一篇题记，系他口述，钱锺书先生笔录，详细介绍了这批书信的来源、内容和价值等。杨先生要我把这个念给她听。题记的最后一段说："余常患儿子不谙世故，兀傲自喜，诋痴儿不解事。今读袁昶书，曰子弟能有呆气方能读书，今儿辈皆有软熟甜俗之韵，奈何！辄欲以此为诸儿解嘲，何如？"杨先生听后笑了，给我解释说："'软熟甜俗'其实是指他的宝贝小儿子说的，不是指钱先生。"我听了心下暗乐，钱老太爷明明说的是"皆有"啊！但又不敢和她争辩。同时忍不住私自好奇，生性幽默的钱先生，在听到其尊公的这番议论时，会是何样的表情呢？

接下来的十多天，我每天早出晚归，陪着那个负责扫描的技术员守在杨先生家里，顺便也看看带去的稿子或书本。我们工作时尽量轻手轻脚，不弄出响动来，怕影响老人的作息。杨先生每天上午和下午精神好的时候，常出来与我聊聊天。时间一久，彼此慢慢熟悉了，谈话的内容就多了起来，从历史到时事，都会涉及，有时也谈到一些人事。多数时候是杨先生谈，我听。记得有一次谈到社科院文学所的往事，提到的许多老人我都熟悉，听来颇为有趣。这次谈话还大大改变了我对几个人的印象。对我来说，这几个人是前辈，是我仰视的对象。但论年龄和辈分，杨先生又是他们的前辈，所以看到了我不曾看到的一面。有一次谈到现实，她说年轻人应该努力学习，多读书，不要浪费光阴，要对未来有信心。由此提到社科院一位颇受思想界尊重的已故领导，她说自己曾与之交流过想法，并当面提醒他说："你这样会害了年轻人的。"这句话令我印象深刻。

有一天，不知怎么谈起了先秦诸子，她讲了自己对《论语》的印象。末了，问我有没有大字本的《左传》，想借来看看。第二天，我把文学古籍刊行社 1954 年影印的《春秋左传集解》带给了她。这书字大，但没有标点和注释，杨先生说她看没问题。多年后，我读她的新作《走到人生边上》，发现里边对《论语》和《左传》有大量引用和分析，意识到那次谈话时，她可能就在对一些问题进行思考。

我们的扫描工作进行得很顺利，每扫完一本，会提前告诉杨先生明天要哪一本，好让她早点准备出来。扫描到第五册的时候，那天早晨刚一进门，她的保姆就对我说："这次多亏了奶奶心细，不然就冤枉好人了。将来都说不清楚啦。"这话让我有点莫名其妙。杨先生紧接着也从屋子里出来，见我就说："周先生，我们差点就要犯错误了！"见我一脸茫然，他们说出了事情的原委。原来她一开始觉得对我们并不是很了解，为防发生意外，在把每一册交付扫描前，都要提前和保姆在每页做上记号。说着她把第五册上已标的记号指示给我看——其实就是用铅笔标的页码，很小的阿拉伯数字，写得很轻。她不提醒，我确实未曾注意。她们前一晚在给第五册做标记的时候，意外地发现中间有许多页被人齐根剪掉，出现了空缺。杨先生说，这套东西曾被某机构借去用过，还回来时钱先生未再过目，她过去又从来不看，没有想到东西早已失窃。她笑着说："要不是我们这次清点时提前发现，将来一定会怀疑到你头上，那就是冤案了。"这倒确实出乎我的意料。随后她表示，要就这些信札的失窃问题写个启事，让我们印在书中，这就是后来收入书中的《手札若干纸失窃启事》的写作缘起。

扫描工作完成后，我曾发愿要对这批书札做释文和注解。但工作刚开了个头，就感到困难重重。因为要想对这批信札做深入整理，必须得对谭献的交游做全面研究，还得对涉及的每个作者有较深的了解，否则若对其中提到的人和事都不甚了了，很难不出错误。出版社本身的工作从那时起又日重一日，平时几乎很难静下心来投入大量时间做研究。最后只好知难而退，决定只做影印。我们最初从节约成本的角度考虑，准备只印单色。但版制好了，又觉得这样做有些可惜，既不能显示书札的原貌，也对不住杨先生的美意，一时下不了决心开印。这样一拖就是数年。杨先生虽然始终没催，但我却无颜再去见她。这中间我因用眼过度导致右眼视网膜脱落，杨先生听说后还以为是为了整理这部稿子造成的，通过吴学昭老师向我表达关切，更令我无地自容。

最后，为了保证不失真，我们决定还是改用四色印刷。于是废掉原来的方案，对书稿重新编辑处理，也重新制版修版，经过无数折腾，到 2015 年初终于印了出来。书出来了，杨先生却因病住院，不能马上送到她手中。到了 5 月份，听说她已出院回家，遂约定 12 号上午和同事小胡去给她送书。

多年不见，杨先生身体已大不如从前，而且听力下降严重，我跟她说话都得用手写。她那天精神很好。我见面就给她道歉，说书没能很快出来，一直没脸来见她。她笑笑说没关系，我们做事她放心，说这话时眉眼中全是慈祥。她对我说了许多鼓励的话，令我颇感惭愧。然后提到自己的身体，说眼睛看东西不行了，验光配镜很费事，但换了新眼镜还不理想。我把新出的书拿给她看，她表示满意，但指着封面上钱基博先生的题字做了个鬼脸，捂着嘴直笑，说："这是我公公的字，就是烧成灰我也认得。他写得不好看。"我故意逗她，在纸上写："诋毁公公，在过去犯七出之条。"她大乐。谈话久了，怕她累，我们提出告辞。她说："我当然不能指望你常来看我，但我信任你。"

那次告别以后，一直还想找机会再去看看她，但隐约听说她精神不好，很快又住院了。我给她保姆打电话，了解了一些情况，知道医院里也不便探视。到了今年 5 月底，突然传来了她去世的消息，悲伤之外，是无限的怅然。

我因工作上的这点事偶然认识了杨先生，全部的交往也都是围绕着这本书的出版。但因为有了一点交往，所以对她产生了好奇。嗣后的日子里，陆续读了她的一些新作，对其人生和家庭才有了较多的了解。最初知道她是在 20 世纪 80 年代，因为读了《干校六记》《将饮茶》和《洗澡》。真正了解她的过去则是通过读《我们仨》和吴学昭老师的《听杨绛讲往事》。《杨绛全集》出版以后，我又借机重读了她的全部创作。关于其在创作和翻译方面的成就，学术界早有定评，无须我再饶舌。真正引起我注意的是《走到人生边上》和《坐在人生边上》，它们是了解杨先生晚年思想状态和人生态度的关键篇章，极有思想价值和现实指导意义。

杨先生一辈子活得明明白白，走得也干干净净。她经历了20世纪中国社会的全部动荡，又经受了中西两种文明的洗礼，早已修炼得世事洞明、人情练达。但她不肯曲随阿世，虚掷光阴，更拒绝无聊的周旋与应酬。在近百岁高龄的时候，还不断在叩问人生的本质，思考生命的意义，保持了一位智慧老人永不放弃的求索姿态，这使其远远超出了大多数作家和学者的高度。现实中许多人怀着各种目的去接近她，杨先生对此自然不能不有所戒备。她不愿拂别人的面子，但对过分的要求也绝不答应。不求名利，也不愿被人利用和欺骗。她有一篇文章的题目就是“请别拿我做广告”（遗憾的是，杨先生刚一去世，坊间立即冒出了一本所谓“经杨绛先生亲自审阅”的《杨绛传》，公然绑架了故去的老人欺蒙读者）。老人做事非常讲原则，和我们合作多年，从来没有就任何一本书的起印数和版税率提过什么要求，但对个别人假出版社之名谋取私利的行为，却十分“计较”，一点也不宽容。有的人因个人要求得不到满足而对她有怨言，说她不好打交道，其实都是罔顾事实的狭隘之见。她在自己生前捐出了全部收入以资助母校的贫寒学子，又向国家捐献了所有家藏文物，这些东西的总体价值如今已难以计数。我想，只有修得了大自在的人，才能把名利二字看得如此透彻，摆脱得如此干净。

杨先生说：“我的‘向上之气’来自信仰，对文化的信仰，对人性的信赖。”这是她百岁高龄时的自白。在我看来，人性的培养永远离不开文化的熏陶，而文化的传承则需要人的坚守。中国近代以来几乎每次重要的历史转折都是通过暴力革命实现的，这种依赖暴力的倾向也深深影响了文化界，在思维模式上形成了偏执的非此即彼的二元定式，使大众的文化选择和价值评判极易流于简单和粗暴。杨先生去世后，虽然没有举行任何追悼仪式，但各类媒体还是自发地以不同方式表达了纪念和哀思。这期间偶尔也出现过一点不友好的声音，代表性的意见不外乎两点。一是认为杨先生对他们的“文革”遭遇写了不少，而他们其实并不是受害最深的人。持这些观点的人似乎忽视了一个事实，即他们毕竟是受害者而非加害者。难道只有让他们受尽折磨，才能令太平年代挑剔的批评者们称心吗？另一种对他们不满意的意见是，他们虽然位高望重，却对苦难和社会不公保持了沉默，缺乏担当的勇气和斗争精神。20 世纪的中国是与苦难相伴的，生于斯长于斯的知识分子，能历尽劫波而在事业上有所成就，需要极强的定力和韧性。在这个问题上质疑她的人，应该认真看看《走到人生边上》这本书。杨先生夫妇立志贡献一生于学术文化，要达此目的必须保持内心的自由与宁静，所以他们有意与外部世界保持了一定的疏离。为了追求内心的宁静，她凡事选择了忍让的态度。她说：“细细想来，我这也忍，那也忍，无非为了保持内心的自由、内心的平静。”他们的社会影响力完全来自于对文化的贡献，而不是通过攀附权力或借用公共资源制造出来的。对此感到不忿的人们，应该清楚地认识到这个事实。文明的社会既需要斗士，也需要智者。而实际的情况是做斗士易，做智者难——我是指真正意义上的智者，以自私为本质的世故和油滑不算。

在生命的最后十多年里，杨先生常与衰病相伴，她说："我孤独一人已近十年，梦里经常和亲人在一起。"为了表达对亲人的思念，她以无比坚强的毅力，从容地打扫干净了他们一家三口曾经生活过的空间，完成了亲人们未能做完的事情。同时，还在不停地锻炼自己的精神和灵魂，探究生命的本质和终极意义。她说："老人的前途是病和死。我还得熬过一场死亡，再熬过一场炼狱里烧炼的苦。老天爷是慈悲的。但是我没有洗炼干净之前，带着一身尘浊世界的垢污，不好'回家'。"为此，她写下了自己晚年最重要的两篇作品——《走到人生边上》和《坐在人生边上》，这很容易让人想起卢梭的《忏悔录》和《漫步遐想录》。我相信这里面也有杨先生对自我的拷问。她说："了解自己，不是容易的事。头脑里的智力是很狡猾的，会找出种种歪理来支持自身的私欲。得对自己毫无偏爱，像侦探侦查嫌疑犯那么窥伺自己，在自己毫无防备、毫无掩饰的时候……捉住自己平时不愿或不敢承认的私心杂愿。……一个人如能看明白自己是自欺欺人，就老实了，就不偏护自己了。这样才会认真修身。"这段话简直就是她的夫子自道了。过了三年，她又写道："我得洗净这一百年沾染的污秽回家。我没有'登泰山而小天下'之感，只在自己的小天地里过平静的生活。"这就是她的人生。我曾无数次地推荐身边的年轻朋友读杨先生的这两部作品，特别是《坐在人生边上》，其中有很多生活的智慧，值得人们精神迷茫时参考。

我与杨先生的接触并不算多，但自从认识她以后，一直在远距离观察她、阅读她，多少算是有点了解，对于一些问题也有点自己的看法。虽知交浅须防言深，知己不容谬托，仍愿用以上的文字，表达对她的纪念。

2016 年 8 月

（作者为人民文学出版社副总编辑）

第二辑

智者杨绛　仁者杨绛

陈　旭

2005 年 5 月，我从电子系到学校工作，担任清华大学学生工作指导委员会副主任，有机会与传说中的杨绛先生相识；分管学生工作时，每年会定期去向她当面汇报“好读书奖学金”的评奖和颁发情况；2009 年担任常务副书记分管校友工作后，更是有机会经常去看望杨绛先生。每次见面都是那么美好、那么难忘，我也日益了解到杨绛先生平和而丰满的内心世界。在我心中，杨绛先生既是智者，也是仁者。这里分享几个小故事以为纪念。

水晶猪和花墨猪

杨绛先生 1911 年出生，属猪。高龄之后特别是 100 岁之后，每年过生日大家都想去庆贺，但她一概拒绝，唯有清华的“老朋友”可以去。大家也特别珍惜这样的机会，会带上表达心意的小礼物。2012 年 7 月 13 日上午，我们到杨绛先生家里庆祝她 102 岁生日，同行的一位领导精心挑选购买了一只“水晶猪”作为生日礼物。杨绛先生爱不释手，嘴上却说：“我以为会送我一只墨猪的，因为我肚子里都是墨水。”大家都被杨先生的幽默诙谐逗得笑出了声。杨先生接着又说：“这只也好，透明的，一定是只聪明的猪。”我们都说：“这只水晶猪晶莹剔透，像您的品格和人生。”

关于墨猪的想法我们默默记在了心里，2013 年学校特意请北京 2008 年残奥会“福牛”设计者、清华美术学院吴冠英老师为杨绛先生画一只墨猪作为生日礼物，吴老师经过精心构思，画了一只漂亮的五彩花墨猪，调皮又可爱，杨绛先生非常喜欢。

“我有没有大你一倍年龄？”

杨绛先生经常“考”我们年龄问题，“我多少岁？”按杨绛先生的算法，自己在母亲怀胎十月时便已存在，所以年龄应按虚岁来算。记得最后一次谈到这个话题是2016年2月4日立春那天，杨绛先生说：“我今年已实106岁，也是开始了我的第107个年头，如果今年我去世了，我在世上生活了105年，也就是享年105岁。”她曾多次反复说：“我最大的愿望是无疾而终！”她做到了。

杨绛先生喜欢问我们“我有没有大你一倍年龄？”2012年她这样问过时任清华党委书记的胡和平。按杨先生的算法，胡和平1962年出生，那年51岁，正好是杨先生102岁的一半，杨绛先生很开心，略带着小得意。当时我也在心里盘算：到了2014年，杨绛先生便是104岁，而我52岁，也将恰好是杨绛先生年龄的一半。这一年，我很幸运与杨绛先生的半龄在此交集。

“不平等条约”

杨绛先生很谦虚，她说：“我和钱锺书有一个不平等条约，我的书由钱锺书题写书名，他的书由我来题写。我的字不如他的好，所以不平等，对他不公平。”她每天坚持写一篇小楷，一直到今年初，但她总说自己的字写得不好，每次我们去之前都要处理掉，不让我们看见。

杨绛先生言语中经常流露出对钱锺书先生深深的爱和由衷的赞赏。《钱锺书书稿集》经过多年的努力终于出版后，她曾说：

"这本书（书稿集）书名是我写的，这些书稿是钱锺书用毛笔写的，大概没有人用毛笔写英文！批注是后来的，批注过多次，不同时间的批注看得清清楚楚。"

尽管杨绛先生是我们的长辈，但她坚持遵循中国传统礼仪，对我们每个人都给予尊称。2012 年 6 月 6 日，杨绛先生赠送给我一本《走到人生边上》，还在扉页亲笔题字："陈旭大姐赐正，杨绛敬奉。"我实感不敢当。

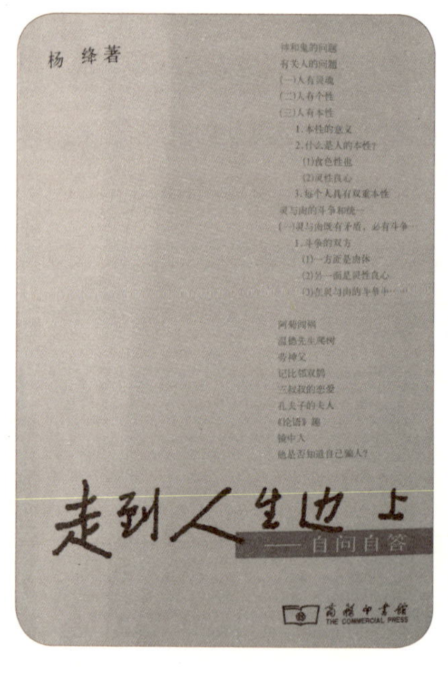

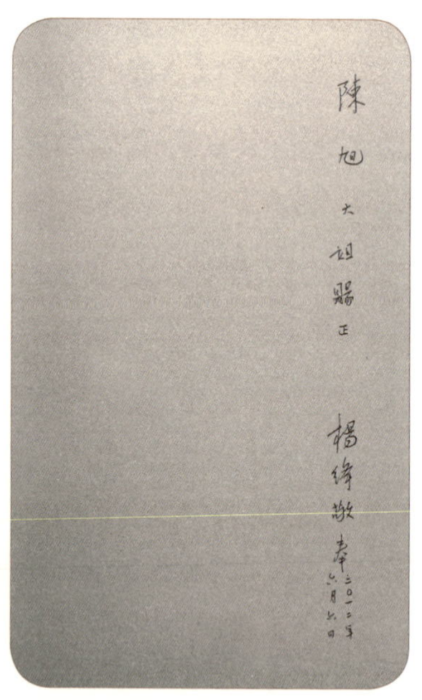

"我有一个好朋友"

杨绛先生曾说过："我最高兴的是，我有一个好朋友，叫陈希，这辈子很有意义。"

杨绛先生与陈希同志的感情非常深厚，这源于陈希同志对老一辈知识分子的敬重、关心和无微不至的帮助，他们的心是相通的。最近几年，陈希同志无论多忙，每两三个月一定去看望一次杨绛先生，每年都要去个五六次。记得 2014 年 2 月，杨绛先生因病住进了协和医院。已是 103 岁高龄的她不愿接受治疗，很不配合。陈希同志知道后非常着急，对杨绛先生说：只要您听医生的，配合治疗，我每天都来看您。他说到做到，每天中午尽可能早地赶到协和，不仅牺牲了午休时间，甚至误了许多次午餐。杨绛先生也是每天等到陈希同志来后，才进餐吃药。这样一直坚持了近两个月，直至杨先生病愈出院。

杨绛先生对陈希同志像对长辈一样无比信赖，像对家人一样无比依恋，像对孩子一样无比关心。每次见面，杨绛先生都会紧紧拉着陈希同志的手，眼神一直围绕着他不愿挪开，离别时总是送到门口依依不舍，情景十分感人。2014 年 12 月 24 日，我们陪同陈希同志看望杨绛先生，杨绛先生对陈希说："我每天都能看见你，你穿着隐身衣就在这屋子里。""你太忙了，我以为你会显得很老了，今天见了，没有，我很高兴。"陈希说："确实很忙，每一件事都要仔细考虑、处理。"杨绛先生说："我懂得！你不说我也知道。"杨先生有时听力不好，陈希同志在纸上写道："不为自己的事纠结，所以显得不太老。"杨先生拿起笔划掉了"太"字，"不老！"

还有一幕我永远不能忘：杨绛先生躺在病床上，双手紧紧拉住陈希同志，揪揪他的耳朵，对他说："你很忙，我很心疼你，快些回去吧。"

陈希与杨绛合影

“老拍我的丑照”

杨绛先生非常爱美，也喜欢拍照，她会“控诉”井建军老师“老拍我的丑照”，也会“抱怨”说电视镜头里的自己像个“小老太太”。由于仰慕杨绛先生，去看望她的每个人都希望与她合影，杨绛先生一贯不喜张扬，并不喜欢答应陌生人的请求，但我发现她会给客人留面子，不会直接拒绝，她的“办法”就是在拍照时悄悄低下头，任凭摄影师怎么喊就是不抬起来。

我每次见杨绛先生，她总是非常优雅，穿戴整洁，衣服都是熨烫得平平整整，头发梳得一丝不乱，脚上穿着小巧的老式皮鞋，非常考究。杨绛先生生活简朴，我曾看到她贴身穿的一件碎花衬衫，衣领上打着补丁，但即使是补丁，也是补得整整齐齐，透着美丽。

杨绛先生热爱生活，愿意亲近大自然，她家的阳台是全小区唯一没有封闭的阳台，她说“这样可以接触到外面”。杨绛先生还是个美食家，她曾说：“我到任何一个地方，先想想有什么好吃的可以吃。”她喜欢每天吃一块鱼、一碗木耳、一个苹果、多吃蔬菜。到了后来，吃饭成了问题，为了易于吸收和保证营养，保姆小吴把各种食材打成糊糊煮给杨绛先生吃，杨先生略带抱怨风趣地说：“吃糊糊，不需要唾液。没味道，闭着眼睛吃。”看得出她十分无奈，但仍很坚强，一直坚持着。有一次邱勇校长夸她身体好，杨绛先生噘着嘴回答：“我身体不好，脾气很大，虚火很旺。”我觉得即使是发牢骚，她也依然非常优雅。

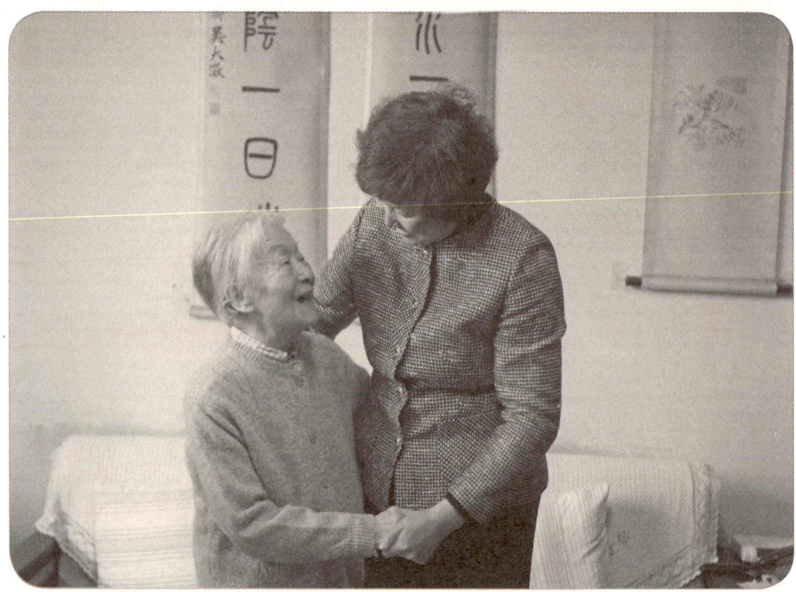

作者与杨绛合影

“我们国家是最好的”

杨绛先生虽不出门，却非常关心国家的发展，关注天下大事，并且头脑清晰、思维敏捷，还能与时俱进。2014年底，杨绛先生说：“我从来不唱赞歌、不唱高调，但我觉得十八大之后真的不一样了，现在是咱们国家最好的时候。”杨绛先生还说：“习大大、彭麻麻很好，很不容易，他们为国、为民、为世界和平而操劳。”我们都很赞赏也很惊讶她居然知道“习大大”“彭麻麻”这样的网络语言。

杨绛先生有次曾充满自豪地说：“我们国家是最好的，现在一切都很好。”她说此话的神情，我至今仍记忆犹新。

杨绛先生非常坦然地面对离别时刻的到来，称之为“回家”。每当我们说“下次再来看您”时，杨绛先生会说：“我到时候还活着吗？”我们说：“现在是最好的时代。我们都要好好活着。”杨绛先生笑着点点头：“是的，最好的时代！”

杨绛先生的人生是完美的！我永远怀念她！

2016年8月

（作者为清华大学党委书记）

细腻的情　博大的爱

贺美英

杨绛先生平静地走了，无牵无挂，把所有财产捐赠国家和社会，唯留下对后辈的期望和勉励，悄悄地走了。我常常想，杨先生瘦小的身躯究竟拥有怎样的胸怀、蕴含怎样的智慧、积聚怎样的力量，让她能这样地坚强、付出和包容。

与杨绛先生的相识，缘于先生 2001 年在清华大学捐赠设立“好读书奖学金”。之后，偶尔会去探望老人，与杨先生有些交流，在老人遇到问题时给予一点帮助，时间长了，接触多了，我知道了一些杨先生的小故事。

屋顶的黑手印

杨先生三里河南沙沟的寓所简单朴素但书香满溢，除了必需的床铺、衣橱和沙发、座椅外，就是书柜、书桌和满屋子的书籍。客厅北墙的两个书柜中，多是钱、杨两位先

作者与杨先生的合影　2011 年 8 月

生著作的外国译本和国外学者的著作、赠书；东墙的两个书柜里外都堆放着钱、杨两位先生经常使用的工具书。杨先生曾说，我们的藏书不多，但工具书还是很全的，各国的词典都有，用起来方便。门道立着的两个书柜，是钱先生不时翻阅的经典书籍，有的书上还留有他阅读时所作的批注。杨先生卧室里的书柜则多是老人家常读的古旧书籍。北侧书房书柜占了三面墙，满满一屋子的书，保姆住的房间也被挤放进两个书柜。

这房从钱、杨二位先生 20 世纪 70 年代搬入后，没有装修过。客厅中间顶上有一个模糊的手印，问后才知：一天傍晚，起居室的日光灯突然不亮了，当时院里的电工已经下班，怎么办？

不能白白浪费一晚上，决定自己试试看。二位先生把两个凳子摞在屋子中央，钱先生扶着凳子，杨先生爬上去检查日光灯管，她高悬空中，实在无地儿可扶，只好一手撑住顶棚，一手转动启辉器启动电灯，灯居然亮了，俩人高兴地如常夜读，杨先生的手印却永远留下了。

这个温馨幸福的家，无论是平静安宁的日子还是颠沛动荡的岁月，日常的饮食起居繁杂琐事都由杨先生担当。就像《我们仨》里说的，家里遇上什么问题她都是“我来吧”“有我呢”。她觉得钱锺书先生和钱瑗是做学问的，自己应该保护他们，保证他们的时间和精力，用瘦小的身体支撑起整个家。

隐私不能买卖

2013 年 5 月，钱锺书和杨绛的书信及手稿将被拍卖的消息使杨先生气愤和痛心，她不能理解：个人隐私、人与人之间的信赖，怎可作为商品去买卖？杨绛先生委托律师向北京市第二中级人民法院申请“诉前禁令”，责令侵权方立即暂停侵害她著作权的行为，并在当天提出民事诉讼。

老人家本想亲自出庭，但考虑到自己年逾百岁，身体状况不允许，于是以录音、录像，表达自己对事件的看法和维权的决心。老人坐在镜头前，神情凝重、语气坚定，郑重表示她打这个官司，不仅是为自己，也是为了大家。“否则给别人的信，都可以拿来拍卖，那以后谁还敢写信？”

令人欣慰的是，北京市第二中级人民法院和北京市高级人民法院经审理，均判定钱锺书手稿拍卖行为侵犯了钱、杨的著作权和隐私权，应停止侵害，进行赔偿，公开道歉。杨绛先生维权案产生了较大的社会反响，彰显了法律的权威，也对公众进行了一次普法教育。

博大的爱

第一次与杨先生见面是在“好读书奖学金”捐赠仪式上。90 岁的杨先生精神矍铄，一见面就亲切地说道：“美英，超英赶美。我记得你小时候背书包上学的样子……”惹得在旁的清华的老书记李传信同志幽默地说：“贺美英，论辈分你应该叫杨先生师姑！”回想当年，父亲家住干面胡同，与钱、杨二位先生住同一栋楼；但我惭愧当时对钱、杨二位先生没有什么印象。也许因为与钱瑗同岁，杨先生才对我有所关注。

钱先生和钱瑗去后，老人孑然一身，有时在钱先生或钱瑗的忌日、杨先生生日和春节，我会约清华的同事过去陪陪她。2005 年初，杨先生病愈出院后我去看望。临别时，老人拉着我的手送到门口，忽然张开双臂说：“我们抱抱吧。”我赶忙把老人紧紧拥入怀中。我想也许老人在梦中与女儿也拥有这样温馨的时刻。从那以后，每次我都以轻柔的拥抱与老人告别，希望能以此带给老人温暖和慰藉。

杨先生多次提到贫困人家的孩子读书的不易，学校要多关心他们、帮助他们成才。殷殷之情溢于言表。老人没有自己的后代，她把爱播撒给了爱好读书的学子和后辈，博大的胸怀令人敬佩。我们唯有努力培养更多更好的人才，才能无愧杨先生的期望和重托。

2016 年 8 月

（作者为清华大学党委原书记，

清华大学教育基金会原理事长）

杨绛先生打官司

申卫星

今年7月初接吴学昭老师电话，约我撰文纪念杨绛先生，我深知其中意义，也深感荣幸。此前2013年底官司胜诉时，吴老师也曾邀我以“为杨绛先生打官司”为题撰写文章，回忆打官司过程的感受，也说明此案对于权利保护和法治进步的意义。但是当时能打赢官司已经很高兴了，不想有借杨绛先生炒作之嫌，就没有写。此次不同，杨先生离开了我们，回想打官司过程中与杨先生接触的场景，仍历历在目。特别是日前，清华大学教育基金会池净老师把我们那次去杨先生家录制的影像资料交给我，一遍遍看着录像，再次把我的思绪带回了三年前。越发觉得有必要把与杨绛先生接触的点滴记录下来以纪念老人，更可以把上次的文债一并还了。

一、先生的维权之路，开启了中国隐私权保护的新阶段

2013年5月，北京某拍卖有限公司表示将举办专场拍卖，拍品除钱锺书先生的《也是集》和杨绛先生的《干校六记》手稿之外，还有钱锺书、杨绛、钱瑗同朋友往来的私人信件66封。杨绛先生得知后立即发表声明呼吁对方停止拍卖，但并未起到实效，遂向母校清华大学寻求帮助。杨绛先生2001年曾就“好读书奖学金”的设立与清华大学教育基金会签有协议，基金会在享有因使用钱锺书、杨绛作品而获得财产收益的同时，有义务维护钱、杨的著作权及与著作权有关的人身权利。清华大学校领导高度重视此事，责成法学院采取切实措施，维护好杨绛先生的合法权益。时任法学院院长王振民教授邀我加入，2013年5月26日起，清华大学法学院宪法、民法、知识产权法等学科组先后组织多次专家论证，邀请到校内外王利明教授、崔建远教授等重量级专家学者探讨有关法律问题，提出专家意见，并发表声明支持杨绛先生的主张，认为私人信件是基于个人之间的相互信任进行的私密通讯，受宪法关于“通讯自由和通讯秘密”的保护，信中含有写信人私人表达，属于典型的隐私权范畴，持信人未经写信人允许不得擅自公开其内容，而且钱杨的书信内容本身即构成作品，享有著作权，同时，钱先生有些书信是毛笔写成，该书信又是一部书法作品。所以，该拍卖公司公开拍卖钱杨的私人书信，侵害了钱杨的著作权、隐私权，妨碍了其“通讯自由和通讯秘密”，应立即停止继续侵权。

律师函发给了拍卖公司，可是消息传来，不仅没有效果，

该公司还准备提前举行拍卖。此事紧急，大家商量采取什么法律措施阻止拍卖，否则一旦拍卖，信件内容公开，再维权已经意义不大。起诉根本来不及，于是，大家想到了当时刚刚修订的《民事诉讼法》新增的“诉前禁令”制度。以前的保全措施都只是针对财产进行的，而新设的“诉前禁令”制度是针对行为，可以在起诉之前，对侵权人的行为进行约束，防止损失扩大。但是，《民事诉讼法》新增的“诉前禁令”制度只适用知识产权侵权，不适用人身权侵权。本来主要是为了维护杨绛先生的隐私权的案子，最后只好以侵害钱、杨的著作权为案由立案。2013 年 6 月 3 日北京市第二中级人民法院作出裁决，禁止该拍卖公司拍卖钱、杨的私人书信。利用著作权的“诉前禁令”制度，我们成功地阻止了拍卖公司对钱、杨书信的拍卖，取得了第一阶段的胜利，也赢得了时间。

其后，杨绛先生正式委托我与清华法学院校友王登山律师共同代理此案，由此启动了为杨绛先生维权的艰难历程，也促成了我与杨绛先生结识的机缘。

2013 年北京市第二中级人民法院正式受理杨季康诉中贸圣佳国际拍卖有限公司、李国强侵害著作权及隐私权纠纷一案，案件的审理并不像想象的那样简单，案件先后于 2013 年 10 月 30 日、11 月 19 日、12 月 3 日三次开庭，让我这个教了 20 多年法律的老师真正地体会了一把 Law in Practice 的含义。这也是我第一次正式作为代理人出庭，明白了任何主张都要有合理的证据。杨绛先生的私人书信并不多，更多的是钱锺书先生的，钱先生已经去世，杨先生要作为配偶来维护钱先生的著作权和隐私权，然而法院却要求举证，证明杨绛与钱锺书的夫妻关系，这可难坏了我们！他们结婚在新中国成立前，也不知道那个年代有没有结婚证，反正找来找去找不到，“如何证明杨季康是钱锺书的妻子”便成为我们维权路上意想不到的一个障碍。后来振民院长翻出了很久以前的报纸，上边新闻报道法国某政要来访，会见了钱锺书和杨绛夫妇，再加上其他证据，好歹法院算是把这夫妻关系认了下来。更多的复杂的举证和质证过程，于此难以道明。仅此一例，足以说明现在书本上的权利变成现实，可不像课堂上讲的那么简单。

最终，2013 年 12 月 20 日北京二中院判决被告中贸圣佳国际拍卖有限公司、被告李国强停止侵权，赔偿杨绛先生 20 万元经济损失和精神损害抚慰金，并公开赔礼道歉。对方不服上诉，北京市高级人民法院 2014 年 4 月 2 日作出终审裁定，维持原判。

这场官司被学界视为一场物权与隐私权、人格尊严的权衡较量，最终判决将书信作者对书信的权益保护范围由民法领域的物权和知识产权领域的著作权，扩充至对书信隐私权和作者人格尊严的保护，这是司法实践上的重大突破；此外，对拍卖公司对书信等标的物在拍卖前“不承担审查责任”的习惯做法予以厘清，使拍卖公司必须进行前置性的合法性审查，从《拍卖法》的意义上来说亦具有标杆性意义，有利于规范拍卖市场秩序，推动市场有序发展。此案还是《民事诉讼法》修改后我国法院第一次启动“行为保全”保护知识产权，进而间接保护隐私权，激活了相关法律条款和一个重要的司法制度，在司法实务界意义深远。

此案被最高人民法院评为“司法为民，保障民生”七大典型案例，被《人民法院报》评为“2014年十大典型民事案件”之首，被最高人民法院知识产权庭评为“2014年十大知识产权案”，被北京市高级人民法院评为“2014年十大民事案件”和“2014年十大知识产权案件”。

为杨绛先生打官司，近一年的维权历程颇不平静。杨绛先生的据理以争、专家学者的集思广益、新闻媒体的聚焦关注，还有清华大学领导的鼎力相助，让案件成了备受瞩目的公共事件。同时，这一年亦是尊重人格尊严、深化隐私观念、推进法治建设的重要节点。

杨绛先生可以说是我国隐私观念发展进步的推动者。在此之前，大部分人都很清楚什么是私人信件、什么是个人隐私，没有人认为这是一个问题，但人们在现实面前却遇到了判断上的困难。学者们的热烈讨论以及法院的最终判决使得隐私的概念愈加清楚，隐私的观念在人们头脑中也更加明晰。杨绛先生用行动揭开了隐私的真实边界：隐私不再仅是人们最初理解的阴私，也不只是现今通识的个人信息，而是一个完整的、排除外来不当干涉的私人生活。杨绛先生也是我国“诉前禁令制度”的先行者。为防止中贸圣佳拍卖公司提前拍卖信札，避免损失的发生与扩大，杨绛先生向法院申请的诉前禁令，不仅起到维护自身权益的功能，还起到了良好的带头示范效应。此种维权路径得到最高人民法院的认可，并作为典型案例告知公众。

面对杨绛先生的遭遇，每一个公民都无法置身事外，隐私的判断标准与保护力度关系着每个人的生活安宁与人格健全。

一路走来，杨绛先生抗争维权与不懈努力值得敬佩，也值得学习。至今清晰地记得，杨绛先生对我说："我打官司就是试试你们说的法治管不管用！"是的，法治的生命在于信仰，法治的生命在于实践，每个人在维权路上的点滴行动，都意味着更美好的未来。

二、追忆与先生的交往，感受先生的人格魅力

2015 年 5 月 25 日，从微信中得到消息说是杨绛先生去世了，我不敢相信。此前就曾因病危传出过假消息，但愿这次也是假的。发短信给池净老师，问她："奶奶走了吗？"（池老师称杨先生为奶奶，我第一次见到慈祥的先生也不由得跟着称呼奶奶到现在。）回答说："是，13:30。"后来纠正说的"1:30"。看到这确定的消息，心情非常难过，取消了 5 月 27 日赴台湾的学术会议。在家中呆呆地回忆起与先生交往的点点滴滴。

第一次去见先生是 2013 年的 10 月 17 日，池净老师陪着到先生家中，把我介绍给先生认识。先生住处是老房子，地面仍是水泥地，家具等皆为老式桌椅，但是房间干净整洁。记得先生那天穿着也是和房间的风格一样，简单素雅，头发梳得一丝不乱，笑容满面。一见到我就拉我手坐下了，我叫了一声"奶奶"。她说："我很喜欢法律，我父亲就是学习法律的。"杨绛先生的父亲杨荫杭曾任北京政府京师高等审判厅厅长、京师高等检察长。先生看起来身体情况很好，走路步伐很稳，说话声音轻柔坚定，说着说着就笑起来。只说耳朵有些背，有时需要写字给

她看，后来说多了交流也顺畅起来。我夸奶奶身体好，她就说“我每天都练八段锦，我比你力气大”，说着就要和我掰手腕，我哪里敢和102岁的老人掰手腕！先生就双手把眼前的茶几拖向自己，我着实吃了一惊，一百多岁的老人，一般都是孱弱得颤颤巍巍的，记得此前2013年7月份我到芝加哥大学参加法律与经济学暑期班，见到了也是102岁的科斯教授，他是坐着轮椅的。而杨绛先生居然这么硬朗，真是为奶奶高兴。可以说，第一次见面非常愉快，也为官司的代理打下了非常好的基础。

第二次是陪同中央统战部的同志去看望奶奶，并汇报案件情况。奶奶感谢学校的帮助，感谢国家的支持。统战部的人走了以后，池净老师和奶奶说“送申老师一本书吧”，奶奶慨然应允，找来了《走到人生边上》精装本，提笔签名，问我的名字如何写，我说：“我夫人和女儿都特别喜欢您，就写我女儿的名字吧。”于是，奶奶在扉页上写下了“申黎小友存览”，并郑重签名：“杨绛　二〇一三年十月二十日。”

第三次去先生家是2013年10月25日，是因为先生本人不能出庭，我们商议决定把先生发表的公开声明进行录像，以便带到庭上，也算是当事人的陈述。我和池净老师，还有学校电视台的陈老师，带着专业的录像设备如约叩开先生的家门。那天录像结束后，先生不知怎么突然有兴致，拽着我的手挨个房间介绍她的宝贝，告诉我这一排都是工具书，我看有《辞源》《通典》等，告诉要是查典故，《十三经注疏》最好。《韦氏国际英语大词典》则是钱锺书先生生前用得最多的工具书，钱先生做了非常详尽的批注，有的还是毛笔写的，极具价值（杨绛先生生前，已将该辞典捐给了国家博物馆）。先生告诉我，钱先生会八种外语，并谦虚地说她不行，只会三门外语：英文、法文和西班牙文。

走到一排书架，奶奶兴奋地说："你知道吗？这本书是翻译《围城》翻译得最好的。"我一看是一本德语版本的《围城》，译者为德国波恩大学的 Monika Motsch，她是对钱锺书深有研究的汉学家（2014 年夏天 Monika 来清华档案馆整理钱先生的外文笔记，我还见过他们夫妇）。奶奶问我："你知道什么是好的翻译吗？就是看着看着会不由自主地笑出来，这才是好的翻译。"然后，自顾自地笑起来了！这一切都被恰好背着全套录像设备的陈老师录了下来，成为珍贵的音像资料。

今天我一边看着当时的录像，一边感受到奶奶的温暖和乐观。特别是奶奶最后郑重地握着我的手说："我去世后，你们也有权管理我的案子。"这竟成了老人的最后嘱托，想来不禁唏嘘不已。先生去世后，已经有多起侵权事件发生，今后唯有维护好先生合法权益，才可以不负先生重托。

2016 年 7 月

（作者为清华大学教授、法学院院长）

精神世界的高度与快乐

庞　涛

杨绛先生潇洒地伴着胜利的喜悦转身离世去到灵魂相聚的另一世界……当我14岁时称她钱伯母，称钱瑗为圆圆头。钱瑗比我小三岁。那时我们知道新近住在我们楼上的钱伯伯与钱伯母是非常非常忙的大学者，绝对不能去打扰……所以，此后我从来没有再往上登一级台阶，也极少见到钱伯伯与钱伯母。倒是多次见到钱瑗笑眯眯地、不声不响地默默站在我们那扇经常敞开着的客厅大门外，只要我或弟弟庞均看到她，立即高兴地喊："圆圆头快进来！快进来！"她总是很斯文地进来看看，和我们玩一会儿，不会超过一小时就回家了。我们知道她身体不太好，但不知道她喜欢画画；如果知道，我们一定邀她一起画画，那该多开心呀！

我无论如何也想不到钱瑗竟然那么早就离开了这个世界，直到我2003年在三联书店购买并翻阅了《我们仨》之后才得知，对我的触动实在太大了，情不自禁地请三联的编辑带了一封慰藉的短信给钱伯母。没想到她打电话给我说："我们真有缘分……”我本想去探望她，她说耳聋了，要很大声说话，才能听到，不方便。我想她肯定一如既往地在与时间赛跑，不断地写作、翻译、整理钱伯伯的全部遗留资料……我应当一如既往地绝对遵守不能去打扰，甚至几次想自己画个贺年卡也没有坚持，心里很纠结！我现在也进入了耄耋之年，虽然也是一天到晚忙个不停，不是画画，就是写写，或者与来访的友人没完没了地讲八十年来清楚地记得的许许多多真实的、永世不会忘却的故事。总之，我的效率极差，家里人戏称我是属蚂蚁的，真像！虽然不停地忙，但许多时间都在寻找……

杨绛先生是我心中最崇敬的楷模之一，没有想到杨绛先生竟这样念旧，临去以前，还交代帮她料理后事的挚友吴学昭先生，将她的全集赠给老朋友的后代，留作纪念。我在此深深地鞠躬谢谢钱伯母！吴先生知道钱伯伯和钱伯母曾经与我们家同住上海蒲石路蒲园的一幢楼内，于是在寄给我《杨绛全集》的时候，建议我也写篇回忆文章。我真的觉得不够格，然而出于对杨绛先生的爱敬，挺费劲地写成此文，恭请读者不吝赐教。

杨绛先生，女儿病逝，她86岁高龄，翌年钱伯伯也驾鹤西去。她88岁高龄面对巨大痛苦与孤寂翻译并出版了《斐多》，我当时读后，肃然起敬：2500年前的苏格拉底为精神世界的追求，翌日即将被处死，但他与门徒侃侃而谈了一整夜。他为哲学精神驱使，追求高尚灵魂，而坦荡地接受死亡。他与弟子们互相切磋，激烈辩论，反复求证真理……经过整整一个通宵，直至黎明安静地接受死刑。柏拉图记录整理了这一切，写成了《斐多》，这之中自然包括了柏拉图自己的见解。2500年前的这本书至今仍熠熠生辉，值得代代相传，引导人们思考人生应当如何选择。

杨绛先生强忍接连失去亲人的悲痛，一丝不苟地逐字推敲，尽力生动而精准地翻译了《斐多》，这是她不声不响地留给后人的一份厚礼！

《斐多》一书谈到灵魂，谈到死亡后灵魂与肉体的分离……最后高尚的灵魂会升到天国与朋友亲人的灵魂相聚；又谈到灵魂的再投生，未出生的孩子由于灵魂的附着，在出生之前就会成为某方面的特殊人才……

我本来不相信灵魂，但我认为作为一个人，应当不断在精神生活中追求，使自己拥有一个为之废寝忘食、持之以恒、乐此不疲的奋斗目标，可以不断创造、不断发挥想象力，能够在天马行空的精神世界中不断创造、不断耕耘，才是真正的幸福！而刚出生的婴儿具有某种天赋，是遗传基因而非灵魂所致。科学也早已证明：天上没有神仙和天堂。今天的教皇红衣主教到美国纽约时虽然仍是万人空巷，但他庄严宣布：无论人们信教与不信教都可以成为好人。

因为达尔文 19 世纪证实了人是由猴子演变而逐渐脱离了动物，产生了思想，人的大脑智力从此快速发育，逐渐不满足只有动物本能的需求，而追求精神世界的美妙，创造了文化；因此文化是人类的独创，只能是精神世界的追求，才属文化。吃喝玩乐如何显得更文明、更文雅，这仅仅是文化素质差异的表象而已，绝不意味着吃饭等于文化！今天有的人悖逆不轨，堕落到禽兽不如……而 2500 年前的苏格拉底为追求哲学精神，鄙视人只为本能苟且偷生，最终被判为死罪，他仍坚持信仰，视死如归。

我国自古以来许多有识之士，包括我们的父辈，都极为鄙视沽名钓誉、奉承拍马、投机钻营、花钱买名、自吹自擂等劣行败迹。文艺应该靠作品说话，教育要靠能否培养出真正的人才来定优劣。文化绝对是靠时间的推移、历史的沉淀检验的，不断涌现的杰出创造逐渐积淀、丰富、发展，从而滋养着子子孙孙千秋万代。文化不可能靠喊口号取得大发展、大繁荣。文化发展的目的也不是为了挣大钱。文化发展的目的是为了使人们提高文化素质，提高人们的修养、涵养，让人们拥有更充实的精神世界。

杨绛先生翻译的《堂吉诃德》两大本，非常严谨、非常杰出，与我十三四岁读的《堂吉诃德》（不记得译者姓名）不在一个层次上，我当时读的书比较薄，可能是个简易本。我已记不清了，只记得自己当时感觉堂吉诃德是西班牙的阿Q。当时年幼无知，缺乏理解。

我很想再读杨绛先生的译文卷，但是我2010年12月24日，到院子里打水、买菜，突然左眼失明，接着咳嗽发烧患了肺炎……眼睛视力对于画画的人来说至关重要，我现在看书必须闭一只眼，成了独眼龙，阅读不久，眼睛就极酸……幸亏《斐多》是眼睛没有毛病时买的中英文对照本，封面是拉斐尔的画《雅典学院》的中央局部。我相信如果有幸遇到高明的医生，能治好我的“独眼龙症”，我一定好好拜读现在手头的许多宝贵书籍！

杨绛先生主持整理的浩瀚如海的《钱锺书手稿集》，包括钱先生摘自3000多本中国古书的中文笔记，以及摘自4000多本法文、英文、意大利文、西班牙文、希腊文、拉丁文、德文的外国书籍的外文笔记，并配有中文译注。杨绛先生在88岁至105岁之时，辛苦耕耘，终于如愿以偿，漂亮地完成了不可思议的重任，这简直是难以超越的世界级纪录，将成为中国千秋万代的后人文化学习的楷模。

中国自古以来提倡“读万卷书、行万里路”。新中国成立以后，最幸运的是70年代后出生的孩子们，他们上学时，“文革”结束，教育复兴，当时的孩子在十年教育中学到不少学问，不但可以背古诗、学古文，也可以读世界名著，第一次接触到五花八门的各种文化……

钱锺书先生读万卷书的笔记，在过去的文人中不难找到可以比肩的学者，今后呢？现在年轻人大多认为不需要读万卷书，在电脑中可以轻而易举地立马获得海量知识。是不是需要认真地讨论一下，在电脑时代，读书难道成了过去式？寄厚望于敏锐聪慧的青年人，中国人的脑子是很聪明的，希望能真正地独立思考，培养奉献精神，争分夺秒地实干、苦干，使子孙后代真的能一代胜过一代……百年树人不容易！面对现实，我们应该更多地思考，如何追求精神世界的升华，努力成为德才兼备的优秀人才，奉献人民和报效祖国，以告慰可敬的杨绛先生及可敬的先辈们！

2016年7月29日

（作者为庞薰琹、丘堤先生的女儿，中央美术学院教授）

我是杨绛先生的小友

莫昭平

晚年的杨绛先生，是一个纯真幽默、充满赤子之心、有时也蛮“爱现”的可爱老人。

从2004年起，作为杨先生的头号粉丝，以及她所有重要作品的繁体版出版人，我几乎每年都去北京看她，也常常打电话给她，她总是嘻嘻哈哈，很愉快地和我聊天。

有一年端午节，我打电话到北京给杨先生贺节。杨先生很不爱吃粽子，但是为了应景，“我还是吃了很小很小一口粽子喔”，她说。我告诉她我一连吃了两个粽子，她马上猜：“一咸一甜，一肉一豆沙，对不对？”我大声说：“答对了！”她便在电话那一头得意地笑了起来。

接着杨先生对我说：“我要祝你比我长寿、比我健康、比我幸福快乐！”杨先生最喜欢这样祝福我——但是说真的，谁比得过她呢？

第一次见杨先生是2004年春天，杨先生93岁，我把她的《我

99 岁的杨先生专注为作者签名

们仨》荣获“中国时报开卷 2003 年度十大好书”的奖座从台北带去给她。杨先生接过奖座十分开心。隔海读者的感动与肯定让她欣慰，但是谈及逝去的挚爱丈夫和女儿，杨先生几度眼眶泛红，让我深觉不忍。

后来几次去看杨先生，觉得她气色和健康都越来越好。

杨先生不爱热闹，也不喜欢麻烦别人为她做寿，况且她的生日 7 月 17 日“是一年里最热的一天”，她于是发明了一个“简单两便法”，就是她不过生日，别人则自己在家吃一碗面，充作寿面，这样为她祝寿就行了。“荤的、素的、热的、凉的、汤的、干的……都行！”从此杨先生每年生日都过得很清爽。

杨先生过 100 岁生日时，很得意地跟我说：“长寿不是我自己努力的，如今我100岁了，真不容易，100岁的老太婆不多的！”又说，“老而不死，是为贼，如今我是贼了！”

她也常开玩笑说：“俗话说‘好人不寿，坏人不死’，这坏人的行列可不包括我喔！”

就算后来因病进出协和医院多次，杨先生也会很得意地说：“我可是协和医院最老的病人了！”

杨先生晚年直到去世以前，一直头脑清楚，健康良好，身手灵活，生命力极其旺盛而坚韧，记忆力尤其惊人，每每令我拍案叫绝，更令我自叹弗如！

有一次去看杨先生，她兴味盎然地对我说：“我们来多了解一下彼此吧，你是Miss，还是Mrs.呢？”我说：“我有一个老公，一个儿子，一个女儿，一个媳妇，两个孙子，还有两只猫！”杨先生说：“啊，我觉得你还是二十几岁的姑娘呢（太夸张了吧），没想到已经有两个孙子了！这就叫好福气啊！”

从那以后，每年给杨先生拜年或祝寿，她总不忘祝我全家“以及那两只猫”都健康快乐幸福！

杨先生问我儿子、女儿做什么工作？我说儿子在美国的印第安纳大学（IU，Bloomington）念硕士呢，老人家马上起身，一阵风似的走到书柜前，打开玻璃门，踮起脚跟，从书架上拿出《围城》的英文版给我看，原来几十年前《围城》第一版的英文版乃是Indiana University Press（印第安纳大学出版社）出版的！

接着我拿出Godiva巧克力糖送给杨先生，她一看到Godiva

的 logo，马上跟我说起 11 世纪时，英国 Godiva 夫人裸身骑马免除百姓被苛征税赋的故事，栩栩如生，连细节都没有遗漏。

我不禁想起第一次和杨先生见面递给她名片，她只看了一眼，就马上背出 11 码的手机号码（大陆手机号码是 11 码），一字不错！

随后我用 iPad 展示了剪纸艺术家女儿的创新剪纸作品，杨先生也一张张看得津津有味，频频赞赏。

杨先生因为年纪大耳朵不好，所以总和我笔谈，她的眼力非常好，有一次还特意把老花眼镜摘下，把我的笔记本拿得老远，竟然可以清清楚楚地一字一句念出来！

神奇的是，杨先生不戴助听器和我通电话，往往也可以对答如流。

杨先生因为一直持续练八段锦，身子骨柔软敏捷，她偶尔也喜欢表演直立前弯，双手就碰到地面了。（杨先生早年练大雁功，晚年才改练较轻松的八段锦。）

杨先生也爱笑说自己是 China Lady，一语双关地譬喻自己既是“中国女士”，又是“瓷娃娃”，摔不得的，因为一摔就碎了。她原本每天出门散步要走七八千步呢，后来遵医嘱不出门了，但每天都坚持在屋里绕圈走很久。

杨先生有心衰的毛病，有时会胸闷或心痛，但她跟我强调：“是心衰，不是心脏衰竭喔，每天吃半片保护心脏的药就够了！”还说，“心衰是老年人最理想的病了，因为心衰有三好：一是干净，二是不传染，三是干脆，走得快！”

杨先生很高兴她的书在台湾也备受读者欢迎。她总说喜欢她的读者就是她的知音。她也很欣赏她每一本书繁体版的装帧设计，她说：“你们的书做得很漂亮，跟我们大陆的味道很不一样。”而《听杨绛谈往事》的封面，尤其让她百看不厌，乐不可支。她说：“台湾版帮我浓妆艳抹了，其实我一辈子没上过胭脂呢！”——台湾版选了一张她早年的黑白照片，然后用电脑着了色。我称赞她好像电影明星，但又怕她不喜欢这封面，还好，她说：“不会不会，很美很美！”其实杨先生一辈子皮肤白皙细致，即便晚年也不太有老人斑，身材也维持得宜，每天总把自己打理得整洁清爽。

杨先生还跟我说：“你看了这本书，就会更了解我生平的故事，我们就可以做更好的朋友！”

问她每天做什么？她说就是读书、练字、写作和运动。其实杨先生早已闭门谢客多年，我这“小友”每年蒙她破例接见，实在太幸运！后来我读到，著名艺术家黄永玉谈起给百岁老人杨先生打电话：“那是增加人家的负担。钱、杨先生的时间是真宝贵，我们以前住得近时，有时从湘西老家带点笋等土产，我送去，都是敲敲门，放下就走，由他们开门取。”我只能偷偷地吐舌头，又惭愧又暗爽。

我还有幸为杨先生过 97 岁的生日。那天我一进门，她就对我说：“你比去年瘦了一些，对吗？”我点头。杨先生很得意自己的眼光敏锐：“但你还是照样美丽、年轻哦。”本来我是要请杨先生外出吃个小馆庆生的，结果变成鲜少出门的杨先生在家请我吃饭。她先预告我会吃到一顿少油少盐的“减肥餐”，可她家保姆费心整治了六菜一汤——新鲜肥美的大鲈鱼，配上卤牛

作者为杨绛先生过 97 岁生日

肉、炒虾仁、芦笋、青花菜、蘑菇，还有一锅小火慢炖了两三小时的鸡汤，好不丰盛。杨先生自己吃得很少，一味殷勤地为我布菜。

饭后，我把新鲜蛋糕拿出来，杨先生乖乖地让我帮她戴上寿星“皇冠”(被她说成“小帽儿”)。她趁我们唱着生日快乐歌时快手快脚地抢着切蛋糕、分蛋糕，然后和我们一起愉快地吃蛋糕，最后把剩下的大半个蛋糕装回蛋糕盒里，要我带回去，自己则把生日卡片珍惜地收好。

杨先生很关心台湾的情势，常看中央电视台的两岸节目，对台湾情势、“总统”大选和两岸关系毫不陌生。

对台湾夏天频繁的台风，杨先生自问自答：“为什么台风的名字都是女人呢？因为女人很强啊，像莫昭平就是个女强人！”真让我啼笑皆非。

2008 年春节前，杨先生用毛笔写了一幅贺岁词寄给我，上面先写着“莫昭平女士　新岁吉祥如意　事业兴旺顺利　杨绛敬祝　丁亥岁尾”。

再过一年，她精选了美丽的纸张写下贺岁词邮寄给我。

2010 年，我收到的则是一式两张一模一样的贺岁词，只落款的日期不一样，原来一张是贺当年的，另一张则是她唯恐自己活不到次年，预先写给我的！我为之热泪盈眶，低回良久。

有时候在电话里，杨先生会关心我 ：“你还是一样忙吗？”

有一次她告诉我，舍不得冲泡我送给她的台湾高山茶呢。

还有一次她跟我说 ：“好久没有跟这么聪明的人讲话了！”

有时候在电话里约好去看她，她会说 ：“虽然我因为心衰，走路很慢了，但是我还是会走到门口迎接你哦。”

有时她喜欢谈谈她的亲人——父母亲、姑母等，也会聊聊当年的朋友，像苏雪林，也会谈起正在写的东西，比方《怀念陈衡哲》和《剪辫子的故事》《张勋复辟》《五四运动》等小文。写小说《洗澡之后》的时候（断断续续写了五年，从 98 岁写到 103 岁）则告诉我 ：“写得不错的，你看了就知道。”

杨先生讲话很生动有趣，有一次提到《围城》电视剧里女人穿的旗袍的开衩。杨先生表示不解 ：“我们那时候穿的旗袍，记得似没有开衩的，结果现在的电视剧，演到过去的事情，女人的旗袍都是开衩的，而且越来越高，到最后就变成了两片儿。”

杨先生一边说，一边用手在自己的身上比画着，从膝盖一直比到腰上，好玩极了！

杨先生没有子嗣孙辈，同时代的故友又一一凋零，尽管豁达开朗，毕竟得孤单度过寂寞的漫漫长日（幸好有一位做了近20年的稳实贴心的保姆相伴）。一次去看她，临走时她带我进书房，房里满目所见都是钱先生和钱瑗的照片，杨先生送给我一张钱瑗的小照，我默默收下，忍不住紧紧拥抱娇小瘦弱的她，恨不得把我满满的爱、温暖和疼惜一滴不漏地灌注给她！

103岁时，杨先生因严重心衰而住院，我本要去她家，便改去医院看她。那次杨先生折腾了好久才出院，元气大伤，但她身体底子不错，加上保姆和朋友竭尽心力为她调养，就慢慢康复了。

去年，杨先生104岁了，我想到杨先生前一年曾大病一场，总时时担心她的健康，偶尔有媒体记者打电话给我，我都会神经紧张地暗祷别是告诉我杨先生不好的消息。

去年4月我专程飞去北京看杨先生，也把时报新出版的《洗澡之后》《杂忆与杂写》以及重新包装出版的《洗澡》带给她。

杨先生很高兴看到这些新书。我告诉杨先生，这几本新书在台湾一出版，还带动了一波杨先生之前作品的销售，像《我们仨》就再次赫然登上了排行榜呢。

我又告诉她，时报将办两场“细读杨绛”的讲座，一场谈“杨绛散文的艺术”，一场谈“杨绛作品的人生菁华”，杨先生很愉快地频频点头。

101 岁的杨先生送给作者一本她手抄的《槐聚诗存》

杨先生还非常仔细地一页页交代《洗澡之后》一些应修正的小错误，事先都用铅笔注记得清清楚楚。

杨先生也表示很喜欢这几本新书的封面和装帧。我请杨先生签名，她欣然答应，但是手已不稳，一直抖着，写不好，让她有点懊恼。

这次我感觉杨先生瘦了很多，虚弱很多，耳朵也更聋了，我好心疼。但杨先生精神很不错，我们也很愉快地笔谈了好久。

谈到杨先生 102 岁写的一组散文“忆孩时”被选入了九歌出版社《2013 年度散文选》，杨先生很高兴，还说九歌寄给她的这本散文选，她已津津有味地整本读完了，“台湾的散文作品，和大陆的‘很不一样’哦”。

我问杨先生还在写些什么，她说，就是“杂忆与杂写的补遗”。她还说：“还是要东想西想才好玩！”

当我写道：“您明年要过 105 岁生日了，好厉害！”她马上拿笔把 105 改成 106，坚持：“我在妈妈肚子里就已经存在了，这世界上已经有我这个东西，虽然还没有名字！”

我见杨先生安好无恙，便安心多了。没想到这就是我和杨先生最后一次见面。

今年春节我给杨先生打电话，她怕听不见就没接电话，但请保姆给我拜年，祝我全家人跟两只猫咪新年快乐！

春节之后三个月，杨先生就辞世了。她走时面容安详宁静，“就好像睡着了一样”。

我祝福杨先生一路好走，和钱先生及钱瑗开心团聚。

我会永远感谢和珍惜这段忘年的友谊，杨先生于我不但是一个我所崇拜和喜爱的世纪作家，更是一个关心我和喜欢我的一个慈祥长辈。而我在她心目中，应该是一个真诚纯朴温暖可爱的粉丝和小友吧，我想。

2016 年 6 月

（作者为台湾时报文化出版公司原总经理）

我所认识的杨绛先生

姚　虹

初识杨先生是 2004 年 3 月。时年 93 岁的先生目光清澈，话语从容。虽然交流中需要佩戴助听器，但先生思路清晰，言谈举止不疾不徐，周身围绕着一团并不多见的清气——那是历经岁月沉淀下来的睿智与达观，是任何风雨都吹不乱的内心的平静。这平静具有某种奇特的吸引力，使人不由自主想接近，又让人适时止步，以免破坏了那种难以企及的静好。

先生的记忆力极佳。曾在一个初春的夜晚，听先生讲述与钱锺书先生在英国牛津留学的经历。对于他们曾经生活过的地方，先生如数家珍，不但记得周边街道的名称，并且清楚地记得居住过的寓所的门牌号码，甚至还手绘了一幅区域方位简图。后来拿着简图到牛津按图索骥，居然没有任何偏差，并顺利拍下了一组照片给先生留念。

接触过的人当中，先生的语言系统与众不同：从不刻意矫饰，却总能景自天成；从不强加于人，却总让人难以忘怀。文章如

钱锺书、杨绛先生曾经就读的英国牛津大学埃克塞特学院　姚虹摄

此，生活中也如此。记得多年前曾经为先生选送过一盆白色的蝴蝶兰，先生看到后以其特有的从容方式连称："了不起，了不起。"简简单单六个字，既让花觉得自己很美，又让送花的人学会了一种夸赞他人的方式。也曾向先生讨要作品并请先生题字，先生拿出书，用娟秀的字体在书的空白处写下"姚虹小友存览"字样。先生的亲和在"小友"的称呼中一览无遗，而被称作"小友"的我，从此多收了一个充满温暖的语汇。

先生说过，她最爱自然，其次是艺术。在先生走到人生边缘的时候依然如此。先生居所的窗外生长着一棵油松，有一年春天，一对喜鹊在油松上搭建了自己的安乐窝，并选择在此育雏。先生的生活每天便多了一个内容：静静地站在窗前，默默地观察小鸟的动态。碰巧有客人来访，先生也会第一时间唤访客一同观赏。我便是其中之一。不知为何，先生站在窗前的背影给我留下了深刻印象，多年来从未忘记……

2016 年 8 月

（作者为外语教学与研究出版社综合出版事业部总经理）

“好读书”精神永存

白永毅

2001年9月7日，在清华大学主楼接待厅举行“好读书奖学金”捐赠仪式。会上，杨绛先生宣布将钱锺书先生和她自己著作的稿酬、版税捐赠给母校清华大学，设立一个“好读书奖学金”，资助和鼓励家境清寒又勤奋好学的学生。十五年来，“好读书奖学金”基金已累计达到2434万元，获奖学生614人次。学校对该奖项很重视，每年与学校三大最高奖一同举行颁奖仪式。在大会上，校领导会隆重地介绍这项奖学金的由来和捐赠人的期望。

当年，学校党委书记贺美英老师交代我做“好读书奖学金”的联系负责人。我由此有机会幸运地走近仰慕已久的著名校友杨绛先生。回忆第一次进入杨先生三里河的家，起居室北墙书柜上摆放的钱锺书先生和他们女儿钱瑗的照片，给我留下的印象很深。他们含笑注视着室内发生的一切，仿佛时时都在与杨先生交流。我一下更加深理解了杨先生在捐赠仪式上说的“我一个人代

表三个人……”。设一个奖学金，是他们三个人一起商量的，不用个人名字，就叫“好读书奖学金”。我想，我的工作要对得起他们！我与教育基金会、校友总会和学生工作系统的同志组成一个工作联络小组，认真落实“好读书奖学金”的有关工作。奖学金的发放范围，从中文系和外文系开始，到理科，最后扩大到全校，名额也从4名到今年有94名学生获得此项奖学金。

每次调整颁发范围、人数和金额，我们做好方案向杨先生汇报，而她终归只有一句话，强调要帮助家境困难的学生。看着杨先生家的老旧家具，杨先生简单朴素的衣着，对比她捐赠资助学生的巨款，怎不令我敬佩和感动！

杨先生的起居室有一个宽大的写字桌，上面堆满了书籍、字典、杨先生的文稿和待处理的各种信件。我们知道她很忙，总在读书、工作，每天时间都安排得满满的；也能体会“我们仨”如今留下她一人“打扫现场”有多艰难。因此，尽管大家心里很希望能够多去看看杨先生，除了必要的工作交流，我们都不敢也不忍去打扰她。

杨先生在捐赠仪式上对清华校训“自强不息，厚德载物”作了精辟的阐述，并说这八个字就是她对“好读书奖学金”获奖学生的期望。

如何发扬光大杨先生所期望的“好读书”精神呢？我们注意组织一些活动，如邀请一些熟悉或了解钱、杨两位先生的学者来校讲话，介绍钱、杨作品和他们的治学精神；带领部分获奖同学登门拜访先生，当面请教；推动以获奖同学为主的学生成立“好读书”协会，倡导读书、开展交流等等。2011年12月，我们举办了“好读书奖学金”设立十周年专题展览，展出了获奖同学的感言和成绩。他们给杨先生写信谈心，有的还送上一份自己亲手做的小工艺品。杨先生收到后很感欣慰。

杨先生的生日是7月17日，母校领导每次说给她过生日，她便说，你们在家替我吃碗寿面就是了。2013年7月17日恰逢清华大学本科生毕业典礼，时任清华大学校长的陈吉宁在讲话中说：“今天是老学长杨绛先生的102岁生日。杨先生与清华同岁，走过百年沧桑，历尽了人生坎坷，却始终保持着高贵、生动和优雅的品质，把她的温馨、温暖和安宁传递给我们。……我们今天都去吃一碗长寿面，为我们的老学长贺寿，也为你们的明天祝福。”

杨绛先生与清华同庚，为庆祝百年校庆，我们曾向老校友征集字画，2011年元旦收到杨先生寄来的信和两幅贺词，祝福清华百年校庆——“百年清华　百岁学子杨季康”。她说自己字写得不好，特写了两幅，由我们选用其一。

杨绛先生走了。她不仅将钱锺书先生和她本人珍贵的书籍、手稿、照片和种种具有纪念性的器物留给了母校清华大学，而且把钱锺书和她二人全部作品著作权中因使用而获得的财产收益捐赠给清华大学教育基金会，纳入“好读书奖学金”，这是何等厚重的信任和关爱，更是清华的宝贵精神财富，永远激励着清华学子！我们当不负重托，作为对“我们仨”的最好纪念！

2016年8月

（作者为清华大学校友总会副会长）

归来的小玉佛手

张佩芬

近来天气炎热，身体违和，实在写不出像样的文章，只是在文俊的纪念文章写成发表后，又发生了一件令人意想不到的事，特记述如下，权作我向杨先生表白的一段心语吧。

不久前，清华大学教育基金会池女士将沉甸甸的新版《杨绛全集》送到舍下，最后又从提包中掏出一只丝绸小袋，内装一只白色的玉佛手，说这是杨先生生前专门关照必须要这样做的。我一见之下禁不住悲从中来，对着来宾，真不知要说什么才好。

我手里捏着这只小佛手，宛若感觉到了杨先生前些时把玩的手泽。经过先生的抚摩把玩，这件白玉小件似乎较前更加温润光滑了。配上当年我所挑选与系上的乌金二色丝带，仍然像当年我穿进去时一样美丽。若说这件文俊淘来时没用多少钱的小玉件与以前有什么不同，仅仅是多了一份前辈高修养的女学者的芳泽与体温。

我查了一下自己的记事本，确定此物是我与文俊献给杨先生百岁诞辰的祝寿纪念品。记得那天下午，我们让小儿驾车将我们送到杨先生居所的楼下，又用手机电告杨家小保姆请她自己下楼一次，但务必不要惊动杨先生。我们要麻烦小保姆把一些小东西捎上楼去。过了不多久小保姆推门出来见到我们。这件小玉器便连同一束鲜花、一些水果拿上了楼，我们随即驱车离去。但过不多久手机响了，是小保姆打来的，我们听到杨先生的声音，说她已经下到几楼了，我们赶紧说千万不要再下，我们都已经走远。匆匆又过了四年，所里一些比我们年轻些的同志组织与杨先生较熟的人在某天下午去拜访她，为她庆生。因为堵车加上司机不知三里河南沙沟的方位，绕了好半天才来到杨先生的寓所，到的人已经不少。这次我们带的是儿媳写的大大的“寿”字，还衬以她妹妹画的寿桃。我们打开给杨先生看时有位同事还照了几张照。因为接着还会有人来，我们便匆匆离去。想不到老人104岁寿辰那次竟是我们见到她的最后一面。现在我们自己都已是行动还不如杨先生晚年时那么灵活的老人了。但是转念一想，杨先生终于去到“那边”，能与最亲爱的锺书、阿瑗会见了。丈

杨绛先生归还的小玉佛手

夫心想与并不一定想要她做的事，她也都一一料理完了。她自己要做的事，连同将妹妹杨必的译品加工得更完美也都全部处理干净。火萎了，杨先生再无遗憾了。世上能做到这个地步的人还真不多呢。

以上所写的便是我再次把玩小玉佛手时心中泛起的一些感念。杨先生，您要走好呀！

2016 年 8 月

（作者为中国社会科学院外国文学研究所副研究员）

他们仨

刘慧琴

加拿大时间 2016 年 5 月 26 日，也即北京时间 5 月 25 日，挚友沈宁（已故著名剧作家夏衍的女公子）发来微信：

“杨绛先生今天凌晨一点离世，根据先生遗嘱，火化后再发讣告。”

接到消息，我木然地站在窗前，似乎朦胧间看到远处一堆刚熄灭的篝火，余烬的暗红火光也慢慢地在消失。

“火萎了，我也准备走了。”

杨先生，您真的走了吗？

先生尚未走远，回忆的浪花一波又一波地涌了过来，这记忆竟是如此清晰。先生略带江南口音的轻声慢语仍在耳边萦绕着：“我的视力一点都没有衰退。”先生边说边拿起笔在纸上写起字来，字还是那么流畅地从笔下流出，和四十年前我去国后，先生写给我的第一封信的字体一样，不见任何老人下笔时的颤动。

作者和挚友沈宁（左）与杨绛先生合影
摄于 2010 年 5 月 6 日

她谈到当时在召开的“两会”，百岁老人对国家大事仍是那么关心，心清目明。那个下午，2010 年 5 月 6 日，她谈了很多，沈宁和我带去了一个小蛋糕，提前为她庆贺百岁寿辰，她很高兴。先生之于我，岂止于忘年之交，更多的是亲人之情。

“你还会回来一次，但我见不到你了。”这是临行前杨先生对我说的话。我心里一惊，当然对百岁老人来说这话本不足惊异，但对我，一个敬重她的后辈，是多么希望她能在世上多停留些日子。

2012 年 9 月，我再次回国参加会议。途经北京，和往常一样，只要到京，探望杨先生是我不变的行程。但这次却因我不慎摔跤，摔裂肋骨，又加重感冒，终因怕将重感冒带给先生而遗憾地取消了去拜望先生的机会。如今，先生仙去，正如先生预言我回来过了，却未能拜见慈颜，如今只留下永久的遗憾。

他们仨——钱锺书、杨绛是我尊敬的前辈，钱瑗是我钦佩的青年学者。和他们相识半个世纪，聚少离多，可他们对我和我孩子的关怀似乎从未离开过我，这是种近乎亲情却又超越亲情的友情，他们的高风亮节、他们的淡泊名利、他们的坦然面对人生的悲喜荣辱都在有形无形地激励、影响着后辈。

钱瑗生前执教于北京师范大学，和父母一样，她博学多才，精通英、俄语，在英语教学上，自成一家，深受学生爱戴。她英年早逝，学界痛失英才，学生痛失良师。得知她离开尘世，她远在英伦的学生兼程赶回，参加她的追悼会，可见其深厚的师生情谊。

1995年，我去北京探望杨绛先生，见到钱瑗拄拐而行，我正想问话，她见母亲在一旁，未等我开口，就笑着对我说，她是因为摔倒骨折所致。其实，那时癌症已侵蚀到她的股骨，可以想象得出，她是在忍受着多么大的苦痛。但为了免得住院的老父和疲累的老母亲担心，她一直隐瞒病情，直到那年冬天住院。即使住院，她也每天和母亲通电话，和母亲聊天、说笑，开解身心疲累的母亲；而作为母亲的杨绛先生，是知道女儿的病情的，不过是强颜欢笑，不想让饱受病魔折磨的女儿再为父母操心。相怜相惜、相知相爱，世上何曾见过如此的母女情！

钱瑗直至生命快接近终点时，才主动要求医院通知母亲来看她。在病房中，母女俩相对无言，默默地握着手，静静地度过了刻骨难忘的两个小时，一生的一切尽在不言中。最后，女儿说："妈妈，我累了，我想休息了。"母亲点点头，为女儿掖了掖被子，轻轻地说："那你就好好休息吧。"这就是她们最后的诀别。钱瑗 1997 年 3 月 4 日去世。

加拿大时间 1998 年 12 月 19 日下午四时许（即北京时间 12 月 20 日早晨 8 时左右），很少看中文电视的我，不知为何心神不宁，打开中文台，正播放钱锺书先生于北京时间 12 月 19 日离世，锺书先生踏着女儿的脚印走了。杨绛先生在《我们仨》一书的最后说："一九九七年早春，阿瑗去世。一九九八年岁末，锺书去世。我们三人就此失散了。"

当时我有一种天昏地暗、不知所措的感觉，随即拨通了北京挚友沈宁的电话，想有所表示。沈宁却提醒我，钱、杨两位先生早有约定不办丧事、不开追悼会。事后她告诉我，他们只有很少几个人送钱先生入火葬室，然后杨先生就说："我们回家吧！"我有一次回北京探望杨先生，那时杨先生就说过："我们早已相约，身后不留骨灰，就和老百姓的骨灰混在一起了。""尘归尘，土归土"，他们就这样悄然离去。

我相信，他们一样有平常人失去亲人的悲痛，但他们又有不同于寻常人的勇气和洒脱，去面对生命的最后时刻，平静脱俗地处理身后事。

2010 年我去北京探望杨先生，杨先生似乎已完全从哀痛中脱出，脸上焕发出异样的光彩，神思敏捷，还时不时漏出几句时下流行的俗语。眼不花手不颤，每天都在练字写作，只是耳背较重。沈宁和我带了一个小蛋糕，提前和她一起过百岁生日。调皮的沈宁将奶油涂在杨先生脸上、鼻子上，杨先生像孩子一样高兴，破例多吃了一点，和我们这两个老小辈度过了一个快乐的下午。

他们是特殊的一家人，活着时默默耕耘，不求闻达，大陆开放后，钱先生到美国访问过一次，其后就很少接受邀请，他们说要留出更多时间写作、翻译。

杨绛先生经历了对常人来说如此巨大的伤痛，她独自承受着、坚守着，整理出版锺书先生的遗著，将她和锺书先生的全部稿费版税逾千万元人民币捐赠清华大学“好读书奖学金”，自己却过着极其简朴的生活，屋内陈设和他们几十年前搬进去时一样，锺书先生的书桌仍放在原来的地方，只是杨绛先生从她的小书桌挪到了锺书先生的大书桌，继续写作和翻译。

他们的业绩、他们的事迹在人间已成绝响，也许我该为他们祝福，杨绛先生出色地完成了她为自己定下的功课，可以了无遗憾地去同锺书和阿瑗团聚了。愿他们在世界的那一面永生！

2016 年 8 月

（作者曾供职于中国社会科学院外国文学研究所，20 世纪 80 年代定居加拿大，曾任加拿大华裔作家协会会长）

是永别，也是团聚

——悼杨绛先生

潘兆平

杨绛先生走了。无数悼文称她“病逝”，其实她老人家既无病又无痛，只是在睡梦中平静安详地走了。大概一年以前，有一次因肺炎，也在协和医院，病情有点凶险。一日，杨先生对旁人说：“我听见他们两个在我身后的门外……”这次她终于走出了门，完成了“我们仨”的团聚。说不上更多的悲痛，但一种难以割舍的怀念与挥之不去的忧伤，始终让我彻夜难眠。我一直等待着遗体告别的通知，结果来的却是遗体已火化不留骨灰的讣告。事后，遗嘱执行人吴学昭先生打电话约我写一篇纪念杨绛先生的文章。老人走了十天，我遵命执笔，但一字未写，突然泪如雨下，难以止歇。此时似乎觉得她老人家正轻抚我背喃喃地说：“兆平，勿要哭，我勿希望侬哭……”当年钱锺书先生去世，我痛哭的时候她也是如此抚慰我：“……伯伯勿希望侬哭。”

我与杨先生交往有四十年，最早是去学部大院。较频繁地来往，是他们迁居南沙沟之后。他们乔迁不久，钱先生就郑重地写信，邀我们夫妇于某周日晚去家中便饭。那天，钱瑗姊、杨伟成夫妇及伟成大哥一对儿女都参加了。钱先生说，主要是为了你们下一辈的交往。因钱瑗自幼认了先岳父徐燕谋先生干爸，所以与我爱人徐愉是干姊妹，钱瑗长五岁，是姊姊，但妹妹的个头要大一号。钱先生却以体积论长幼，说："徐愉侬是姊姊……"钱瑗急着纠正："啊呀！侬总是搞勿清爽！"逗得大家都乐。钱先生家全是学究，不擅厨艺，那天满桌菜肴，全是从临近的贵阳饭庄包订的。桌子不大，八个人团团围住热闹非凡。事后我将宴请盛况写了篇详细报道向上海老岳父汇报。回信写道：你们好大的面子，我与钱、杨两位先生交往四十余年，至今他们还未曾在家中请我吃过饭呢！

每次去拜访他们，主要是钱先生与我一老一小聊得起劲，杨先生总搬把椅子坐在边上笑眯眯地听，偶尔插插话，大多也是问我一些有关细节。开始她似乎老在端详我，一次她觉得我被她看得有点不自在了，就笑着对我说："我总觉得你与我认得的另一个人很像。"又一次我去，见到我杨先生就从她写字台抽屉里拿出一张照片给我看，是一张六寸的已经泛黄的几十年前的旧照片，一位西服革履风度翩翩的英俊青年。"这是我的弟弟，和你像不像？"杨先生笑着继续端详我。我连忙谦逊道："我哪里有人家这么神气。"杨先生继续笑："不过你比他漂亮点。"照片中是杨先生的小弟弟杨保俶先生，后来她给我讲了关于弟弟的不少故事。

说起看人，当年作为《围城》第一男主角方鸿渐的饰演者陈道明，应约造访钱、杨两位先生经受“审查”，夫人杜宪陪同。当时“八九风波”刚过不久，杜宪突然隐身不露，那天戴了一副当时流行的硕大无比的茶色蛤蟆镜。陈道明与二老谈话，杜宪微笑着坐在边上一声不响。杨先生说：“杜宪，你把太阳镜拿下来，让我好好看看你好吗？”杜宪笑着遵命取下了眼镜。杨先生的评价是：“确实是长得蛮趣的。”这“趣”字是南方人用来形容女子或小孩的，不仅是美丽，而且更有一层娇小甜美、招人怜爱之意。夸完杜宪“趣”，杨先生又说：“就是脸上有几颗雀斑。”如此观察入微令我震惊，难怪她在小说、剧本中的人物刻画都能如此到家。

与钱先生聊天，他豪爽、幽默、妙语连珠，虽受教、开心，但常有跟不上速度的“吃力”。而与杨先生闲聊却如潺潺流水，润物无声，同样受益匪浅。

一次钱先生送我一瓶东洋人（老一辈习惯如此称呼）孝敬他的日本“养命酒”。古色古香的棕色瓶子，近乎有二斤容量。他说：“我不喝酒，你拿去喝吧。”继而又故作诡秘状，“据说还壮阳。”接着哈哈大笑。后来我访日，见电视台黄金时段不断做“养命酒”广告。日文我一字不识，只听没完没了的“yomeishu”（养命酒的日语发音），从广告力度看，此酒在日本应相当中国的茅台、五粮液。难怪“东洋人”当宝贝来孝敬钱先生。访日回来与钱先生聊见闻感受，说最受不了他们的宴请应酬，盘腿坐在地板上，几片生鱼，几只蛤蜊，小酒盅式的汤水上三四道，一两个小时坐下来腰酸腿麻，仍觉腹内空空，“还没有吃一顿大饼油条实惠”。钱先生听了大乐，说：东洋人弄这种虚假排场，实质是小气。譬如那个茶道，总共是一小撮茶叶末子，弄来弄去，折腾半天，无聊至极。与钱先生聊天，能长知识，奈何层次太低，颇有对牛弹琴之意。有的当然还懂，例如钱先生说中国成语“山雨欲来风满楼”，外国也有类似的成语，但人家不写“楼”，而是写“塔”。因为我是亲近小辈，所以钱先生在我面前谈天说地臧否人事，无所顾忌，有好多事是闻所未闻，但我也知道“此言不足为外人道也”的道理。不过尽管如此，钱、杨先生从来不与我议论政治，也许他们几十年经历参透其中道理，更是出于对我的爱护。

例如有一次，钱伯伯对我说前几天某晚，×××突然亲自给他打电话，开头就礼节性地恭维一通，什么“久闻大名，如雷贯耳”之类，又因其在任机电部领导时也曾在南沙沟大院住过一阵子，所以称钱先生为“芳邻”，还惋惜无缘拜识等等。话入正题，原来有一美国电视媒体将要采访他，其中有一项内容是要录制一段×××对美国观众七分钟的讲话，所以他就亲自打电话，把有关内容向钱先生读了一遍并请求“不吝指教”。我对讲话内容及钱先生如何指教不感兴趣，因为×××平时讲话时有明显的扬州苏北口音，所以我调皮地问：“×××的英语是否也有淮阳风味？”钱、杨两位先生相视一笑，但对我不作回答。事后我觉得对于此事他俩肯定有过交流，对我不作回答，则是怕我嘴巴不严，万一出去瞎讲，结果就不好玩了。

至于说到“芳邻”，邹家华夫妇是钱、杨先生首任对门邻居，他们四个人都是留学生，尽管时代不同，总有共同语言。有时邹家华夫妇外出，家中无人，就把印章放钱先生家，为便于代收邮包、挂号信之类。钱先生指指书架上一个印盒，对我说："官印在此！"能将"官印"相托，可见互相信任的程度。邹家华工作繁忙，未闻有串门聊天之事，其夫人（叶帅之女）与杨绛先生有不少交流。杨先生曾告诉我，叶当年在下放干校期间，更年期功能性出血，久不能治，为了保命，无奈大剂量服用激素，血是止住了，但落下了严重的骨质疏松症。说医生"吓唬"她，打个喷嚏或许也会导致骨折。她还告诉杨先生不少他们兄弟姐妹聚会时的趣闻乐事。那时期南沙沟大院虽门禁森严，但院内无安保执勤，每逢年节，与其他居民大院一样，每个门洞挂一面国旗,门洞内各家轮流派人在门口值班。一次国庆我去看望钱、杨二老，走近他家2门洞时，见面对门洞的草坪上有个穿着朴素的女士端坐在一把小椅子上看报，见我走近，她看了我一眼，我也看了她一眼。老人家面目清秀，带些病容，略方的脸庞，面目似有与叶帅相似之处。上楼后杨先生为我开门，刚见面我就打哑语，用手指指楼下门洞，又点点对门，杨先生笑着点点头，原来我的眼力还挺准。

很多年后邹家华搬走了，迁进的"芳邻"是新任财长。那天我去，见钱先生一脸苦相，原来对门在大兴土木，大锤砸墙凿地之声震天动地，弄得四邻不得安宁。约过了个把月我又去，不料"锤声依旧"。我惊道："这家在建战略防空洞？"钱先生真有点欲哭无泪了。安定下来后财长夫人与杨先生有不少交往，有一次杨先生对我叹曰："哎呀，她（夫人）怎么什么都敢说呀……"看到我一脸"欲听下回分解"的表情，她笑了笑，"当然，这些话我是不能对你讲的。"我顿觉失望，既然不能对我讲，你吊啥胃口？

后来又换了几家“芳邻”，级别已有逐步降低之势，或许部长大人们有新的更好的去处了。

钱先生去世后，有一个时期杨先生较虚弱，怕她冷清孤独，我照常去看她，陪她聊天，找找乐子。有一次过年，见到我后杨先生从大书架上面一大堆贺年信、卡中拿出一封给我看，她面无表情。是一封北京大学寄来的贺年信，有校长、书记的签名，是“向钱锺书先生拜年”。我作为北大校友，顿觉有点无地自容。钱先生去世已好几年，这个连街边卖报摊主都知道的事，堂堂北大校长、书记、秘书及办公室各位官员，怎么会犯如此低级的错误？我很尴尬又很气愤，说：“你应该把这封贺信退回去，写上：查现已无此人。”杨先生苦笑一下，没有说话，把贺信放回了原处。这是我少有的一次见到老人家不开心。

杨先生长期严重失眠，每晚十点多钟躺下能睡一会儿，半夜醒来常常再也难以入眠，所以对她而言，这“第一觉”至关重要。后来有一次南沙沟大院大维修，连续数天晚上来卡车卸下搭脚手架的铁管，杨先生的卧室在楼的最西侧，紧挨着西墙，所以当卡车在晚上十点多钟往西墙外轰隆哗啦卸铁管时，杨先生感到“好像倒到了我头上”。接连几夜“第一觉”被惊醒。杨先生只得请大院管理部门与对方交涉，但结果是卸货依旧。百般无奈，老人家只得亲自出马。一天晚上在他们正卸铁管时由管理部门同志陪同，与施工运输部门交涉。对方负责人是位壮年汉子，他理直气壮：“对面就是钓鱼台，平时白天不准进卡车，只有晚上十点以后才能进来，我们不在十点以后卸货你叫我们啥时候卸货？”明显谈判进入了僵局。此时管理部门的同志突然指着杨先生对那位壮汉说：“你知道她是谁吗？她就是写《围城》的钱锺书先生的夫人杨绛先生！”原来那位运输队壮汉也是一位“钱迷”，闻言态度立即变软，先是欣喜地望着杨先生，接着又连声道歉，说不知道打扰了您睡觉很对不起，以后一定让他们轻卸轻放，或者卸到别处去。果然自此以后6号楼西墙外面晚上再也没有卸过东西。杨先生笑对我说：“想不到还真那么管用。”我有一句话到了嘴边，觉得不妥又咽了回去：虎死雄风在！

每当返沪探亲，常在岳父书架上翻书乱看，其中钱先生的信是必读的，但一般不太懂，因为都是文言文，没有标点，又是毛笔狂草，说及亲友，常用号或字，不是太熟悉的不知是谁，引用古文典故我更是云里雾里。甚至有时钱先生兴之所至，干脆把信笺横过来，用毛笔龙飞凤舞地写几句英文……不过有些我经历或经办的事，看了明白，就忍俊不禁。

有一次由沪返京，岳父让我为钱、杨先生送去一方金华火腿。钱先生复信致谢，但写道：愚夫妇早已由食肉动物改为食草动物了，承蒙馈赠高级金华火腿，犹如以精致象牙梳子赠予和尚，令其顿生蓄发还俗之念……杨绛先生《干校六记》出版，岳父读后写信盛赞并作诗多首相赠。还说钱先生作品阳春白雪和者盖寡，而杨先生文笔清新，通俗易懂，更受大众喜爱。钱先生回信，说经兄夸奖，我家女权大增，几成“大雌宝殿”了！

近闻有人拍卖钱、杨两位私信，价格可观，我对孩子戏言，把我家钱先生的书札搜罗一下，如果拍卖，或许你在曼哈顿可买一套房子。但我等虽穷，非见利忘义之辈。私信就是私信，既不外传更不卖钱，活着就是一份纪念，死后任其泯灭，可也。

钱先生去世几年后，一次杨先生对我说，在你伯伯去世那段时间，我身体几乎崩溃，若无你的“绿粉”支撑，我或许已经垮掉了。所谓“绿粉”是指我由中科院公司要到的螺旋藻粉，开始是提供给钱先生做鼻饲食糊的，杨先生当年对我说北京医院营养室的护士都是内行，配制食糊的其他病人也有用螺旋藻的，但护士们一致评价 311 房（钱先生病房号，在《我们仨》中多次提到这个号码）的藻粉质量最好。还有就是“黄粉”，也是我由中科院某公司购得的蛋黄卵磷脂，起码是高档动物蛋白质。杨先生服用后觉得脑力大增，很多原来记不清的八位数电话号码都记起来了，更重要的是，很多已忘却或糊涂了的人与事，变得清晰或想起来了。这对老人家整理遗稿及写回忆录起到了极大的帮助作用。由于对绿粉、黄粉的迷信，所以杨先生不止一次地称我为“最最信得过的保健医生”。我对她戏言，原来我还准备让她试试牛初乳粉，后来因为关于牛初乳对人类的营养作用有争议，遂作罢，不然我还要送“白粉”（民间对海洛因的称呼），那就麻烦了。

看似柔弱的事物其实往往更坚强，这一点在杨绛先生身上得到完美的诠释。当年钱瑗姊得病，杨先生对我说，圆圆小时候一个手指得过骨结核，现在转到脊椎了，西山有个胸科医院专治结核病，所以别人骗了她，连我也信以为真。过了一阵子，忽然她对我说，圆圆的头发脱光了，要给她弄顶帽子。我听了一愣，这不是放疗化疗的后遗症吗？但见老人家镇静淡定的表情，我也不再追问，还暗想或许新的结核药毒副作用厉害亦未可知。后来圆圆姊去世了，终于告诉我，是癌症，但是还有一人要瞒，就是钱先生。原先杨先生两处跑，当钱先生父女间的联络员。钱瑗去世后，怕钱先生因丧女之痛，雪上添霜，影响治疗及健康，杨先生还佯装没事，照常传递信息：上星期×我去看圆圆了……昨天又和圆圆通电话了……时间长了，怕谎言穿帮，杨先生就拿出当年写小说剧本的本领，写了一个圆圆病情提纲，以便长期笑脸相骗（良苦用心，令人落泪）。钱先生虽已是不能言语，但聪明的脑子仍在正常运转，杨先生的善意谎言编得再天衣无缝，渐渐地终被察觉。后来每当向他再说圆圆时，钱先生表情愈益不耐烦，最后终于动怒表示不愿再听，杨先生试探着嗫嚅问道：“……侬晓得啦？”钱先生闭眼做了个肯定的表示，一场凄凉的骗局才告终止。

作为旁人，无法也不宜去判断或比较钱先生父女两人在杨绛先生心中的分量和地位，“我们仨”应该是永为一体的。但是在父女俩去世后，在谈及钱瑗时，杨先生曾三次哽咽流泪。有两次是在不同的场合，杨先生对我说起北师大外文系师生悄悄将钱瑗骨灰捧回校园，埋在图书馆近旁的一棵雪松之下时，她哭了。还有一次，钱瑗的朋友、学生出了一本纪念集子，其中有人写到钱瑗尽管病魔缠身还是积极乐观，说钱瑗腰部病痛，已不能弯身擦脚了，所以每当自己洗脚后就用一根小棍挑着毛巾擦脚，还对朋友“炫耀”自己的发明创造。说到此处，杨先生说：“其实圆圆吃了很多苦，我却不知道……”哽咽失声。

由于谈钱瑗太沉重，所以在闲聊时杨先生更愿意谈钱先生。

一次谈到钱先生卧病多年不再行走，天天用热毛巾擦全身，所以脚后跟的老皮全部褪尽，“红扑扑、软软的，和小毛头（婴儿）的一样”。有一次谈到钱先生用竹竿帮自家猫与林徽因家的猫打架的事。我说其实所谓“猫打架”是猫在调情交尾，所以钱先生去帮忙打架，实际上是“棒打鸳鸯”，拆散人家的好事。杨先生听后笑着说：“原来还有这么个说法，可惜你伯伯不知道。”我说：“牛津大学图书馆没有这方面的资料。”两人大笑。

也许是老了，也许是相处熟了，渐渐地杨先生有时会耍耍小孩子脾气，我也干脆顺势而为与她逗开心。有一次她说，我今年 103 岁了。我说：“瞎讲，你明明只有 102 岁，讲岁数可不许弄虚作假。”她急了：“难道我在妈妈肚子里十个月，我不算有生命？！”我连忙说：“好好好，就算你 103 岁，免得哪一天又把我写到书里去批判（因为有一回谈到人死后有无灵魂，我坚持人死就不存在什么灵魂，老人不快，把我的话写到《走到人生边上》的序言里批判）。”但她对于胎儿生命的说法也有道理。所以我对她说，有一种讲法，说人的实足年龄是从离开母亲身体的那天开始计算的，而虚年龄是从离开父亲身体那天计算的。她愣了一下，随即捂嘴而笑。

年纪大了，有些眼下的事搞不清了，老人更喜欢和我说当年幼时或学生时代的趣闻逸事。她说她老爸（杨荫杭先生）喜欢收集古书。有一次淘旧书店发现了自己一套书中缺失的那一本，欣喜无比，但立即装出遗憾的样子对老板说自己缺失两本，如今只补一本，美中不足……回来很得意地对杨绛说，我若说就缺这一本，老板肯定会漫天要价，我说缺两本，这一本他就平价给我，等他找到另一本时再找我要大价钱……杨先生评价："是不是挺狡猾的？"

知道我孙子 4 岁已上托儿所学前班，问我："他赖学吗？"我说平时还好，天若下雨什么的就赖着要他爸开车送。杨先生说她小时候也赖过学，当时家里的东西两头各有一所小学，她在东头上学，很受老师宠爱，是"公主"，后来不知何故，家里将她转至西头去上学，是插班生，更主要班里已有几位王子与公主（是富人或官家子女），杨绛感觉受到冷落，每天早上就赖在门洞里不肯去上学。最后由强壮的马夫"一把掮到肩上就扛走了"，我问："你哭吗？""哭也没用。"

有一次闲聊，我说外面盛传费孝通自称是你第一任男朋友，或许你是他暗恋的第一个女朋友吧？她笑而不答，接着就给我讲费孝通的故事，说他家在无锡是有钱人家，费胖胖的，老实得有点窝囊，家里怕他上中学受同学欺侮，想了办法让他到杨绛她们的女中跟读。其实女中的孩子亦非善辈，照样欺侮费孝通，动辄寻咎罚他做俯卧撑，看胖子呼哧乱喘而取乐。后来到东吴大学，费孝通早些毕业，还当了女生体育代课教师。对待老师就不能罚俯卧撑了，但女生们仍有办法捉弄他。当时有个不成文的规定，女生来例假，就可以免上体育课，所以凡女生不想上体育课了就向费老师请例假，费则一律照准。甚至有调皮的女生一个月请两三次例假，仍是准假。说到此处，杨先生脸上漾起一股顽皮得意相。我笑着暗想，没准她当年就是乱请假的女生之一吧。

杨先生平时讲普通话，与亲戚讲无锡话，我去了，她就说："兆平来了我顶开心，我可以讲上海闲话了。”也许上海话能让她回忆起当年青春的岁月。另外，很多沪语的精妙之处是普通话难以表述的。例如上述的“趣”，还有钱先生的“常委常委，常常勿开会”。上海话把“大”说成“DU”，百岁杨绛还顽皮地给人起外号（并无恶意）。她称某位常去拜年的中央领导“DU 好佬”，称社科院某领导“DU 老倌”，这类称呼对南方人而言还有些亲切之感。有次我问她钱先生对陆游作为爱国主义诗人的“招牌菜”《示儿》似不太欣赏，不知何故，是否认为文学品位不高，有点打油诗风格？杨先生莞尔一笑：“说 DU 话呀！”

有次春节去拜年，看到她客厅桌子上新添了一盆硕大无比的君子兰，我指了指花：“DU 好佬来过了？”她点点头，然后两人就笑，因为这些外号只有我们两人知道。

有一次杨先生满含歉意地对我说一件趣事：“DU 好佬”突然来访，按安保惯例，领导人外出是不预报行程计划的。不巧那天保姆正外出购物，杨先生耳背又在内屋休息，所以再三揿门铃仍是不得而入，只得废然而归，择日再来。我笑道，中央领导屈尊造访，竟被飨以闭门羹，真是闻所未闻，或可载入史册。

“DU 老倌”见纸上有不少杨先生写的字，就拿起来说：“我拿回去做个纪念……”不料杨先生敏捷地夺回了那张纸说她自己要留着的。事后她得意地对我说：“其实他前脚刚走，我后脚就撕掉了。”对于那位“DU 老倌”长期以来对自己的关怀与爱护，杨先生是心存感激之情的。她之所以夺回并撕碎那张纸，主要是不愿意自己那已是歪歪斜斜的字流落在人间。

《走到人生边上》出版后，照例杨先生赠我一本亲自题字的精装本。我捧着书致谢，她指着封皮问我："这几个字写得怎样？"我说："挺漂亮，不过好像增添了一点硬体字笔法。"她嗫嚅地对我说："近来我撒了个谎。"原来有位退休中央领导，突发雅兴，要搜集名家墨宝，杨先生荣列名单之中。几次递话过来，杨先生始终推诿拖延，后来干脆派人上门索讨。杨先生说自己手痛已久不写字，仍是不从。不料《走到人生边上》即将出版，出版方希望杨先生亲题书名。正在"手痛"的先生只得写了书名。事后有些忐忑，觉得对他人撒了谎心有歉意。我说这不是重大的政治问题，人家不一定会介意，更不会深究此事。如果真有不知趣的，登门要讨个说法，你就理直气壮地讲，书名是在手痛之前早已写好的。先生想了想，觉得我这个谎编得还较圆，笑着点点头："蛮好！"

钱锺书先生把自己比作一块臭肉，知道会有苍蝇来下蛆。杨绛先生走了，钱先生肯定会说："又多了一块臭肉。"听说杨先生刚走不久，有关她的传记已经应运而生，还是得到杨先生"生前亲自审阅"的，似乎是"死无对证"，谋划之深，出手之快，令人叹为观止。其实真正被杨先生认可的带传记式的书只有一本，就是吴学昭先生所著《听杨绛谈往事》。该书出版后，杨先生赠我一本并说这本书最后定稿时，"我是一个字一个字校核的"。

后来我与她谈及此书，说其中不少照片从未见过，弥足珍贵。杨先生指着一岁半时母亲抱着她的照片神秘地说："其实这张照片是三个人。"原来那时她母亲已身怀六甲。所以杨先生说："妈妈抱着我，我坐在弟弟的身上，我是压迫者。"

“我们仨”走了两个人以后，杨先生已经完全“视死如归”了。她说最怕瘫在床上，自己受罪，别人受累。所以称自己心脏有点毛病是“宝贝”，到时候一下子去了，多好。

百岁以后老人日渐衰弱，其间我有两次出国探亲半年，告别时握手依依，有一种诀别的心酸。她送我到门口，我再三叮嘱：“好好地（活着），等我回来看你……”每次回来，未等倒好时差，就拿了美国杏仁、巧克力去看她，她百岁之前还爱吃坚果。去春回来，拿了“全家福”给她看，因为巍儿自小受钱、杨两位的喜爱，杨先生颤巍巍地指着潘巍问：“是你女婿啊？”我没有女儿，哪来的女婿？我笑不出来，心中隐隐酸楚。

老人日见衰竭，听力几乎全失，说话也很吃力了。后来去看她，两人手握手坐在沙发上相视而笑，她的双手已经骨瘦如柴，但肌肤柔润依旧。

4月份从网上得悉，钱锺书先生《外文笔记》已全部出版，顿感又喜又忧。忧的是杨先生“打扫现场”最后一项重大工程圆满完成了，作为支撑她生命延续的精神支柱突然消失。她的生命之火萎了，她还能再坚持多久？无情的现实证明，我的担忧不是多余。

5月24日，网上已传成一片“杨绛病危”并有许多为她祈福的帖子，我晚上还给远在纽约的巍儿发E-mail辟谣，说老人前期的肠梗阻已愈，估计不日回家，我将携南京刚寄来的“绿粉”去看望她。次日下午二时许，接朋友短信：“惊悉杨绛先生去世……”愕然。

杨先生去世十天了。十天以来夜间难以入睡，四十年来与先生交往的片段，过电影般地在眼前展现，上述内容，都是片段的摘录，有点杂乱，但句句真情。愿先生走好，到了那边向钱伯伯、圆圆姊问好。等到他日我们的灵魂在天堂相见时，再继续咱们永远快乐的聊天。

2016年6月5日

（作者为中国科学院退休干部）

深心正气　力扶书香

吴　彬　孙晓林　冯金红

在十二年前的《文汇读书周报》（2004 年 4 月 2 日）上刊出过一篇文章，标题为“杨绛写给《文汇读书周报》的几句话”，文章不过三百字，作者当然是杨绛先生。

在这篇短文中，杨先生回忆了多年前在上海经常去生活书店买书的往事，发表感受说：“生活书店是我们这类知识分子的精神家园。”所以在文章的最后，杨先生说：“生活书店后来变成了三联书店。四五十年后，我们决定把《钱锺书集》交三联出版，我也有几本书是三联出版的。因为三联是我们熟悉的老书店，品牌好，有它的特色。特色是：不官不商，有书香。我们喜爱这点特色。”

初看起来，这是一篇充满了忆旧色彩且不失温馨的文字，很难想到在这篇文字背后，杨绛先生称赞的三联书店正经历着一场保卫“三联特色”的搏斗，而杨先生的文章正是为这场搏斗而来的。

左起：叶芳、孙晓林、杨绛先生、吴彬

杨绛先生与我们合影　舒炜摄影

新世纪初，三联书店迎来了一位新任的总经理。多年来，三联人有一种上下级虽各司其职，但彼此是同道和朋友的传统，恰正是杨先生所说“不官”的写照。大家对新就职的领导虽不了解，但揣测也会八九不离十吧？

想不到的是，新领导不但对三联的传统出版风格不感兴趣，还有许多三联人看不懂的做法。例如，招揽了大批质量极差的教材教辅书，强行派给编辑们做；选择的合作单位不仅来历不明，而且明显有利益输送的行为；更不能忍受的是私下利用《读书》杂志的刊号另辟了一个“公务员号”出让给他人，神不知鬼不觉地已经出版了三期，文章皆是杂凑，并指明是专门给各级官员看的，等等。

这些陆续出现的足以败坏三联声誉的行为，激怒了同人们。几经彷徨，大家在“离去”还是“抗争”两者中选择了后者。一批不同部门的同事联合起来，毅然向上级机构以实名举报了这些违纪之举，同时积极争取社会各界尤其是学术文化界的支持。

当时很多好心人给我们泼冷水，认为以下级对抗上级是不可能成功的，还是及早偃旗息鼓好。料想不到的是，在这个当口首先给我们支持的，竟是平时几乎闭门不出的杨绛先生，她说：“小孩儿们豁出去了，我得支持他们。”而正是这篇貌似不愠不火的短文，力拔千钧地写出了“不官不商有书香”七个字，精辟地说出了将近百年来一代代三联人的风骨和追求。杨先生洞察世事的智慧和文字，激励了年轻同事们努力捍卫三联书店文化品格、坚持抗争不正之风的信心。最终，经过上级机构一年的调查核实，调走了这位不称职的领导，三联书店从此又走上了正轨。

这件事结束后，一向不太接触外界的杨绛先生提出，要见一见三联书店的这些“小朋友”。大喜过望的三联同人们欢欢喜喜地带着鲜花和一个是杨先生生肖的猪娃娃，上了杨先生的门。杨先生开开心心地接待了我们。她回答我们的问题，指点我们看墙上的字画、书橱上的照片，给我们带去的书签字，抱着生肖娃娃与我们合影，也拉着我们问长问短。看着老人家欢悦的面容，我们不禁感到：杨先生平时可能也有很寂寞的时候吧？

如今，杨先生已经永远地离开了，三联书店为杨先生书写的挽联是：

寿逾百龄　德馨质雅　有风车骑士浪游小癞　人生边上微笑饮茶　传播智慧沟通中西　建世纪之功唯凭满腹学识一支健笔

功在千秋　青史墨存　书洗澡风骨六记清标　砚田嘉禾遗爱学子　深心正气力扶书香　送先生归去遥祝云霄之上仨人团圆

其中“深心正气力扶书香”背后就隐藏着这段经历，也包含着三联人对杨绛先生保护三联书香的深深敬意和感谢。

2016 年 7 月 17 日

（三位作者均为三联书店编辑）

生命因您而美丽

陈 洁

2008年初见杨先生，是因为一封信和一束花。寄信人是一位母亲，她的儿子因见义勇为被歹徒杀害，使她痛不欲生，几近崩溃的边缘。经人推荐，她反复读了杨先生的《走到人生边上》一书，深受触动，终于放弃了轻生的想法。汶川大地震时，她代儿子献上了一份“来自天国的捐赠”。她来信让我们替她送一束“最美最香的鲜花”，向杨先生致谢。这封信一直存在杨先生家里，直到她今年5月离开人世，人们在收拾遗物时又交给我馆归档。

其实，这位母亲只是千千万万通过杨先生的文字，而被她的心意所打动、所感染、所激励的普通人之一。

一纸习字稿

不久以前，我在给《走到人生边上》（增订本）找图片时，

Hours in the Bodleian ii
by
Chung-shu Chien
Exeter College
Oxford
30.iii.1936.
"Nulla dies sine linea."
"Qui scribit, bis legit."

飽蠹樓讀書記 二

心同椰子納群書
金匱青箱總不如
提要鉤玄留指爪
忘筌他日并無魚

杨先生在牛津为钱先生笔录诗

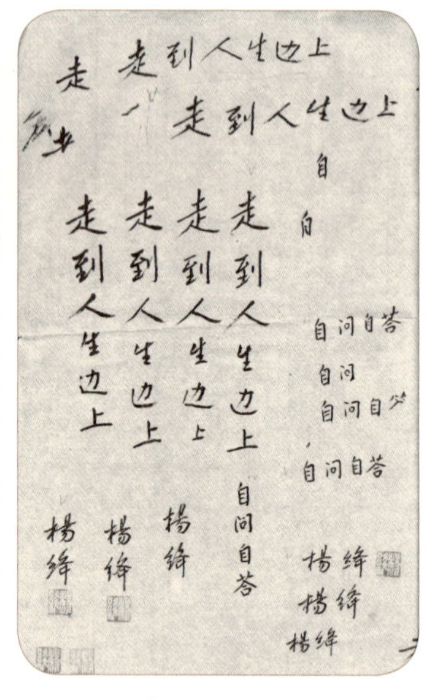

杨先生为《走到人生边上——自问自答》题签，试写多遍

意外地见到一张有趣的手稿。那是 2007 年，杨先生为这本书题签时的习字稿，上面用毛笔大大小小写了几十个“走到人生边上”“自问自答”，清秀健劲，下了不少功夫。据说钱杨夫妇有互相题签的雅好，想来杨先生在为《槐聚诗存》《管锥编》题签时，也曾反复练习过多遍，直至满意为止。其实早在 1936 年，他们夫妇在牛津大学读书学习，杨先生就曾为钱先生笔录过一则诗：“心同椰子纳群书，金匮青箱总不如。提要钩玄留指爪，忘筌他日并无鱼。”笔画方正有棱。俗话说字如其人，足见杨先生的端方认真、律己甚严。

真正见识杨先生的一丝不苟，是在出版《钱锺书手稿集》期间。她总是谦虚地说自己只是“对全部手稿勉行清理和粗粗编排”，可事实并非如此，特别是对《中文笔记》的整理。其中的残页部分耗力最大，因为年代久远，纸张薄脆，又为散札，十分珍贵。杨先生把它们一页页贴在稿纸上，以免磨损散失，并在稿纸的背面标明页码，实难确定的，她就实事求是地注明“存疑？”“无头无尾？”……有些笔记年代颇为久远，为防止散落，杨先生用粗线订好。此外，杨先生还小心地标注了页码。她是逐页数的，凡有字迹处都一一计入。为了保险起见，她还每五页贴一个小标签，一五一十地注明页码，最后把总计的结果写在每册的第一页上。

哪怕是小问题，杨先生也从不含糊。一次我拿着《外文笔记》的稿子，问杨先生这是不是钱先生在 1938—1949 年间写的。她不置可否。翻到后面，有一册笔记本上写着“亭子间读书记”。杨先生看了说：“Monika 了解情况，亭子间是在上海。”又说那时他们一家因为战乱逃难回到上海，还是在打仗，很苦。我翻到后面，另一册笔记本上写着“四馀室札记”，搞不懂这个斋名从何而来。她说：“古人不是总说‘三余’吗？钱锺书又加了一余。”原来如此，古人说要利用“三余”抓紧时间读书，即冬天为年之余，夜晚为日之余，阴雨天为时之余。钱先生好读书，所以又加了一余，至于加的是哪一余，我还未及问，杨先生已经转了话题。她说这些外文小字“是钱锺书用毛笔写的，钢笔太粗了”。她拿起手边的一支铅笔，比画着说钱先生是将笔斜着甚至躺倒，用笔尖飞快地写。我想毛笔怕没有那么细吧！就在纸上画了一杆羽毛笔的样子，杨先生摇摇头，又一笔一画把它改成了一管毛笔。于是我彻底相信了。

杨先生求真但更务实，从不拖泥带水。她的《阿菊闯祸》，写小保姆阿菊毛手毛脚，把煤油炉烧起了大火柱子，眼看厨房就要失火，一家人束手无策。杨先生凝神一想，马上取来个瓷痰盂扣在火上，立刻将火扑灭了。晚年的杨先生断事之决绝，仍随处可见。初会杨先生，我得知她听力不好，就带了一打小纸条，提了很多关于《钱锺书手稿集》的问题，不料没到一小时就解决了。接着，我掏出两本新出的小书，她接过去，马上就看，很快就翻完放在一边，说其中一本书所述的人和事有待查正。杨先生这种快刀斩乱麻的功夫，是天赋，更是人生不断历练的结果。2011 年杨先生百岁生日前夕，《中文笔记》(全 20 册)出版，杨先生随即将《外文笔记》提上日程。2012 年 6 月，我们建议杨先生为《外文笔记》题签，她问我要不要马上写，我说不急不急，等她写好了我再来取。保姆也说："您这么着急怕写不好。"杨先生指着《中文笔记》上的题签说："这就是我写的。"没想到才两天，我就收到了杨先生寄来的用毛笔写在宣纸上的书名，而信封邮戳上的日期就是求字当天。由这件小事，就可见杨先生处事之果决，更可见她推动《外文笔记》出版的急切心情。

1998 年钱先生去世时，杨先生谨遵他的遗愿，从去世到火化仅仅 57 个小时，处理后事之迅速麻利，世所罕见。而今杨先生走了，她生前提出像钱先生一样，"不设灵堂，不举行遗体告别仪式，不留骨灰"，一切身后事均已安排妥当。果然，从她 5 月 25 日凌晨去世至 5 月 27 日上午起灵火化，也不到 60 个小时。夫妇二人质本洁来还洁去，始终执守读书人的自由与独立人格，

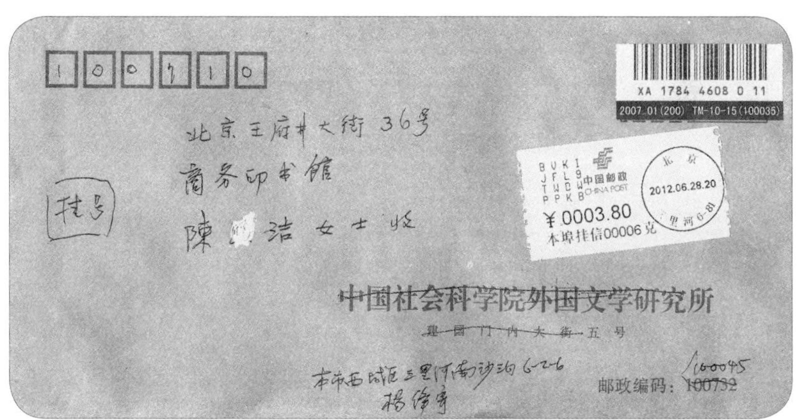

杨先生在作者求字当天即将题签发给作者

怎能不令世人钦佩！

留到最后的糖果

杨先生曾写过一篇《劳神父》，讲到她儿时的一件趣事。劳神父给她一个小纸包，叮嘱她上了回乡的火车才能打开。年幼的她居然抵制住了好奇心的诱惑，一直坚持到最后，当她剥开十七八层纸后，才发现里面竟是一盒巧克力糖，得以开开心心地与父母姊妹一起分享。而这个“忍”字贯穿了她的一生。在炮火纷飞的战争年代，她忍做“灶下婢”；在十年浩劫中，她忍受身体和精神的双重折磨，却从没有放弃过。她咬紧牙关，挺过难关。在她看来，坎坷的人生正是对肉体和灵魂的锻炼过程。

人生谁都难逃生老病死四字。近几年，杨先生不时因病住院，每次在鬼门关绕一圈又回来了。2014年年初，杨先生的健康状况不稳定，我曾去协和医院看望，她大病初愈，意识清楚，但还不能多说话，有时字写到一半，便会无奈地放下笔。但是她稍微好转便强烈要求出院。2015 年年初，我去送样书，原以为只能放在门口，不料却被让进了屋里。只见杨先生正坐在沙发一侧，戴着老花镜看信。彼时彼刻，激动的心情难以言喻。她握着我的手，手心暖暖的，我心里只有一个念头："杨先生好了！真是太棒了！"年底，我又去送样书，杨先生刚从医院调完药回来，面色白里透红，好像还胖了一些，握着我的手也非常温暖。反观两年前杨先生住院的情形，我不由自主地说："杨先生，您身体真好，比去年好多了！"保姆也说，杨先生每天晚上还会坚持练一会儿字。那天，我告辞的时候，杨先生居然站起来送我，尽管需要搀扶，但她还是坚持走到了客厅门口，我真是又惊又喜又惭愧，祈祷她早日康复如常。那时，我当然没想到，这竟是我最后一次见到杨先生走路了。

当年钱先生去世时，杨先生也已经 87 岁高龄，身体十分虚弱，原以为命将不久矣。但她发现还有很多事要做，为完成女儿的心愿，写成了《我们仨》，为参透生死的意义，她翻译《斐多》，写作《走到人生边上》。更重要的是，为了让钱先生的遗稿得到最妥善的保存，她要设法出版《钱锺书手稿集》。尽管这些笔记在钱先生看来已经没用了，可是杨先生深知他的很多见解、思想都留在这些笔记里。她坚持认为，就算钱先生用不上了，对于那些爱好中外文化，有志于研究钱锺书的人来说，意义实难估量。因此，从 2000 年与商务印书馆达成协议，2003 年出版《容安馆札记》全 3 册，2011 年出版《中文笔记》全 20 册，2015 年出版《外文笔记》全 48 册附 1 册，至此，《钱锺书手稿集》

全72册历时十五年终成完璧。杨先生在辞世之前，最终达成了亲见全集出版，令死者如生，生者无愧的宏愿。连我们都认为难以实现的愿望，杨先生竟然凭着她的倔强和坚忍，一步一步坚持到了最后。

《钱锺书手稿集 · 中文笔记》座谈会场座无虚席

录了两次的致辞

杨先生克己甚严，可待人却十分宽厚，特别是积极向上的年轻人，就更能体会她温煦如春的体贴和爱护。

2011年10月，《钱锺书手稿集 · 中文笔记》出版座谈会即将召开，杨先生因年事已高，不能到场，但愿意发表录音致辞，与大家分享内心的喜悦。我们去杨先生家里录音，她拿着写好的发言稿，先念叨了两遍，就开始录了，发现念错了一个字，她就从头来；念着念着，又打了个磕巴，她叹了口气，又从头开始，顺利读完，说："可以了吧？"我说："很好很好！"谁知，我回到家才发现录音笔出了问题，根本没有存下录音。我急得像热锅上的蚂蚁，只好向杨先生的朋友吴学昭老师求助。吴老师说："你先别着急，我问问杨先生。"撂下电话没多久，吴老师打来电话说："杨先生同意明天上午你再去录一次。这次你带两个录音笔，以防万一。"我这才一块石头落了地。次日，我带了两个录音笔一个手机，再次登门，杨先生正在伏案练字，见我来了，笑了笑，便起身走到沙发前坐下，我先向她道了歉，再把两个录音笔都掏出来，她戴上老花镜看了看发言稿，笑眯眯地问："可以开始了吗？"我说："好了。"这次很顺利，但为了防止万一，她说："再来一遍吧！"于是又录了一遍。她说："你看，又让你跑一趟。"我惭愧得无地自容。那次出版座谈会是在首都图书馆举行的，两三百人的礼堂里坐得满满当当，当听到杨先生的录音致辞中说道："钱锺书的志向不大，只想做做学问……我是他的老伴儿，我知道他的心意。"在场的嘉宾和观众都感动不已。这段录音在清华大学图书馆举办的《中文笔记》展览上循环播放，杨先生满怀深情的话语也深深地留在了清华学子的心中。

清华大学是钱杨夫妇的母校。钱先生去世后，杨先生把他们两人的72万元稿费捐赠给清华大学作为"好读书奖学金"，专门资助清华的寒门子弟，全力支持他们完成学业。她对给予过她帮助的人，更是念念不忘。我馆原总经理杨德炎当年曾与杨先生接洽《钱锺书手稿集》的出版事宜，几年前因病去世。

但是杨先生却从没有忘记过他，屡屡提及，在接受《文汇报》百岁访谈时，她说《中文笔记》出版，“商务的杨德炎总经理地下有知也会高兴的”。即便是普通编辑，杨先生也处处关照，就像对待孙辈一样。前年《外文笔记》的责任编辑田媛第二次参评副编审职称，杨先生听说后，特意托吴老师作书推荐，信中高度评价了田媛的编辑工作。这封信给评委们留下了深刻的印象。田媛更是不断努力，于去年参评时一举通过，杨先生得知消息后也感到十分欣慰。

如此真挚、如此果决、如此倔强、如此温暖的杨先生，静静地离开了。她用自己105年的短暂人生追问灵魂的来去、价值之所在。她把自己的真实体验著之于书，与今天和未来的读书人一起思考，共同讨论。她曾说：“树上的叶子，叶叶不同。花开花落，草木枯荣，日日不同。”正因为不同，正因为稍纵即逝，才尤为可贵，秉持美好的信念和追求，坦然接受苦难的磨炼，认认真真迎接每一天，让我们的生命更加美丽。

2016年8月

（作者为商务印书馆学术编辑中心文史室主任、副编审）

杨绛先生与国家博物馆的缘分

陈　禹

2016 年 5 月 25 日传来杨绛先生溘然仙逝的消息，我虽有思想准备，但亦觉十分突然，手足无措！

先生与国家博物馆素有缘分，出于对国家博物馆的信任，她生前就将经过自己精心整理的珍贵文物分批捐出。而我作为国家博物馆的一名工作人员，从 2014 年 8 月 18 日直到先生去世前后，有幸参与到接收先生捐赠文物的工作中。

先生捐赠的珍贵文物共 250 余件套，其中包括名人字画、册页、遗墨、手迹、碑帖、印章、书籍、手稿以及两位先生使用过的文具和生活用品等，类别之丰富，时代跨度之大，在我馆近现代名人相关收藏方面实属罕见。我们邀请相关领域的三位专家对捐赠的文物进行了认真的鉴定，他们一致认为这批文物不仅填补了馆藏空白，而且是开展学术研究的重要依据，同时具有极高的史料价值、文化价值和艺术价值。

一、这批文物具有极高的史料价值，如张之洞手书《大俄国太子来游汉口飨燕晴川阁索诗索书即席奉赠》《张文襄公遗墨》《张文襄公七言行书》等。

张之洞（1837—1909），字孝达，号香涛、香岩，又号壹公、无竞居士，晚年自号抱冰。直隶南皮（今河北南皮）人，清道光十二年（1837）生于贵州。同治二年（1863）探花及第，授翰林院编修，历任教习、侍读、侍讲、内阁学士、山西巡抚、两广总督、湖广总督、军机大臣，官至内阁大学士。早年一度是清流派健将，后成为洋务派的主要代表人物，大力提倡“中学为体，西学为用”。注重教育和治安，对清末教育和社会发展有很大影响。与曾国藩、李鸿章、左宗棠并称晚清“四大名臣”。

张之洞大力兴办洋务，在广州创办广雅书局和广雅书院，在湖北成立自强学堂（今武汉大学前身）、农务学堂（今华中农业大学前身），在江苏创立三江师范学堂（今南京大学前身）。筹建汉阳铁厂、大冶铁矿、湖北枪炮厂，还办了湖北织布局等。1889年调署湖广总督。为推动洋务运动发展，1891年4月，亲率文武百官盛情迎接俄罗斯皇太子尼古拉·亚历山德罗维奇（即末代沙皇尼古拉二世）及内戚希腊世子凡纳等十余人到武汉访问，参观汉阳铁厂和湖北枪炮厂，并在晴川阁设宴招待外国贵宾，席间赋诗云：

海西飞轪历重瀛，储位祥钟比德城。
日丽晴川开绮席，花明汉水迓霓旌。
壮怀雄揽三州胜，嘉会欢联两国情。
从此敦槃传盛事，江天万里喜澄清。

张之洞为晚清重臣，在中国近代史上占有重要地位。我馆

张之洞手书诗作《大俄太子来游汉口飨燕晴川阁索诗索书即席奉赠》

所藏与其相关的文物资料，多为电报稿，均为幕僚代笔。杨绛先生捐赠的这批有关张之洞的诗稿、公函、墨迹，如《张文襄公遗墨》《张文襄公七言行书》挂轴等确为张之洞本人手迹，张之洞这类书法精品存世不多，非常珍贵。这批墨宝的入藏，为我馆对晚清历史，尤其是对清流派及洋务派历史的研究，提供了翔实的史料依据。

二、这批文物具有极高的文化价值，如有刘鹗、钱基博题跋的《大观帖》(一套十卷，仅缺五、六卷)。

刘鹗（1857—1909)，字铁云，小说家，嗜古成痴，喜好金石、碑帖、字画及善本书籍。据碑帖专家介绍说，《大观帖》为北宋官刻丛帖，由龙大渊主持，蔡京奉旨书写帖内款识标题，因刻于宋徽宗大观三年（1109)，世人遂称之为“大观帖”。《大观帖》摹刻精细准确，笔画沉着丰腴，使转纵横均体现用笔之妙，董其昌评价《大观帖》:“金石之工，较《淳化阁帖》更胜！”《大观帖》拓本多系皇帝赏赐，因而流传较少。北宋灭亡后，金人占领开封，帖板亦失陷。1141 年“绍兴和议”后，南北方互置“榷场”，开展贸易。有人“潜拓”少量拓本拿到榷场贩卖，世称“榷场本”。

此帖刘鹗跋曰 :“铁云案:祁文端家有覃溪学士（翁方纲）所藏宋拓残本，余曾借读，与此正同，但拓时较前耳，又以予所藏宋拓淳化残本大令书与此第十卷相较，此胜于彼，益信其为宋刻无疑，但拓时较后，恐即榷场本也。……”

旧拓大观帖卷八

钱基博先生跋语 :“《大观帖》原十卷，此缺五、六两卷，乃余亲家翁杨老国先生以赐长男中(锺)书。中(锺)书娶先生四女季康,此为觌仪也。”

由此可见，这套《大观帖》是杨荫杭老先生送给女婿钱锺书先生的见面礼。虽为榷场本，缺五、六卷，因国内各大收藏机构仅故宫有第一册卷二、第二册卷四、第三册卷五，南京大学有翁方纲旧藏第六卷残本一册（榷场本），我馆仅有张简盦藏第七卷一册。故这套《大观帖》的文献价值、史料价值极高，令少有机会睹其真容者眼前一亮，大大丰富了我馆的碑帖收藏。

三、这批文物具有极高的艺术价值，如《急就章》拓片。

《急就章》原名《急就篇》，是西汉元帝时命黄门令史游为少儿识字所编蒙学字书。因篇首有“急就”二字而得名。史游生卒年不详，他著《急就章》用隶书草写的方法书写，后人因这种字体出于《急就章》，遂名章草。

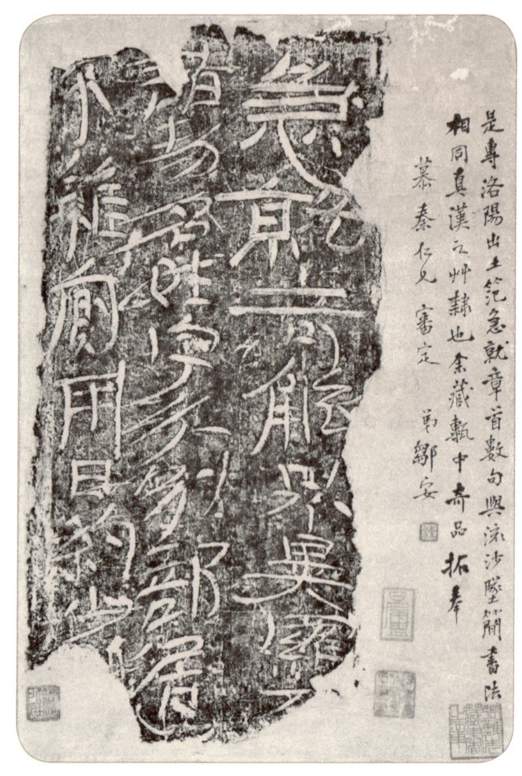

《急就章》拓片

这张《急就章》拓片，有清末学者邹安跋曰：“是专(砖)洛阳出，土范。《急就章》首数句，与流沙坠简书法相同，真汉之草隶也，余藏砖中奇品。拓奉慕秦仁兄审定。”

汉代有地位者身后立碑，老百姓过世后墓里多以砖刻画像、名号、年代和祥语等做纪念，也曾有皇室成员或有名望的人以砖志墓的，然以砖刻《急就章》或其他诗文的情况极为罕见。这件拓片系邹安拓送连文澂，后为张难先收藏。辗转至钱、杨两位先生之手，一直悬挂于客厅。其价值之高，无与伦比！

四、这批文物是钱、杨两位先生潜心学术的真实写照，如经钱锺书先生批注过的《韦氏第三版新国际英语大词典》。

钱锺书先生注释过的《韦氏第三版新国际英语大词典》，共2662页，词典已有160多年的历史，其在英美等国的地位相当于中国的《新华字典》，是最权威的英文词典之一。据杨绛先生说，钱先生嗜读词典，尤其这部词典，几乎天天读、得空就读。新版出来，就将与此版不同处填写于词典空白处，相互对照，以为印证。对词典原解所发观感，也随手写上。词典自20世纪60年代购得即开始加写，直至90年代初中期生病住院后，才不再翻阅。现在查看这部词典，几乎每页空白处都密密麻麻留有钱先生的批注，非常难得。

再如杨绛先生捐赠的西班牙文学名著《堂吉诃德》中译文手稿，同样是珍贵的文物。20世纪50年代后期《堂吉诃德》被列为国家“外国古典文学名著丛书”之一，杨绛先生受命翻译此书。为了忠实反映这部作品的思想内容和艺术风格，杨先生在年近五旬之际，毅然决定自学西班牙语，以便从作家的母语直接翻译这部作品，并在1965年初译完该书上卷；在下卷译到将近一半时，“文化大革命”开始，先生不仅中断译事，还被迫

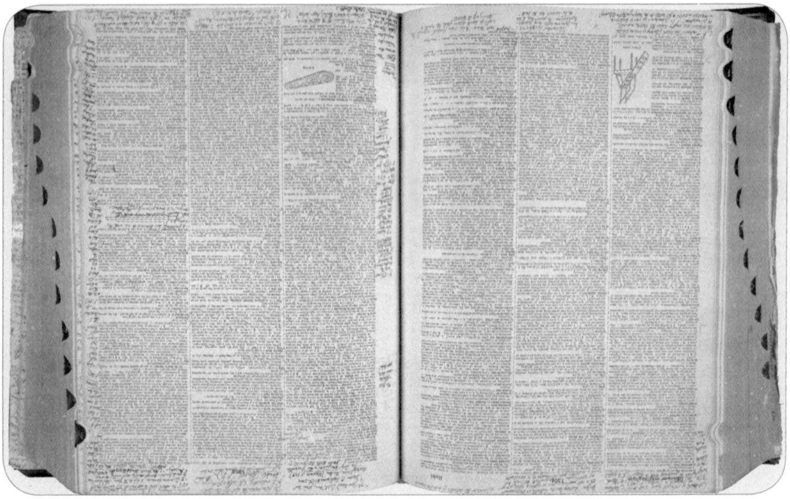

《韦氏第三版新国际英语大词典》

交出译稿。直到 1972 年 8 月先生从干校回京，才得以重拾旧译。但下卷所译部分因搁置太久，风格不易衔接，只好从头再译。全书最终在 1978 年 4 月出版。这两卷手稿见证了杨先生对待翻译字斟句酌、精益求精的严谨治学态度，手稿那发黄变脆的纸张则满载着往昔岁月的苍凉。

此外，还有一批钱锺书先生和杨绛先生用过的文具、印章、生活用品等。如两位先生用过的铅笔、毛笔、印章、印拓、眼镜和衣服等，这些遗物，取材、工艺虽普通，意义非凡。由此亦可见两位老人生前十分简朴，不事张扬。两位文学巨匠生前潜心学术，远离世俗，生活极为清朴。杨先生的深色格子衬衫、钱先生的蓝色中式外衣、棕色中式棉衣等都是再普通不过的材质，甚至还有杨先生亲手为钱先生编织的毛衣、缝补的衣物，以及缝补衣服用的针线盒。这些都充分反映出他们所崇尚的是：

简单的生活，高尚的思想。

我们每次去先生家迎取文物，离开时先生必送到门口，每劝老人留步，老人不肯，吴学昭老师说："先生是在送她的'宝贝'去国家博物馆！"

我们定会信守承诺，保护好这批文物，不辜负先生的嘱托！

2016 年 8 月

（作者为中国国家博物馆藏品保管二部副主任、研究馆员）

钱先生穿过的牛津学袍

林江泓　郭幼安

我们与杨绛先生相识缘于一个展览。那是2002年，国家博物馆筹办“求学海外　建功中华——百年留学历史文物展”。展览涉及近代以来众多留学前辈，文物征集工作十分繁重。我们走访了数十位新中国成立前著名留学人物的亲属，商谈征集或借用文物和图片，收获不小。而杨绛先生是其中最为特殊的一位。这是因为钱锺书先生在学术界拥有崇高地位，还因为杨绛先生是我们拜访过的少数几位健在的老一辈留学亲历者之一。我们对杨先生充满期待，但她年事已高，为了展览的事情打搅她，我们心里颇为不安。多亏杨绛先生的老友、另一位著名留学人员、学者吴宓的女儿吴学昭先生的热情帮助，我们与杨绛先生取得了联系，约定日子登门拜访。

那年夏秋之交的一天，阳光灿烂，我们怀着忐忑的心情来到了杨绛先生的寓所。早就听说杨先生为人十分低调，很少与外界接触，我们毫无把握先生能否应允将私人物品用于展览。

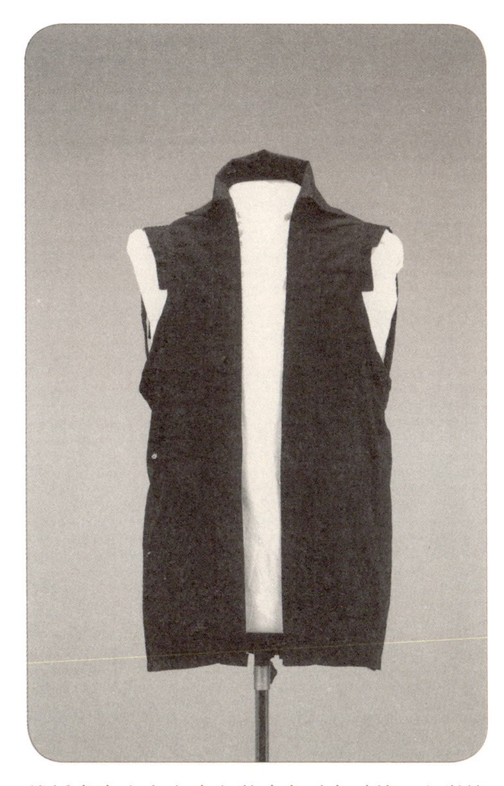

钱锺书先生在牛津大学读书时穿过的黑色学袍

一踏入杨先生的家门，就看到杨绛先生面带微笑地站在客厅的门口。她一头银发，梳理得一丝不乱；上身着一件格子布衬衣，下身穿一条毛料西裤，素净雅致。她平和的笑容让我们顿感亲近，心情即刻放松下来。客厅面积不大，窗户朝南，阳光穿过露台，透过窗子洒进房间。从陈设看，这里大概是杨先生的主要活动场所，既是她的书房，又是起居室，还兼客厅。家具大多老旧，但很整洁。先前听说杨先生将大笔的稿费捐赠清华大学设立奖学金，奖励青年才俊，眼前这简单朴素的环境，映照出前辈学人风轻云淡的人生追求。

几句寒暄过后，我们向杨先生简单讲述了来访的目的，希望她能够提供有关钱锺书先生留学期间的实物与照片，用于北京和香港两地的留学生展览陈列。听完我们的话，杨先生莞尔一笑，转身拿出一包东西。这时我们一下子明白了，杨先生已经与吴先生进行了沟通，在我们来之前就把东西准备好了，先前的担心烟消云散。

杨先生拿出了一些她与钱先生在英法留学时的留影，一张一张向我们讲述照片拍摄的地点、时间、照片的背景和相关的故事与情节。她回忆着他们年轻时的美好时光，仿佛那些都是昨天发生的事。1935 年，不到 25 岁的钱锺书参加了教育部第三届庚子赔款公费留学资格考试，以第一名的成绩考取公费留学英国的资格。同年 8 月,钱锺书携新婚不久的妻子杨绛来到英国，进入牛津大学埃克塞特学院攻读文学学士学位。1937 年，钱锺书从牛津大学毕业，与杨绛怀抱年幼的女儿钱瑗前往法国巴黎大学继续他们的求学之路，直至 1938 年归国。这段英法留学的经历，杨先生在日后的著作及回忆文章中都有记述。

我们根据杨先生的介绍和展览的需要，选择了几张照片，其中就有大家熟悉的 1936 年冬钱锺书与杨绛在牛津大学公园牛津桥上的合影和 1938 年他们在法国巴黎卢森堡公园中的留影。

挑完照片，杨先生告诉我们，她还要提供给我们一件钱先生在牛津大学读书时穿过的学袍。我们非常高兴，因为如果能有见证历史的实物与图片结合起来陈列，展览的效果会更好。这件学袍就是后来留学生展中展出的那件“黑背心”。穿学袍在牛津大学已经有数百年的历史了。根据学校规定，大学本科生要经常穿学袍，而现在牛津大学只要求在重要的仪式或场合穿。学袍的样子有点像背心，由黑色布料做成，翻领、无袖，肩上有两条飘带垂下，长度齐臀。当时，这黑色的学袍实际就是牛津学生的标志。杨先生在《我们仨》中提到过，牛津小镇里“满街都是穿学生装的人，大有失学儿童的自卑感，直羡慕人家有而我无份的那件黑布背心”。钱先生夫妇非常珍视这件学袍，它凝聚着他们对那段留学时光的美好记忆。1938 年，国难当头，钱锺书夫妇辗转里昂乘船回国。因走得匆忙，能带的东西有限，但他们还是选择将这件学袍留在身边。时光流逝了六十多年，但当我们第一眼看到这件学袍时，仍为杨先生能将其保存得如此完好而惊叹。

在交谈中我们了解到，杨先生还珍藏着她父亲杨荫杭早年留学美国的照片，于是不揣冒昧希望也能选取两张用于展览。杨先生欣然答应。杨荫杭是中国近代法学家。他早年先后就读天津中西学堂和上海南洋学堂，1898 年留学日本早稻田大学，获法学学士学位归国。1906 年，再度负笈海外，进入美国宾夕法尼亚大学攻读法学硕士。我们选取的两张照片都是杨荫杭先生在宾大时的留影，其中一张是杨荫杭与南洋公学留美同学在其寓所前的合影，照片背面有杨荫杭先生的题记。题记的主要内容为："西历一千九百零八年十二月三十一日，南洋公学旧学生徐经郛、叶尊前、朱庭祺、赵景简、林则蒸、杨锦孙、胡鸿猷、杨荫杭、杨荫樾摄于美国费城胡桃街三千四百四十三号杨荫杭寓所之前廊，时诸人方自独立厅观自由钟归……"照片中的杨荫樾是杨荫杭的弟弟，与杨锦森、赵景简、徐经郛、胡鸿猷、林则蒸同为南洋公学商务专科毕业生，1907 年被派往美国深造。朱庭祺是北洋大学堂公派留学生，当时在哈佛大学攻读经济硕士学位。他的夫人胡彬夏也是中国近代史上一名著名的女留学生。

为了能更好地展示照片的全部内容，杨先生特地走到书桌旁，用专用的信笺，为我们誊录了照片背后的文字。杨先生的

留美学生杨荫杭、杨荫樾等在美国费城胡桃街 3443 号杨荫杭寓所前的合影

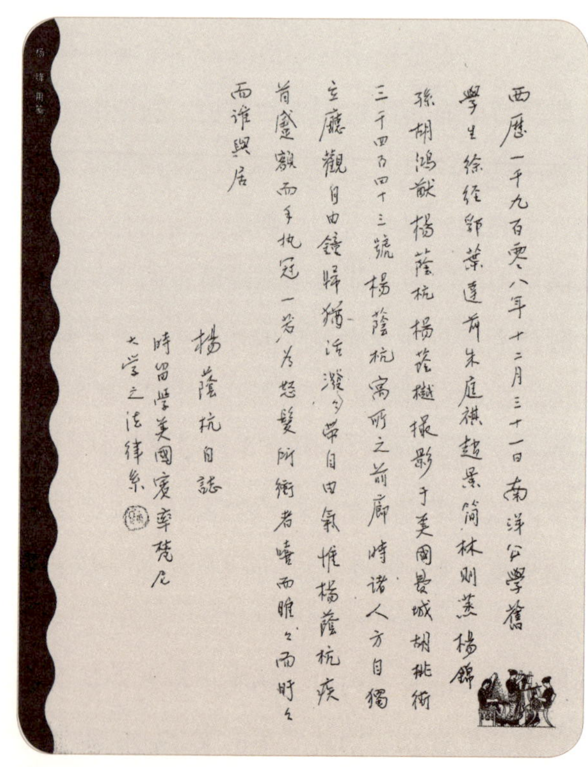

西歷一千九百零八年十二月三十一日南洋公學舊學生徐經郛葉達前朱庭祺趙景簡林則蒸楊錦孫胡鴻猷楊蔭杭楊蔭樾攝影于美國費城胡桃街三千四百四十三號楊蔭杭寓所之前廊時諸人方自獨立廳觀自由鐘歸獨活潑々帶自由氣惟楊蔭杭疾首蹙額而手執冠一若為怒髮所衝者噫而睢々而盱々而誰與居

楊蔭杭自誌

時留學美國賓率梵尼大学之法律系

杨绛所誊录尊人杨荫杭先生写在照片背面的题记

专用信笺为白地，右下角绘一仕女戏乐图，左边为波浪状蓝色竖条图案，左上角印有“杨绛用笺”四字。杨先生誊录得十分认真，字体娟秀，气质如人；同时又落笔稳健，全然不像一个九旬老人的笔触。这张杨先生誊录的题记与照片一起先后在京港两地的留学生展中展出，并收录在国家博物馆编辑的展览宣传图册中。

2003 年 3 月，“求学海外　建功中华——百年留学历史文物展”在中国国家博物馆的中央大厅展出。展览共展出近三百件文物、四百余幅照片。杨荫杭先生和钱锺书夫妇留学时的照片以及钱锺书先生在牛津大学读书时穿过的黑色学袍给观众留下了深刻的印象。许多媒体都在报道中特别提到了钱锺书的这件“黑背心”。杨绛先生对展览也颇有兴趣，曾对身边好友讲道，若不是“非典”，我定会去看看。

根据约定，在留学生香港展结束后，我们要将借展的实物送还杨先生。为了表达对杨先生的感谢，我们决定买一盆花送给先生。花市里花木繁多，看花了眼，最后我们发现了一盆从没见过的奇特小花，叶子碧绿，窄窄的，叶丛中伸出一枝肉质粉红苞片，苞片上开放着两朵紫色小花。老板告知这个花叫铁兰。听说杨先生喜好兰草，于是我们就买下了这盆花。后来才知道，这种花的学名叫紫花凤梨，属凤梨科。

又是一个明媚的早晨，我们带着准备归还的物品，抱着这盆“兰花”，再次来到杨先生在南沙沟的寓所。果然，杨先生未曾见过这种花。我们便把从花店老板那里学来的话转述给了先生，说这是一种兰花，生长在南美，刚刚进入中国。杨先生听后微笑着点了点头。

再次见到杨先生，大家都很高兴。我们向先生简要介绍了留学生展在北京和香港展出的情况，将我馆与香港历史博物馆联合出版的展览图集《学海无涯——中国近代留学生史》送与先生。杨先生看后很高兴，提出可以将参展的部分照片和钱先生在牛津大学读书时穿的黑色学袍捐赠给国家博物馆。这真是天大的好事，我们立即向杨先生表示感谢，并保证会很好地保存和利用这些珍贵文物。我们还不无自豪地补充道，即便是在“文革”动乱期间，国家博物馆也未曾损失过一件文物。这是杨绛先生向我馆捐赠的首批文物。

由于不像第一次造访有许多工作要做，此次的时间就显得宽裕了一些，我们也有机会与杨先生闲聊。我们聊到先生近期的工作，聊到日常起居。给我们印象最深的是先生的生活十分有规律。每天早晨 8 点半，杨先生一定会准时坐在书桌前开始工作。下午如果天气好，就会下楼走一走。那时，杨先生已是 90 多岁的老人，可是依然身板挺直，头脑清晰，思维敏捷，想必得益于坚持不懈的笔耕与阅读，不能不让人肃然起敬。我们聊得高兴，不觉间已过去了三个小时。由于怕时间长了老人会累着，我们便起身告别。杨先生见我们要走，遂拿出两本早已签好名的《洗澡》相送，给了我们意外的惊喜。

时间飞逝，一晃十几年过去了，先生也已离我们而去。她那亲切的笑容、从容而优雅的身影不时会在我们的眼前浮现。当年，若没有她对我们工作的支持，我们的展览会失掉那精彩的一篇。今天，我们写这篇文章不仅为了纪念杨先生，也是要向她表达谢意，向当年对我们展览工作提供真诚帮助的所有人士表示感谢。

2016 年 8 月

（林江泓为中国国家博物馆展览二部研究馆员，

郭幼安为中国国家博物馆展览二部副研究馆员）

怀念杨绛先生

安跃华

2016年5月25日，105岁的杨绛先生仙逝。此前已经听闻先生身体近来不大好，住在医院里，但心里还是默默祈祷这位历经人生种种磨难的老人能够平安度过此劫。

我久慕先生大名，对先生的品德和才华素来高山仰止，但明知自己只是个无名小辈，又非一个文学创作者，本来与先生不可能有什么交集。可机缘巧合，偏偏让我与先生有了三次短暂的见面。也正是因为这三次接触，才让我的这份怀念多了一分真实，也多了一分深切。

2014年8月的一天，突然接到先生助理吴学昭老师的电话，表达先生欲将一批家藏实物资料捐赠中国国家博物馆的愿望。这个电话使我们做文物征集的工作者喜出望外。其实，我馆与先生的渊源可以追溯到2003年，那时我馆正在筹备“求学海外　建功中华——百年留学历史文物展”，筹展的同事曾经前往先生家中，征集到先生的尊人杨荫杭老先生与留美南洋公学同学的合影，还有钱锺书先生留学英国牛津大学时穿过的、作为学生在校标志的黑布背心。自那时起，我们就希望能更多地收藏有关钱锺书、杨绛两位文学巨匠的相关实物资料。但因为先生平素远离尘嚣，潜心创作，所以一直不敢打扰。此次得知先生欲主动捐赠，我们自然不敢怠慢，即刻向馆领导汇报后，很快就与吴老师商定了接洽时间。

8 月 18 日，我与本馆藏品保管二部的一位领导和一位专家第一次踏进了先生在南沙沟的家。此前曾数次在对先生的采访作品中读到过先生家的简朴，这次亲临实地，才真是有了切身感受：开放的阳台、水泥的地面、简单的家具，墙上挂着名人书画，桌上和柜子里除了书还是书。一位身材瘦小、洁净利落的老人在阿姨的搀扶下，精神矍铄地从里屋走到客厅里，与我们一一握手。她的手细腻绵软而又温暖，笑容儒雅平和而又慈祥，寒暄中轻声细语，一下子就消除了我的紧张和束缚感。为了不耽误先生过多的时间，我们赶紧投入工作。先生已经将准备捐赠给我馆的第一批实物资料整理完毕，按照类别整齐地放在桌子上，我们根据吴老师制定好的清单逐件核实接收。整个过程中，先生都静静地坐在沙发上，微笑地看着我们的一举一动。那种从容，那种优雅，那种淡然，似乎带有传染性，使整个房间里的空气都变得安然起来，让我们不由自主地安静而有序地进行着工作。遇到需要核实的情况，我们会询问先生，她都一一作答。清点工作进行得很快，结束时，我请先生在我馆的征集清单上签字。先生戴上眼镜，一笔一画地签上了自己的名字“杨绛”，又特意在旁边签上自己的本名“杨季康”。先生毕竟年事已高，一直坐着陪我们，我们担心她劳累，不敢长时间地打扰，工作一完成就赶紧告辞。先生执意起身送我们到门口。

此后我又两次前往先生家中接收捐赠。每一次先生都是那样静静地坐在那里，看着我们工作，放心地把她的珍藏交到我们手上。只是没想到2014年9月12日与先生握别后竟成永别！

先生去世后不设灵堂，不举行遗体告别仪式，不留骨灰，还将自己的房产、财产和藏书文物等全部捐给国家和有关单位。干干净净地来，又干干净净地去，这样的洒脱与超脱非世间凡人所能企及。遵照她的遗愿，吴老师等先生的助手们继续将家中一批重要实物和资料转交我馆。经过整理，这些文物共250余件套，包括钱、杨两位先生家藏多年的书画、册页、古籍、碑帖、印章、名人手迹，以及两位先生的证件、生活用品、照片等。

先生翻译的巨著《堂吉诃德》第一、二部的手稿，也在她去世后移交我们。这套手稿共有两部分，因为年代久远，落满了灰尘，纸张也已经发黄变脆。译文是先生用蓝黑钢笔书写在400字稿纸上的，字迹干净清秀，每一页上都有先生认真修改的痕迹。她把手稿按章节分别用订书钉订好，然后整整齐齐地摞在一起，再包上牛皮纸，用布绳系起来，一丝不苟。

据先生作文自叙，1957年，国家计划翻译出版“三套丛书”，其中外国古典文学名著丛书编委会交给先生一项翻译任务，重译《堂吉诃德》，并告诉她从哪种文字转译都可以。先生找了5种最有名望的英法文译本细细对比，结果发现同样的内容，表达的形式各不相同。5种译本各有所长和不足，很难确定用哪一

《堂吉诃德》中译本手稿

种更好。先生十分钟爱这部小说，她认为要求对原作忠实，就得据原文翻译。于是她不惜下大功夫，毅然决定从 1958 年冬开始自学西班牙文，每天坚持，始终不辍，而那时的她已经 47 岁了。她一边学习，一边认真做笔记，将自习西班牙文的文法整整齐齐地摘录到小笔记本上，方便复习和查阅。到 1960 年 3 月，她已读完《西班牙文入门》，开始阅读拉美的西班牙文小说。由浅入深，渐渐地能读懂比较艰深的文章；接下来，便开始着手翻译《堂吉诃德》。她选择了西班牙皇家学院院士马林编注的最具权威性的《堂吉诃德》版本，从那时的北京图书馆借来此书后，便一头扎进了翻译《堂吉诃德》的工作中。她在阅读原文的同时，会随手把每页中的重点语句和片断抄录在练习本上，以备反复推敲琢磨怎样才能使译文既忠实原文又流畅顺口。

1965年1月,《堂吉诃德》第一部翻译完毕,开始翻译第二部。不久,"文化大革命"开始,先生作为"资产阶级反动学术权威"被揪出,去扫院子,扫厕所。《堂吉诃德》译稿,也被迫全部交出。先生当时第二部已经译了四分之三!直到1970年7月她下放干校前夕,幸得一位年轻人仗义相助,这部译稿才重新回到先生手中。1972年春,先生从干校回到北京,因为译文搁置多年,读来时觉拗口,不得不从头再译。于是,每天趴在陋室床前的书桌上,参考以前的译稿重新翻译。1976年11月20日,《堂吉诃德》第一、第二部全部定稿。次年迁入新居后,先生又将全书通校一遍,于5月初送交人民文学出版社,1978年4月底《堂吉诃德》正式出版。

先生所译的《堂吉诃德》1978年出版后,受到读者热烈欢迎。邓小平同志当年亲以此书作为国礼送给来我国访问的西班牙国王。西班牙国王亦为表彰先生对传播西班牙文化所做的贡献,颁发她"智慧国王阿方索十世十字勋章"。此书自出版以来,长销不衰。国内后来虽也有多种译本出版,先生所译《堂吉诃德》的销售数量始终遥遥领先。

读者喜欢先生译本,恐非偶然;可能与先生对《堂吉诃德》及其作者塞万提斯的精深研究有关。先生不仅发表过许多这方面的精彩论文,仅从她所捐赠的笔记看,她为此所下的功夫实在不浅。先生访问西班牙,主要兴趣不在游山玩水,而是孜孜与研究塞万提斯和《堂吉诃德》的学者讨论求教,学习和积累有关的信息和知识。即使在伦敦只短短逗留几天,也急忙赶去大英博物馆一睹塞万提斯的手迹。

在先生的捐赠品中，还有一个小笔记本，上面一一列记她所考证整理的中国历代王朝皇帝的名称、年号、在位时间、旧历年份、公历年份，以及同一时期国外发生的重要事件等，这可能有便于在翻译过程中纵横比较。能够不惜花费时间精力如此做的，恐怕也只有像先生这样既具有深厚中华传统文化底蕴、广博知识，又严谨治学、勤于考证的作家、翻译家了，其功力之深，的确技高一筹。难怪一直以来先生所翻译的书被公认为优秀翻译佳作，其地位无人能撼。

斯人已逝，音容宛在。我们对先生的离去虽有万般不舍，先生的操守、情怀与才华，已融进她的文字，融进她所捐赠给国家的文物中，成为流传后世、教化人心的珍宝。

2016 年 7 月 30 日

（作者为中国国家博物馆藏品保管二部征集室研究馆员）

我与杨绛先生的未晤之缘

盛　莉

“锺书逃走了，我也想逃走，但是逃到哪里去呢？我压根儿不能逃，得留在人世间，打扫现场，尽我应尽的责任。”孑然一身十八载的杨绛先生还是悄然“逃走”了，不带走一丝云彩。

2016 年 5 月 25 日，北京晴和明朗。我用过工作午餐回到办公桌边刚坐定，就被爱人转发来的一则消息怔住了。“杨绛先生今晨在协和医院离世……”几行字还未看完，泪珠便止不住一滴又一滴顺着面颊滑下。我原本安静的心境就像是被一柄斧头瞬间猛击的镜子，猝不及防地碎裂开来，化为无数细小的碎片，从心口向着周身扎刺般蔓延。不知情的同事过来搭话，见我一脸湿润甚是愕然，忙问出了何事。我一时哽咽，说不出话。顿了几秒，挤出几个字：“没事。一会儿就好。”

“一会儿”之后，脸上的泪干去。但我知道，心口那面被击碎的镜子，却是再也无法重圆了。

杨绛先生辞世的消息，以迅速、悲伤的节奏敲打撞击着每位知晓敬爱她的人的心口。我是千万哀悼大众中的一员。然而不同于常人，我的哀悼中埋藏着一道隐痛。我确信，那道隐痛将长久地伴随我。

2004 年 7 月，我从北京外国语大学调入中国国际广播电台僧伽罗语广播部工作，从一名教书匠转变为广播媒体人。在适应了职业角色的转变、做好日常对斯里兰卡广播宣传报道工作的同时，我开始尝试着在斯里兰卡纸媒用僧伽罗语撰文，向斯里兰卡受众传递更多中国信息，由此结识了一些对中华文化有着浓厚兴趣的斯里兰卡知名作家、资深媒体人士。Saman 先生便是其中的一位。

2010 年下半年，Saman 先生向我提议，希望与我合作将中国文学名著翻译成僧伽罗语，为中斯两国文化交流做些实事。几番考虑，我们决定翻译钱锺书先生的《围城》。

2011 年年初，通过三联书店版权部石晓光女士的帮助，我与杨绛先生的代理人吴学昭先生通过邮件取得联系。在给吴先生的第一封邮件中，我写道："将钱锺书先生的《围城》介绍给对华友好的斯里兰卡读者，是长期从事对斯里兰卡宣传报道的我多年的愿望。作为钱锺书先生的忠实读者，真诚希望能获得杨绛先生的授权，使僧伽罗语版《围城》及早呈现给斯里兰卡读者。"吴先生就此事请示了杨绛先生之后，很快做出答复："已问过杨先生，她感谢你们欣赏《围城》，但这部作品中西典故反讽隐喻多，要准确表达原意不失本真，又保持原著风格，极属不易。为慎重计，希望您能先译某些章节（10 页左右）发给我们，经有关专家评估后，再考虑授权问题。"

《围城》是钱锺书先生的名作，迄今已被译成多国文字。杨绛先生对确定《围城》的外文译者一向非常慎重，不希望译成的外文对原书风貌有任何玷损。在授予《围城》翻译权一事上，杨绛先生对锺书先生著作的钟爱以及严谨认真的治学态度，让我深有感触。正如杨绛先生所言，翻译中要保持原著风貌绝非易事。初次试水翻译大作虽然是我主动自揽的任务，着手翻译时，不敢有丝毫怠慢。为了最大限度忠实原著，我与 Saman 先生采用了笨拙“低效”的工作模式：由我先对照中文原著译出僧伽罗文，提交 Saman 先生对照《围城》的英译版审校、润色。遇到任何问题，二人一起商讨沟通后定稿。由于我与 Saman 先生远隔千里，互联网音视频通信工具成为北京与科伦坡两位译者间必用的联络沟通手段。

2011 年 10 月，我与 Saman 先生合译完成《围城》第一章，将译稿邮寄吴学昭先生转呈杨绛先生。之后，译稿经北京外国语大学僧伽罗语教授郑于中及中国国际广播电台僧伽罗语首席翻译王晓东两位专家审阅，得到肯定与认可，杨绛先生欣然准予了《围城》僧伽罗语版翻译权。除了通过吴学昭先生鼓励我与斯里兰卡作家将《围城》翻译向前继续推进，杨绛先生对该书僧伽罗语版在斯里兰卡出版后的版税分配等问题只字未提。治学做人极严谨的先生，一生淡泊名利。她与钱锺书先生将个人所得巨额版税悉数捐赠清华母校设立“好读书奖学金”的善举，之前早已耳闻。先生对如我这样的非通用语译者不提金钱只谈专业，用世间罕有的大家风范与慷慨支持、鼓励我求真奋进、坚持理想，向斯里兰卡读者传播中华文化，此恩此情让我深为感动。后来我从吴学昭先生那里方知，杨绛先生一开始就决定对我们的《围城》僧伽罗语译本免收原著版税，一如她对许多小语种的译本如荷兰语译本等同样。因为推出《围城》译本，主要是为了向外国读者介绍中国文化，考虑到小语种国家读者少，销量小，译者同样辛勤付出，酬劳却远不如通用语译本译者。为此对小语种译本免收版税，也是对译者尊重和感谢的一种表示。

得到杨绛先生的翻译授权，我与Saman先生深受鼓舞。我们二人继续沿用之前的翻译方式，在忙碌的工作之余挤出时间一点一滴认真翻译《围城》。不曾料想的是，没过多久，我和Saman先生各自的生活、工作遭遇变故。二人先后身体状况出现问题，分别动了手术。

2011年下半年，商务印书馆与中国国际广播电台合作实施“18种小语种汉外分类词典全媒体出版”项目，我受命参与并担任《汉语僧伽罗语分类词典》主编，拖着虚弱的身体，历时近两年完成词典编译工作。2012年7月，我被任命为国际台僧伽罗语部负责人，工作担子进一步加重。开会、培训、出差、加班成为家常便饭。随后，我爱人被派驻外工作，照顾家中的老人小儿的责任也落到我的肩上。在国际台不断加大外宣力度的背景下，我身负的行政、业务职责愈发沉重。继《汉语僧伽罗语分类词典》之后，我顶着各种压力、克服种种困难又完成数项国际台人才工程项目。曾为斯里兰卡反对党领袖媒体秘书、现任斯里兰卡总理媒体顾问的Saman先生过去几年中虽与我经历不同，却也同样在各种繁杂的公务中疲于奔命。

时间不觉间飞快流逝，《围城》的翻译进展迟缓，其间几度停滞。过去三四年中，我虽未忘记杨绛先生以及吴学昭先生对我的信任与期待，在身体状况欠佳、一人独担家庭事业双重责任以及应对个人职业生涯中始料不及的不公和莫名责难，我身心俱疲，甚至一度意志消沉。授予翻译权之后，杨绛先生从未通过吴学昭先生催促过问《围城》僧语版的翻译情况。在我身不由己，任由生活与职业的洪流将我席卷冲带的几年里，杨先生宽厚的“不闻不问”，让我每当忆及皆羞赧抱愧。

我从未与先生谋过面，也从未直接与先生有过任何形式的交往、交流。涉及《围城》翻译事宜的所有联络工作，均由先生的好友吴学昭先生代理。听吴先生事后说，杨先生从未埋怨过译者翻译进度缓慢，反倒经常担心译者是否在生活或工作中遇到困难。

得知杨绛先生仙逝，我当即给吴学昭先生发去邮件，表达了内心的哀伤与自责：“纵有万千缘由，终归是我负了杨先生的信任，未能在先生离世前完成《围城》翻译。这份遗憾，带着自责，将永远印刻在我心里。斯人已去，承诺犹在。我与Saman先生会尽快完成翻译工作，以慰杨先生在天之灵！”

大都好物不坚牢，彩云易散琉璃脆。先生终究还是离我们而去了。先生曾言，“人间没有单纯的快乐。人间也没有永远”。但是，这位淡雅如菊、慈祥仁厚的百岁学者，在我心中成为一道永远不灭的追忆。我与先生的未晤之缘里，留下的是一份永久的遗憾。

先生，我要对您说一声：“对不起！”

先生，愿您在天国安好。

2016年6月6日

（作者为中国国际广播电台僧伽罗语广播部副译审）

忆与杨绛先生交往点滴

陈流求　陈美延

我们姐妹略知钱锺书、杨绛两位先生的祖辈与我家祖上曾有交往。“文革”后为了收集、整理、出版父亲遗著事宜，我们从国内各地多次来到北京，但从未去打扰钱、杨两位先生。

20 世纪末获知杨绛先生相继失去爱女和夫君，对她老人家的打击可想而知，以后我们又赴京得知杨绛先生在悲痛和思念亲人的同时继续笔耕不辍。

为了感谢杨先生整理遗物时托人交还给美延一本手抄资料，我们未经预约请友人带领登门拜访杨先生，未料杨先生见到我们挺高兴，老人思维敏捷、记忆清晰，谈到在 1934 年左右，曾奉其尊人杨荫杭先生之命与父亲切磋有关问题，杨绛先生说那时她是一名学生（清华研究院外国语言文学部研究生），专程到我父亲授课的教室，坐在末排，待课后方上前向我父亲说明来意；以后又带着其尊人杨老先生手书到清华教职员工宿舍新西院，在我家见到两个小女孩，小的一个眼睫毛特别长，给她留下了

杨绛先生为本文作者题签

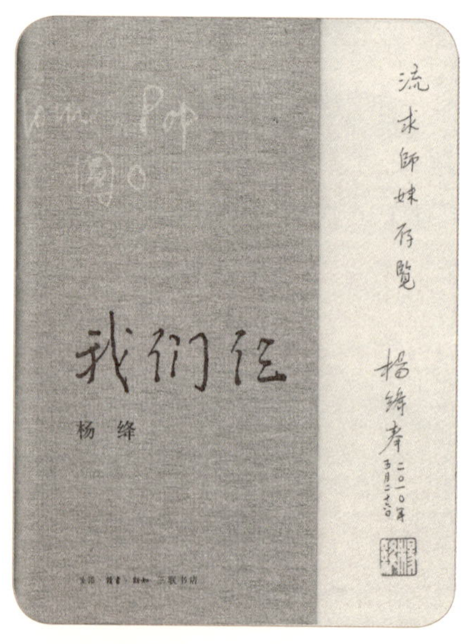

杨绛先生题签本

很深的印象（小女孩分别是流求和小彭，小彭自幼眼睫毛较长）。她也知道美延与女儿钱瑗是同年同月出生，而钱瑗已逝；美延在中山大学任教，退休后仍继续为父亲身后事忙碌着。正谈话中从厨房传来了炒菜声，时间已近中午，我们立即告辞。杨先生执意要送我们下楼，说当天她还没有下楼散步呢，杨先生穿双薄底的便鞋，走在南沙沟大院里步履轻盈，完全不像九旬老人。她还说想来你们会去探望住在院内的亲戚——俞大绂夫人，这话让流求有些诧异，原来杨先生还知道我家一些情况。

2010 年应清华国学研究院及中华书局之邀，流求、美延再赴京，恰好我们三姐妹回忆父母的书《也同欢乐也同愁——忆父亲陈寅恪母亲唐筼》面世，书中引用了 1921 年哈佛大学蓝曼教授写给校长的一封信，其译文曾请杨绛先生最后审定。为了感谢先生，我们经预约在 5 月 26 日上午与她晤面，当年老人家已年近百岁了，给我们应门的小保姆说“奶奶已经在等你们了”，交谈中杨先生兴致颇高，思维、记忆依然清楚，再次提起她于清华念书时在我家见到的两个小女孩，我们呈上拙著后她高兴地收下，并回赠《我们仨》《我们的钱瑗》《听杨绛谈往事》等著作，当场分别为我们姐妹署名盖章，谦逊地称我们为师妹；接着大家愉快合影留念。之后，听友人转述杨先生看了我们回忆父母的书，其中描述母亲牺牲自己的事业全力支持父亲工作的这个段落，尤为感动，希望继续写下去。

2016 年我们姐妹均到了耄耋之岁，在初夏传来杨绛先生仙逝的噩耗，我们自是感慨，陆续读到一些悼念文章，其中不少称杨先生为著名作家、翻译家、戏剧家；但我们感觉除此而外，她老人家还是一名成功的教育工作者。清华大学外国语言文学系 1951 年毕业的聂崇厚世姐，每每向我们谈起杨先生的人品、学识都非常崇敬。值得我们姐妹称道的还有：她本人生活简朴，近年来将大量的稿费捐给母校设立“好读书奖学金”，奖励清贫的优秀学子努力学习、成材报国。重新翻开杨先生馈赠的著作，她的题字是：“流求师妹存览”。实在受之有愧。我们姐妹虽然与杨绛先生直接接触较少，但她极不平凡的一生令我们钦佩，她是我们崇敬的师长。

2016 年 6 月

（作者系陈寅恪、唐筼之长女和幼女，职业分别为医师和教师）

悼杨绛

[意] 贾忆华

杨绛女士虽然离开了我们，但她的精神却依然给予我们鼓舞与激励。

自 20 世纪 90 年代以来，我有幸得以和这位英勇但可爱的女士互相通信，并将其部分作品译成意大利文。五十年过去了，但她关于“文革”的回忆依然能够帮助人们了解那个年代。她对生活的态度也激励着年轻的人们。我曾有机会在校园推介她的作品，每每我都看到，她的人生哲学、极简主义、低调谦逊和淡泊名利，被新生代们所欣赏和认同，并可能借此引领人们走出这个物欲横流、权贵当道的世界。

我有幸在 2011 年 6 月，她的百年华诞前夕拜访她。她的生日不仅在国内，也在世界各地被广为庆祝。她为人友善，机智过人，笑容甜美，而我和她之间的交谈，经由我们共同好友吴学昭女士的帮助，得以顺畅进行。这不仅是跨文化，也是跨时代之间的交流，在我心中留下了深刻的印记。

作者与杨绛先生合影　摄于 2011 年 6 月 9 日

她的作品和译著，她对钱锺书和女儿作品的维护和编辑，以及她对中西文化多语言的了解，大大促进了共识桥梁的构建，并将永远屹立于世。

我希望她的其他作品也将得以在意大利出版，从而使得这位伟大的中国知识分子取得的成就，更广为人知。

2016 年 5 月 26 日于罗马

（作者为意大利作家、翻译家）

杨绛译本《堂吉诃德》在国外

胡真才

2005年是西班牙著名小说《堂吉诃德》(第一部)出版四百周年纪念年，西班牙和拉丁美洲为此开展了一系列纪念活动。笔者于2004年5月至2005年5月在西班牙做访问学者，这期间，又于2005年4月下旬赴哥伦比亚参加波哥大第18届国际图书博览会，因此，亲身体验了西语世界纪念《堂吉诃德》的盛况。

西班牙纪念《堂吉诃德》从2004年11月开始，延续至2005年年底结束，总共要举行400场纪念活动。2004年11月6日《国家报》的周末副刊《巴别塔》做了一期《堂吉诃德》专辑，拉开了纪念活动的序幕。11月中旬，西班牙科学院校订并注释的《堂吉诃德》权威本出版，该书由西班牙政府资助发行，印数100万部，近千页的书，售价仅9.50欧元。因此，使之变成排行榜上居第一二位的畅销书。新版《堂吉诃德》出版后，西班牙国王在电视上朗读了该书的第一段，随后西班牙首相及文化名人，包括拉丁美洲的加西亚·马尔克斯和巴尔加斯·略萨等，

杨绛先生主译的《塞万提斯全集》
于 1996 年获第三届国家图书奖

均先后在电视上朗诵了《堂吉诃德》的片段。

在西班牙文化界纪念《堂吉诃德》出版四百周年的活动中，中国翻译出版《堂吉诃德》和《塞万提斯全集》的情况更为他们的纪念活动锦上添花。早在 10 月初，我的一位西班牙作家朋友把我介绍给他的朋友、西班牙塞万提斯学院院长，见面交谈中，院长对中国如何翻译出版《堂吉诃德》以及塞万提斯的其他作品很感兴趣，我便对此作了详尽的介绍。回到住所后，我立即给单位打电话，请求编辑部尽快给我邮寄《塞万提斯全集》和《堂吉诃德》单行本各一套（邮费昂贵，不好多寄）。过了一段时间，大约 10 月 23 日晚，西班牙塞万提斯学院举行活动，我带着上述两套书冒雨去参加。会场拥挤，我又手提重物，正巧大厅边上有个小平台，便把书放在平台上，自己站立一旁。大会开始，恰好院长来到小平台上讲话，待他讲话一结束，我急忙给他递上《全集》中的两本，院长一见这样精美靓丽的装帧，立即把书高举起来让大家看，记者们便纷纷照相，有记者还让院长把书捧在胸前拍照。没想到我那个下意识的举动，竟使我们的中译本在当晚的活动中大为露脸，并成为后来整个纪念活动中的热点之一。第二天中午，西班牙《国家报》的一名记者即打电话约定采访我。于是，10 月 28 日，西班牙第一大报《国家报》发表了记者采访我的文章，题为“中国再度对《堂吉诃德》产生兴趣”，文章记述了我作为《塞万提斯全集》的编者所做的工作，以及《堂吉诃德》被指定为中学生课外必读文学名著后的畅销情况。继《国家报》采访之后，西班牙的第二、第三大报《世界报》和《理智报》也以相同的主题但不同的角度采访了我。

拉丁美洲向来把西班牙文化认同于自己的文化，他们纪念《堂吉诃德》发表四百周年活动的规模并不亚于西班牙。委内瑞拉总统查韦斯集资出版的《堂吉诃德》100 万部，免费在拉美国家发送，哥伦比亚把《堂吉诃德》作为波哥大第 18 届国际图书博览会的主题之一。正是由于这个原因，我有幸以中国的《堂吉诃德》研究者身份直接从西班牙赴哥伦比亚参加这次博览会，并在会上做了题为“《堂吉诃德》在中国”的讲座。我在讲座中谈了杨绛先生翻译《堂吉诃德》的前因后果，以及她建立“好读书奖学金”并把自己的稿酬全部捐献出来资助品学兼优而家庭经济困难的大学生的善举。同时还宣读了杨绛先生给西班牙语世界《堂吉诃德》迷们的信。这封信的来历也很偶然：2005 年初，为配合纪念活动，我在马德里做了几场“《堂吉诃德》在中国”的讲座，讲座主办方打算把纪念活动中的有关文章和讲座稿编成一部纪念集，并请杨绛先生写一篇“前言”。我把主办方的这一请求打电话告诉杨绛，那时杨绛耳聪目明，思维敏捷，她听了我的介绍之后说，为“纪念集”写“前言”，须看过纪念文章才成，你们既然做讲座，就给听讲座的写几段话吧，因为我也是《堂吉诃德》迷嘛。于是，她口授，我记录，之后再把记录稿译成西班牙文，作为讲座稿的附件，在讲座之后宣读。

杨先生的事迹尤其是她写的那封信在听众中产生了热烈反响，大家认为杨绛就是堂吉诃德的化身，她为了更为忠实地翻译《堂吉诃德》，决然在近五旬的年龄开始自学西班牙语，这和堂吉诃德知难而进的精神一脉相承；她把自己所得的全部稿酬用以资助家庭经济困难的大学生，这正是堂吉诃德急功好义、扶助贫弱的思想体现。讲座一结束，就有好几位女记者和女诗人向我围拢过来，要求第二天到宾馆和我专门谈谈杨绛。第二天正是休息日，中午时分她们如约而至，这几位女士分别带来自己的诗集、信件以及礼品小木鱼和干鲜花等，让我转交给杨绛，以表达她们对杨绛先生的钦佩之情。

女记者安娜·玛利亚在给杨绛的信中说：“塞万提斯延误了三百多年到达中国，这是上帝的安排，它要让该书通过一个合适的人选的手——那就是您的仁爱的被上帝赐福的手——传给中国。如果没有您的手，堂吉诃德恐怕还在丝绸之路上徘徊……”“‘好读书奖学金’是一种人道的和神圣的形式，它的博爱精神激励着我们。我们社会中众多政治家和社会‘精英’应该以您为榜样，热心帮助他人。”并表示“我希望和丈夫一道去拜访您，去看看您的工作环境和认识您所生活的国度”。

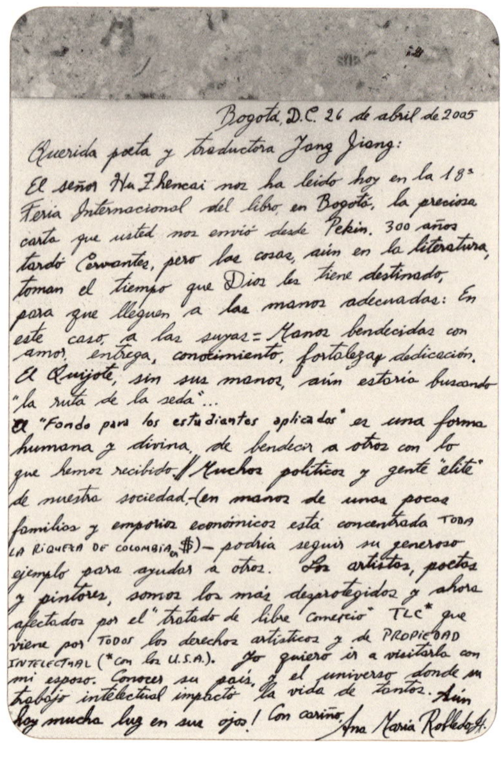

Bogotá, D.C. 26 de abril de 2005

Querida poeta y traductora Jang Jiang:

El señor Hu Zhencai nos ha leido hoy en la 18ª Feria Internacional del libro, en Bogotá, la preciosa carta que usted nos envió desde Pekín. 300 años tardó Cervantes, pero las cosas, aún en la literatura, toman el tiempo que Dios les tiene destinado, para que lleguen a las manos adecuadas: En este caso, a las suyas = Manos bendecidas con amor, entrega, conocimiento, fortaleza y dedicación. El Quijote, sin sus manos, aún estaría buscando "la ruta de la seda"...

El "Fondo para los estudiantes aplicados" es una forma humana y divina, de bendecir a otros con lo que hemos recibido. // Muchos políticos y gente "elite" de nuestra sociedad.-(en manos de unas pocas familias y emporios económicos está concentrada TODA LA RIQUEZA DE COLOMBIA en $)- podría seguir su generoso ejemplo para ayudar a otros. Los artistas, poetas y pintores, somos los más desprotegidos y ahora afectados por el "tratado de libre comercio" TLC* que viene por TODOS los derechos artísticos y de PROPIEDAD INTELECTUAL (*con los U.S.A.). Yo quiero ir a visitarla con mi esposo. Conocer su país, y el universo donde su trabajo intelectual impactó la vida de tantos. Aún hay mucha luz en sus ojos! Con cariño, Ana María Robledo A.

哥伦比亚女记者安娜 · 玛利亚写给杨绛的亲笔信

女诗人多拉 · 卡斯特利亚诺斯与三位女作家联名给杨绛写信称：我们哥伦比亚知识女性惊喜地得知，一位名叫杨绛的中国著名女作家是《堂吉诃德》中文版的译者，是她给一个大国的读者带去了欢乐。“对于您将《堂吉诃德》译成中文这一不朽业绩，我们表示最热烈最诚挚的祝贺。”信的最后还写道：“请您保重身体，亲爱的中国作家杨绛，因为您的生命是人类的财富。”

一个名叫安娜 · 玛丽的女学生的信则写得更为直率：“我为您的堂吉诃德精神所倾倒，我应是您的姊妹，因为我也具有堂吉诃德精神。”“愿您勇往直前，加油啊！”

2016 年 7 月 30 日

（作者为人民文学出版社退休编审）

附件：杨绛给纪念塞万提斯活动讲座的信

最亲爱的朋友们：

你们好！值此纪念《堂吉诃德》(第一部)出版四百周年之际，我很荣幸写来此信向你们问好。

正如大家所知，塞万提斯在其《堂吉诃德》第二部的《献词》中说过这样一段话："……最急着等堂吉诃德去的是中国的大皇帝。他一月前特派专人送来一封信，要求我——或者竟可说是恳求我把堂吉诃德送到中国去，他要建立一所西班牙语文学院，打算用堂吉诃德的故事做课本；还说要请我去做院长。我问那钦差，中国皇帝陛下有没有托他送我盘费。他说压根儿没想到这层。"

我想，正是由于中国大皇帝的不幸疏忽，致使塞万提斯晚了三百年才到中国。然而，我却是幸运的，因为这一延误，正巧让我充当了塞万提斯来中国的信使。

我记得在1978年5月末，当西班牙国王和王后陛下的先遣队到达中国时，恰好遇上北京的书店里读者排长队购买刚刚出版的《堂吉诃德》中译本的盛况，这给他们留下了深刻的印象。半个月后的6月15日，在为西班牙国王和王后陛下举行的国宴上，小平同志就把《堂吉诃德》中译本作为国礼赠送给西班牙贵宾，小平同志向贵宾介绍译者的时候，握着我的手，问我什么时候翻译的。当时我在一握手之间，来不及叙说经过，只回答说：是4月份刚刚出版的。

我开始翻译《堂吉诃德》的日子的确难以界定。从我开始学习西班牙语到《堂吉诃德》中译本的出版，花了整整二十年时间。在这期间，经历了多次反复和曲折，译事几度中断，中译本出版后又几经修改。正如塞万提斯在《堂吉诃德》（第一部）“前言”中所说的一样，我也希望《堂吉诃德》中译本有说不尽的美好、漂亮和聪明。我是研究西方小说的，自然懂得《堂吉诃德》的价值，它是世界文学名著中我最喜欢的一部。因此，为了译好这部杰作，我特地自学了西班牙语。

目前，堂吉诃德在中国大行其道。首先，中国已有分布于十个城市的二十所大学开设西班牙语专业，而且，的确在用堂吉诃德的故事做教材；第二，在 2000 年，中国教育部指定《堂吉诃德》为中学生课外必读的文学名著之一；第三，在 2001 年，我在清华大学设立了“好读书奖学金”，我将《堂吉诃德》所得的全部稿酬捐给该“奖学金”，以资助品学兼优而家庭贫困的大学生。

今天，我高兴地看到堂吉诃德精神在中国发扬光大。请转告你们著名的塞万提斯，他对中国的愿望，如今全部一一实现了。

谢谢大家！

杨　绛

2005 年 3 月

第三辑

与“我们仨”的缘分

杨伟成

我的岳母杨绛不幸去世，作为她的一名近亲我深感痛惜。但是，她早年的愿望“我只求比他（锺书）多活一年”，如今已超期17年余，可以认为上天对她宽容有加，容她有富裕的时间“留在人间打扫现场，尽应尽的责任”。令人欣慰。

回忆过去，我和岳母从初识到现在已经四十四年。那是1972年，她和岳父从社科院五七干校回到北京。我们两家相距不远，但并不相识。这番从相识到联姻的过程，冥冥之中暗示着不解的缘分。

我家住在北京东城区一个胡同里，父亲是我国第一代建筑结构设计大师，1951年从上海受聘来京。1971年“文革”期间父亲重病，家里还有母亲、我、儿子、女儿和小侄子（4岁）。为了照看侄子，家里请了一位保姆——淑英，那年年末的一天，街道居委会来了人，狠狠地称：“你家居然还雇保姆！这是资产阶级生活方式，限你们两天辞退保姆！”次日，淑英就出去另找工作，回来说已经找到了，也是照看一个4岁男孩，地点就在相邻胡同的社科院家属楼，雇主P某即将去社科院五七干校。她说如每天把小侄子送去，她完全可以同时照看两个孩子，也能解决我家的难题。平时每天接送侄子的任务由家里人轮流完成。奇怪的是在P某单元房里还遇到另一户人，从淑英的口中得知，这个单元房原来的主人姓钱，“文革”开始后，硬性地派来了P某一家三口占据了一半单元。我们遇到的人叫钱瑗，是北师大的老师。4岁的侄子正是淘气、可爱的年纪，居然不久就与钱瑗攀上了朋友，常见的一幕是小侄子看到钱瑗在家，就拿上一本小人书，自行推门进入她的房间，将书放在她的桌子上，然后一言不发地站在一旁静静地等候，直到钱瑗耐不住这种注视给他讲上一个故事后，小侄子才兴高采烈地离开。

1972年3月钱、杨二老回到北京的家，我母亲也逐渐与杨绛交上了朋友，因为都是从上海来京的高知家庭，自有诸多共同语言，也不可避免地会说到彼此儿女的单身状态。

那时我对再婚的态度是暂不考虑，因为：一、我父亲“文革”期间的“历史问题”悬而未决；二、我膝下有一双青春期儿女，我对继母与子女的关系、新的婆媳关系有顾虑。由于更在乎家庭的和谐，我婉言拒绝了母亲的交友建议。

钱瑗的处境也有相似之处：一、二老的头顶上还戴着“牛鬼蛇神”的帽子；二、她的第一任丈夫“文革”中被迫害而身亡的阴影尚未退去。所以她对自己母亲的交友建议，第一反应是“不积极”。

我母亲是个为了儿女的幸福不肯轻易“善罢甘休”的人，她“慧眼识珠”：看到钱瑗的善良和“大家闺秀风范”，既文静，又知书达理，可谓儿媳妇的最佳人选。在我母亲对杨绛的不断劝说下，那个夏天，杨绛向我发出了正式邀请，请我去她家吃晚饭，以便“正式”会面钱瑗，并让锺书对我有个初次的了解。从那次见面开始，我每周五下班后会约钱瑗出来“轧轧马路”“说说话”，双方感觉挺合得来。

在一年多的交往中，俩人发现了许多共同点。我们的处世哲学极为相似，都主张为人低调不张扬，谦虚谨慎，远纷争而淡名利；在个人爱好方面二人都喜爱看书、做学问、听西方古典音乐。尤其令我钦佩的是她的聪颖、善良和大度。其间还成了三个孩子的“老师”，从教知识到教做人耐心教导，循循善诱；她以她的人格魅力赢得孩子们的喜爱和尊敬，从而打消了我起初最大的顾虑。同时我也十分高兴地看到她对我的欣赏和她乐意接受我这个温情的家庭。我们在 1974 年 5 月结婚了。

此时，我发现自己找到了理想的人生伴侣。能娶到她这样的妻子是我毕生的福分。我深深感谢岳父钱锺书和岳母杨绛对我的垂青和器重。

1976 年 7 月唐山大地震，波及北京城，不少市民在室外搭起“抗震棚”。钱、杨二老当时正住在学部大院内 7 号楼西尽头的一间临时职工宿舍里。这间房间历来不住人，因为南北墙上各有一道挺长的裂缝，从而一直就用作储藏室。直至“文革”期间二老从四居室单元被“革命男女”步步驱赶不得已到此处避难。面对地震的来临，学部的年轻人对于二老的住所不放心，先是准备让他俩随众人搬入大食堂住，后又建议一起迁住日坛公园内的抗震棚。

钱瑗和我获悉此信息后深感不安。如住进大食堂的话，其大跨度混凝土屋顶并非按地震条件设计，安全性不高。而如住进公园里的露天抗震棚，安全问题固然解决了，但是二老都已六十五六岁了，经过十年的“文革”，健康情况都恶化了，经不起室外的风寒、温度变化及蚊虫骚扰。因此钱瑗和我商议后建议二老搬到我家四合院平房来住。二老很痛快地接受了我们的邀请，次日就由所里的汽车送到我家。

接着，钱瑗和我为二老作了细致的安排，一方面请他们住在室内，避免风寒与蚊虫的骚扰，另一方面为确保他们的安全，钱瑗机智地充分利用家里现有的钢管双层床的特点与优势，让老人睡下铺，而上铺的钢丝床垫上先铺上一层棕毛垫子，再压上一块木头床板，这就形成了一个绝佳的避震所。床的位置则放在远离砖墙的窗边。我们分析：无论是砖墙或者屋顶坍塌，二老的避震所都会十分保险。就这样二老在我家度过了大地震后的凶险日子。

同一年“文化大革命”宣告结束。随着拨乱反正，我国知识分子告别了“臭老九”的称号，恢复了社会地位与尊严。

1978 年和 1990 年钱瑗两度被北师大派往英国进修，回国后除了担任外语系的教授、研究生导师外，还被国家教委聘为高校外语专业教材的编审委员，还负责审查外校研究生论文。她几乎每晚都要工作到深夜，为了抓紧时间备课，她多次逃避了年度体检。我十分后悔在她咳嗽长时间未愈时没有怀疑其严重性，直到 1995 年春被确诊为肺癌。她的病情急转直下，至 1997 年 3 月去世时还不到 60 岁。我为失去了心爱的人感到非常痛心，深为自责没有保护好她的身体。她虽遗愿不留骨灰，但因心爱老师的学生不舍，悄悄地将她的骨灰撒在了北师大图书馆附近的一棵松树下，化为她钟爱事业的养分。

钱、杨二老在“文革”期间身体饱受摧残，岳父身体一直不太好。1994年7月，84岁高龄的钱老因高烧住院，被确诊为膀胱癌。经多方治疗未能好转，岳母每日为他亲自煮制适合鼻饲的食品泥，但也未能挽回这位文学天才的生命。1997年，可谓父女连心，岳父在病床上感觉到了此生将不能再见到女儿时，心情坏到了极点，从此再不说一句话，直至1998年末郁郁而终，堪称人间悲剧。

岳母在两年之中接连送走两位亲人，欲哭无泪。但意志坚强的她强忍悲痛，开始了“打扫现场”的行动。她给自己制订了极为严格紧迫的工作计划，让自己无暇于哀伤，她将全部精力投入艰辛的翻译和著述中，硕果累累，其中最令我佩服的是：完成怀念钱瑗和岳父的著作《我们仨》，完成整理出版岳父的大量中外笔记与心得这个巨大工程，以及完成“讨论哲学，探索人生价值（生）与灵魂的去向（死）”的奇书《走到人生边上》。她“打扫现场”的任务完成了。

2015年和2016年岳母多次因病住院，再三吩咐我们“三个不”：“不抢救、不开追悼会、不留骨灰”。5月25日凌晨她安详地走了，走完了她灿烂的一生，终于可以与丈夫和爱女在天堂团聚，永不分离，给“我们仨”画上完美的句号。

2016年6月

（作者为北京市建筑设计研究院副总工程师）

纪念我的舅母杨绛先生

石定果

杨绛先生是我的大舅母。我父母一直跟外公外婆同住，我小时候，大舅母和大舅舅从北京到武汉省亲，我听外公外婆称呼她为“季康”。后来在母亲的藏书中，我发现了大舅母早年所赠的译著《小癞子》和剧本《弄真成假》《称心如意》，扉页上她给“霞妹”（母亲叫钱锺霞）题词的落款也是“季康”，而封面印着的作者却是“杨绛”，我就糊涂了。母亲解释道，“季康”是本名，“杨绛”是笔名，“绛”是“季康”的切音。怀着好奇，我很快读完了这几本书（说实话当时太幼稚，似懂非懂），由此我知道，大舅母是事业有成的知识女性，不像我外婆、母亲以及周围诸位教授的夫人们一样，只做师母，主家政。

我对大舅母最初的印象就是她的“柔”——体态纤弱，举止娴静，语调温婉，面带微笑，这印象如此清晰地保留至今。的确，大舅母始终保持着优雅的教养，“造次必于是，颠沛必于是”。当我成年之后，渐渐领悟，大舅母绝不止于柔，在面对人生一切苦厄时，她是何等之刚。她瘦小的身躯拥有强大的气场，总是那么从容淡定。

其实，宠辱不惊，得丧若一，知足知止，这便是大舅舅、大舅母、钱瑗表姐“我们仨”共同秉持的处世态度。他们相依相伴，分担艰困，分享欢欣，终于挺过了十年浩劫。他们工作忙碌，生活简单，精神充实，其乐也融融，直到大舅舅和钱瑗表姐重病不治。大舅母奔波于两处医院，身心俱疲，却毫无怨尤，她竭尽全力照应和抚慰丈夫与女儿，使他们能安详地离去。她坚定地践行了“我们仨”不留骨灰的约定，这不是短于情或悖于理，而是对生死这个终极问题最透彻的参悟。

大舅母没有参加钱瑗的告别仪式，她承受不了那份悲怆。我和丈夫从八宝山赶往大舅母家，一进门，她就抱住我哭泣，哀痛得无法自抑，随后细细询问我们她亲爱的女儿的最后仪容，包括神态、发型、衣着，我们一一作答。她说：“白丝巾和那件春装，是钱瑗最喜欢的。那双鞋我替她试过了，很软和很舒服的。”我们闻言泣下，绵长的母爱深藏在她的心底。我们告诉大舅母，学生们列队致敬，每人手执一枝菊花，轻轻摆放在钱瑗身上。大舅母再度拭泪，为女儿受到的爱戴而欣慰。

大舅舅去世后，大舅母为了排解强烈的哀恸，着手进行柏拉图《斐多》一书的翻译，她伏案一年杀青。这是苏格拉底在狱中饮鸩之前，与弟子们就何谓正义与不朽而展开的对话，内容广泛深奥，风格则接近语体文。大舅母跟我们谈到过，要力求信达雅，她常常反复推敲，用哪个字眼更贴切，有时还借助古白话。这部高水平的译著出版后备受学界推崇，大舅母以此作为对丈夫最深挚的纪念。

十多年来，大舅母主要做了如下几方面的事：

向母校清华大学捐赠大舅舅及她的全部稿酬版税，设立“好读书奖学金”；

整理大舅舅的手稿与读书笔记，陆续出版；

通过法律手段，严正维护大舅舅、她自己和钱瑗表姐的著作权和隐私权；

笔耕不辍，写作散文、小说、回忆录等，相继出版了《杨绛文集》和《杨绛全集》。

大舅母是代表“我们仨”来完成这一切的。她责无旁贷，不惮烦劳，燃尽了自己最后的光和热，为国家为社会留下了宝贵的文化财富。

大舅母每天坚持健身活动，做八段锦，走步，写毛笔字，以保证有充足的精力来工作。她思维一直敏锐，但衰老毕竟是不可逆转的，近年数度入住医院。大舅母坦然地走到人生边上，回望既往，静待归宿。她预先确立了财产悉数捐赠的遗嘱，并预先拟订了简略的讣告，重申夙愿，放弃无效抢救，不办丧事，不留骨灰，不惊扰大众。今年5月初，大舅母又一次住院时，她清醒地说：“我要做的事都做完了，没有什么遗憾了，再活下去就是苦了……”

大舅母起灵之际，我们向她三鞠躬，她安卧在鲜花丛中，面容一如生前，端庄而恬静。我初识大舅母，她就是这样的端庄恬静，令我倍感亲切慈祥。“文革”动乱，经历种种磨难，她依然不改端庄恬静的风度。1966年8月24日下午，学部造反派在吉祥戏院开批斗会，通知北大中文系学生参加，我们遂被组织前往，现场众多“黑帮分子”“反动权威”逐一被揪上台，挂牌示众，大舅母和大舅舅亦在其间，他们并没有惊慌失措，我看到大舅母脸上还是那端庄恬静的表情。事后我去干面胡同15号探望他们，已经抄了家，两间房被封掉，沙发书柜也都贴了封条，大舅母告诉我他们每天挨斗的日程，包括食堂开饭时要敲锣绕场自报“我是某某”；我听罢深感羞愧，她却只是淡然叙述，并未动怒。他们从五七干校返京后，我和丈夫带着两岁的女儿曾去看望，当时二老因被“掺沙子”同居的强邻所逼，无处安身，就在钱瑗就职的北师大借住，他们不以为苦，只庆幸“我们仨”终得以团聚，大舅母仍旧端庄恬静地微笑。20世纪80年代起，大舅舅大舅母开始闻达于社会，声名竟然由学术界扩散到民间。但他们不为所动，一以贯之地继续原来的平静工作与生活，头上的光环与己无关，门外的繁华与己无关。此时他们总算可以安居乐业，在三里河南沙沟有了居所，各自一张书桌临窗摆放。无论什么时候去，都见大舅舅大舅母坐在桌前，谈笑间，大舅舅率真幽默，大舅母端庄恬静。

大舅母永远地走了，享年一百有五，是我们最高寿的一位长辈，其他诸位长辈都早已仙逝。大舅母经常引用《庄子·天地》中“寿则多辱”一语，她看重生命的尊严。大舅母，您的生命是有尊严的，因为您有洞明世事的睿智，您有摒弃名利的旷达，您有担当责任的勇敢，您有恪守原则的正直。坐在您身边，听您娓娓道往事讲掌故，看您悬肘练书法，您还有精准演示八段锦的功夫，跟我们掰腕子真的赢了……这些仿佛就是昨天的事情。您从不疾言厉色教训晚辈，更没有灌输过励志鸡汤，但您的人格，您的成就，我们铭记在心。

大舅母，我们爱您，敬您，想念您！

2016 年 8 月

（作者为北京语言大学人文学院教授、全国政协委员）

我的四姨

何肇琛

杨绛是我的四姨，我母亲行三。

四姨曾告诉我她和我母亲讨论过“希望生个什么样的孩子”。我母亲希望生个聪明的，四姨希望生个标致的（无锡话“好看”的意思）。后来妈妈就有了这个长到十岁还分不清“甥女”与“侄女”差别的我。四姨就有了眉清目秀、通灵剔透、一目十行、过目不忘的钱瑗。外公说过：“大眼睛（指我）什么都没看到，小眼睛（指钱瑗）样样都看见了。”

我在小学五年级时，小学生中流行写纪念册。有人送我一本纪念册，大红色皮封面，里面有一百多页各种颜色的空白纸。我拿着它到处请人签名留纪念。请到四姨夫时，他没有拒绝，还选了一张鹅黄色纸写下“堪比巾帼，差似章西！”家人看了都笑，我莫名其妙。四姨为我解释：“他说你是雌孵雄（无锡话：性格像男孩的女孩）。”后来又给我讲了章西女王的故事。妈妈说：“你四姨夫给你的面子可真不小。”纪念册一直保存到我离家赴京上学，后来就找不到了。

上海沦陷后，我们全家跟着外公到苏州，住外公家。外公家院子里有两棵非常高大的核桃树，树下是几间青瓦白墙的平房。那年核桃树枝繁叶茂，果实累累，核桃成熟的时候，妈妈和七姨在平房前摆下两张方凳，在方凳上支起长梯，梯子上端靠在屋檐上。妈妈和七姨拿着竹竿，跨上方凳，从梯子攀上屋顶，用竹竿敲打树枝，核桃像雨点似的噼噼啪啪掉向屋顶和地面。掉到屋顶的由妈妈和七姨捡了扔下来。掉到地面的，我们孩子拿着脸盆捡。梯子和支撑梯子的方凳由四姨的小保姆阿菊掌管。阿菊看我们满地追核桃，忘了自己的职守。忽然听到七姨在屋顶上大喊："快散开！"我们抬头只见方凳倒了，长梯倒了，妈妈两手吊在屋檐上，上不去也下不来。圆圆（钱瑗）大喊："娘，不得了啦！快！快……"紧接着，四姨像箭一样从外公房门口射出来，即刻扶起方凳，和阿菊一起架上长梯，移到妈妈身边，把妈妈救了下来，前后不到三分钟！如果四姨不在现场，或者在现场而反应没有那么快，再或者因惊慌而举措失当，那将会有什么结果呢？妈妈当时的冷静和坚持也是很不容易的。

1953年秋，我从上海到北京上学。那时四姨住在中关园，她是我在北京最近的亲人。临行前妈妈嘱咐我："四姨和四姨夫都是大忙人，时间抓得非常紧，你别老去打扰，过段时候去问候一下，别坐得太久。"所以我就过段时间去探望一下。那时钱瑗住校，我几乎没遇见过。印象很深的是每次去，四姨、四姨夫总在各自的书桌旁不是读就是写，要不就在翻字典。

有一次，我敲门，是四姨夫来开的。我一伸头，看到四姨在灯下坐在一个小椅子上，双脚泡在脚盆里，手上拿着一摞纸条，口中念念有词。四姨夫说："'妹妹'来了，可以休息一下。"四姨说："还有七个，稍等一下。"叫我拿个小板凳坐在她旁边。我看纸条是背单词用的，不是英文，不是法文，也不是俄文。四姨说是西班牙文单词，她在自学！她当时已有四十多岁，日常工作占了大量时间之外，又挤出每天的零碎时间，从背单词开始自学西班牙语。每天定额背25到30个单词，每周总复习本周的全部单词，几年后就出版了她从西班牙原文翻译的《小癞子》，二十年后出版了《堂吉诃德》中译本。四姨曾说："学一种新的语言很辛苦，但也很上瘾。"那么，翻译一种新的语言文字更是很过瘾了。

说到语言文字，大家都知道四姨会英文、法文、德文、西班牙文。而我们这些小辈还知道四姨曾自创过一种语言——"切口"。

"切口"本是指绿林好汉讲的黑话，用来在公开场合交流内部信息，局外人是听不懂的。四姨在苏州振华女中上学时，应用从外公处学来的音韵规则，以无锡话为基础，编成一套拼音字词。例如"青即"就是无锡话的"七"，"英即"是"一"，"本煞"就是"八"，"起由"就是"臭"，"不剂"就是"闭"，"不即"就是"必"，等等。四姨教会了两个小妹妹（七姨和必姨）。姐妹三人练得滚瓜烂熟，语速极快，听起来像燕子叫声唧唧啾啾，所以又叫"燕子切"。还有点像无锡话，可是旁人一个字都听不懂。长大以后三姐妹相聚中，当需要避开孩子们讲悄悄话时，还会用"切口"交谈，我们都曾听到过，只是完全听不懂。后来四姨去北京，七姨到天津，必姨在上海，难得相聚了，“燕子切”也就失传了。

四姨貌似柔弱实则刚强，她的一生不是平坦大道，她把苦难厄运视为人生必要的磨炼。她说：“人活一辈子，锻炼了一辈子，总会有或多或少的成绩。能有成绩，就不是虚生此世了。”（摘自《走到人生边上》）

她已经磨炼成了熠熠生辉的星星，照亮着我们走好各自的人生路！

2016 年 8 月 1 日

（作者为北京市勘察设计研究院退休高级工程师）

敬佩四姨　感激四姨

孙衍广

我母亲在杨家兄弟姐妹中行七,四姨称她七妹。四姨和我母亲姊妹感情很好，从小到大，一辈子没有吵过架。两人在晚年都多次向我们提到过这点。在多子女的大家庭，这种情形大概不多，因为母亲和三姨、必姨感情也都很好，但却从未提过吵不吵架的事情，想必小时候还是吵过架的。

1982 年夏，母亲被查出患有癌症，准备住院动手术。我向单位请了假，在家陪伴。四姨得知后，立即赶到天津来探望。当时正是《堂吉诃德》脍炙人口，四姨声名日隆的时候，社会活动很多，她平时又是十分珍惜时间、埋头工作的人，把什么事情都放下，专程出来探亲，是极少有的。当时京津之间的交通不像现在这样方便、快捷，特别是到了天津以后，下了公交车到我家得步行半个小时，没有任何交通工具。这对一个年过古稀的老太太，不是一件轻松的事。显然，姐妹二人都意识到，这很可能是最后一次见面。我躲在厨房里做饭，两个老太太关着房门说了半天“私房话”，吃完饭，四姨就动身回北京了。她们说了些什么，妈没告诉我，只说了一句：“这是很重的情分，你们要记着。”整个过程，两个人都很平静，丝毫没有“生离死别”之感。我觉得，这是她们“杨家人”的性格特色，理智，豁达。

在此之前，“文革”中，父亲去世，我们四个子女天各一方，母亲孑然一身，独居天津，受人冷眼，甚至欺负。寂寞、痛苦自不必说，经济上也拮据，因为两个小的孩子还是下乡知青，经济上尚未自立；两个大的，又都在“受冲击”，不但帮不上忙，还累母亲惦记。四姨和四姨夫，尽管自己也在“难中”，在精神上给了母亲慰藉，在经济上给了母亲宝贵的支援，帮助我家度过这最最困难的一段时光。不几年后，单位又强迫母亲退休，母亲很忧虑，四姨告诉母亲：“不用担心，我给你补差！”四姨对我家的支援，一直持续到两个弟弟妹妹回城有了工作，才由母亲和弟弟妹妹向四姨辞谢掉。

四姨著、译很多，我没读全，但很喜欢。在书店碰上，必买；在报刊上见到，必读。印象深刻、值得一提的有两部，一是《小癞子》，二是《干校六记》。

读《小癞子》，还是50年代我上高中或大学时的事，读的是母亲或姨妈所藏的旧版。故事已经忘得一干二净，但是留给我的印象，六十年后的今天还记忆犹新。那时，在我眼里，四姨是淑女型的人物，是大学教授，这样的身份、学识、素养，居然去翻译流浪汉小说，已经使我感到意外，更加难得的是，语言之生动、泼辣，性格鲜明，完全符合小癞子的身份，既使我感到意外，又隐隐产生几分敬意。在20世纪50年代，四姨（包括四姨夫）还只是个普通教授，没有后来那么大的名气，头上尚未有“光圈”，我历来只把他们看作亲戚，毫无崇拜、敬仰之意。读了《小癞子》，第一次使我对四姨有了一点点敬佩之感。读《宋诗选注》也在那个时期，同样因此第一次对四姨夫有了敬佩之感。

读《干校六记》，已经是80年代，“文革”以后的事了。我已经不再是毛头小伙子，而是经历过政治运动的中年人了。年龄不同，阅历不同，对人、对事、对文章的看法也会变化。那年头，记述、揭露、批判“文革”的文章、书籍多得数不胜数，我也读了不少。但是，在我读过的讲“文革”的书籍里面，我至今认为，《干校六记》是独树一帜的，甚至可以说，是独一无二的。许多文坛名宿写过自己在“文革”中的经历，其中不乏名篇佳作，但我觉得，有些作品写得过分“实在”，怒火、怨气可以在纸面上闻得到，有点儿像中国画里面的工笔、重彩；只有四姨这篇，是水墨，是写意，叫读者在不知不觉中自己去体会平淡中的惨痛。丁玲评论《干校六记》，说它是“大学级”的反共；胡乔木则给了十六字的评语“哀而不伤，怨而不怒，缠绵悱恻，句句实话”，并且让《干校六记》在大陆公开发行。我认为，这二位，都是内行，都是有眼光的，虽然他们的评语在价值取向上是恰恰相反的。而胡乔木的“放行”，更是有胆有识之举。

四姨除了自己创作、翻译，还为她的父亲、我的外公，编了一部著作集，《老圃遗文辑》。这本书，是我退休以后，在图书馆里偶然发现的。我把它借回来，认真翻了一遍，心里无限感慨。一是佩服外公，不仅知识渊博，而且在20世纪20年代能有那样的见识；二是佩服四姨，佩服她的孝心，佩服她为编这本书付出的心力；三是感慨，感慨我母亲和已逝的几位姨妈，无缘得见此书。

四姨令我敬佩之处很多，其中之一是她清醒。她的晚年，我们几个外甥、外甥女常去探望，回来以后，一致的评价是，四姨的记忆力衰退了，有些话、有些事一再重复，但是逻辑思维毫不糊涂，对人、对事，判断准确，并且勇气不减当年，该出头的时候挺身而出，该坚持的坚持到底，绝不含糊。她对身后事的安排证明，一直到死，她的脑子是清楚的，她没有糊涂。

四姨夫去世不久，四姨就做了一个重大决定：把他俩的稿费全部捐献，设立"好读书奖学金"；临终前，她又立了遗嘱：全部家产捐献国家。两个决定，杜绝了多少可能出现的麻烦！

四姨走得相当平静。没有遗体告别，没有追悼会，不保留骨灰，和钱锺书的丧事一模一样。媒体上的热闹，只持续了几天。能做到这样，不是一件容易事。关键就在于，四姨未雨绸缪，去世前已做好了必要的准备工作；当然，也要感谢遗嘱执行人忠实地执行了死者的遗愿。

文人，有名的很多，著作能够传世的则不那么多；在"为文"和"为人"两方面都能叫人记住，并且久久不忘的，更少。杨绛和钱锺书庶几近之。

谨以此文悼念四姨。

2016 年 8 月

（作者为天津市教育委员会退休干部）

钱伯母

王汝烨

我从记事的时候开始，就知道房前屋后住的很多伯伯、伯母、叔叔、阿姨们都是教授——小时候我大概以为世界上人人都是教授。那会儿没电话，到别人家串门从不要预约，吃完晚饭散着步就串门，一敲门就进屋，一坐下就开聊。那会儿这些教授们也还年轻，不搞运动的轻松年代，大伙经常走动，高谈阔论一番，尽兴方归。

常来我家的客人中有一对是钱伯伯和钱伯母。他们家住中关园 26 号，我们家住 27 号，再近不过了。他们有一个女儿，当时已经上大学了，我很少见她。但钱伯伯、钱伯母经常来我家串门，是经常见到的。钱伯伯爽朗健谈，钱伯母贤淑安静。爸爸有很多藏书，钱伯伯常来借书聊天。大人们谈些什么，我这个几岁大的孩子当然不懂。只是有一件跟钱伯伯有关系的事，让我记了一辈子，现在说出来还有点不好意思。那时候没暖气，冬天家家在客厅生个取暖的大火炉。我三四岁的时候，一天晚上正坐在火炉边一个小马桶上拉屎，钱伯伯、钱伯母就来了。

右起：钱锺书、王岷源、张祥保、杨绛

钱伯伯一见到我坐在马桶上使劲的样子就哈哈大笑。他马上找了纸和笔给我画像。三笔两笔就画了张素描，还给我自己看，把我画成一副愁眉苦脸的样子。好像当时这张画还在家里留了一阵子，后来自然是丢了。可我从小就知道了钱伯伯爱画画。

我再大一些后也常跟爸爸到钱伯伯家去，大人聊天，我就到他的书房里玩，好奇地翻他书桌上的东西。一次竟然让我翻出好几张他画的素描，和我拉屎那张一样的风格，画的有各种人体，还有女人的裸体。记得他画的线条圆润流畅，自成风格。把女人的乳房很艺术地画成圆圆的螺旋状，既抽象又夸张，还有几分风趣俏皮。多年后看到钱伯母写的一本书里有几张插图，那是钱伯伯给不认字的保姆留的条子，上面画的是让她买的牛奶、鸡蛋、蔬菜之类。但这些画比他画人的水平差多了，看来即使画这种画也要用心，要有灵感的。实用的画不好，消遣的就有了灵气。

我开始读书识字以后，就读了好几本钱伯母送给我们的书，都是她自己翻译的，记得有《堂吉诃德》和《吉尔·布拉斯》等等。那时真喜欢读她的书，语言风趣流畅，还有点《水浒》的风格，让一个小学生读得爱不释手。这样好的翻译以后很少见过了。从此我也知道了什么是含而不露的大家，什么是自以为是的浅薄。后来又读了钱伯母的几本书，《干校六记》《洗澡》和《我们仨》。最打动我的是《我们仨》里描绘的梦境，朦胧的忧伤和焦虑，隐喻着对人生中生离死别的无奈。

钱伯母后来可真惨，在两个不同医院里的濒临死亡的亲人之间奔波，终于抵抗不过命运的残酷，女儿和丈夫还是先后病逝了。真不能想象在她纤弱的身体里要有多少勇气和力量才能承当这样的不幸。一对尽力躲避世俗的学者，一个安静本分的读书人家，从此没了希望，他们的故事已经接近了尾声，也象征着那一代知识分子渐渐隐退进了历史。再难见到他们那样的智慧渊博，那样的孤洁清高了。但值得宽慰的是，他们有自己写的书，那都是可以传世的。

我一直祝愿钱伯母长寿。但我也知道，当有一天他们在天上重聚的时候，他们仨也一定会很幸福。

2016 年 8 月

（作者为王岷源、张祥保先生长子，

美国哈维·穆德学院教授）

忆奶奶

张　雯

2003年认识奶奶。当时我在北京工作，父母成立“钱瑗教育基金”恰好要在北京师范大学颁奖。钱瑗先生是我父亲的大学老师，对其影响至深，甚至父亲当年来香港还是先生援助的路费，所以父亲又为我取名“张瑗”以纪念他的老师。

颁奖礼后父母第一次带我探望了奶奶。当时奶奶已经92岁，我以为我会见到一位坐在轮椅上的衰弱老人，没想到一进门奶奶很精神地坐在客厅沙发上，见到我们后还开心地站起来迎接。初次见面，奶奶对我端详良久，拉着我的手让我坐她旁边。我向奶奶说起自己的成长背景，她很认真地听，知道我在澳洲念的大学，就问：“你会中文吗？”我愣了一下，说：“会呀……”奶奶又问：“会写吗？”我竟然有些紧张，想了一下，说：“会。”母亲此时就说：“她中文好差，奶奶您教教她吧，让她和您通信！”奶奶笑眯眯地看着我，我心想这下惨了，我字又那么丑，中文又那样差，要和奶奶这样的文学

作者与杨绛先生合影

大家通信，实在是大灾难。可就在我惶恐之时，父母已经替我答应下来……

其实写信这件事在我离开奶奶家后就被抛诸脑后。回到香港不久，我收到一份特殊的礼物，是一只古董瓷碗，里面附着一张字条，是两个圆圈，一个圆圈里面是方形，另一个圆圈里面还是圆圈。这是奶奶寄给我的。拿着瓷碗，我突然觉得又惭愧又内疚，只是回想上次拿起笔杆子写作好像已经是初中时期，现在不仅要写，还要用中文，实在让我胆怯，思前想后，我想到一个折中方案：给奶奶写明信片。当时的工作我需要穿梭于大陆和港台之间，明信片那么小不用写几个字，比较没那么容易暴露我中文差的事实，而且还可以分享不同地方的风光，让奶奶与我一起旅游，一举两得。我很是满意自己的折中方案。奶奶一下子就收到我从香港、台南、台北等地寄去的明信片，头都晕了，给我父亲写信，说我像孙悟空一下飞台湾一下飞香港，想和我通信都不知道寄到哪儿，她真是管不了我这只猴子了。我这才明白奶奶是真把教我中文的事情放在心头了。我虽然是个偷懒的学生，但心里却觉得跟奶奶又熟悉了一些，很想再次去探望她。

半年后去北京，又去见奶奶。奶奶看到我依旧很开心，我看到给奶奶寄的明信片都摆在书桌上，心里也暗自高兴。奶奶问了我的工作和家人的状况后，拿起一张明信片笑眯眯地看着我，我突然很不好意思，小声说："字很丑！"奶奶笑而不语，问："你知道什么是瑗？"我一头雾水，懵懂地答："您女儿？"奶奶说："瑗是古代的一种玉，中间有一个孔。"边说边给我画了两个圆圈，一个圆圈里面是方形，另一个圆圈里面还是圆圈。奶奶说，圆圈里面是方形看起来就像钱币，两个圈套在一起就是瑗，意为"钱瑗"。我恍然，原来瓷碗是钱瑗先生的，字条是先生签名，奶奶是将如此珍贵的物品送给了我。那一刻，觉得跟奶奶的心贴得更近了。

之后只要有机会去北京，我都会去探望奶奶，共同的回忆也多了起来。记得有一年，在奶奶家吃午饭，饭后她拿出一个白信封，从信封里倒出几颗银杏，平铺在桌上，还仔细地分成八颗一堆，总共三份：我的八颗，自己八颗，吴阿姨（奶奶的保姆）八颗。银杏的壳已经爆开，握在手里暖乎乎的。我剥开银杏就要往嘴里放，奶奶拉住我，替我拿掉银杏的芯，边拿边说："这个芯不能吃，银杏是很补脑的，我每天吃八颗，不能多吃，就八颗。"看着奶奶手里那条浅绿色像芝麻大小的芯，我突然觉得很幸福。我把银杏吃了，很是软糯，问："那为什么要放在信封里？"奶奶说："把银杏放到信封里，在微波炉加热 30 秒，壳就裂开，银杏也熟了。"吴阿姨说："奶奶每天都吃，吃了几十年，银杏是在底下捡的。"她指向门外的一棵银杏树，我说："那么我回家也让父母吃银杏！"奶奶让吴阿姨拿出一大包银杏给我，新鲜的银杏，却有一股腐烂的味道，吴阿姨说银杏果就是这个味，干燥后就没有这味道了。奶奶很高兴我喜欢银杏，重提银杏特别补脑，又让我带些回去送给陶然叔叔。说起陶然叔叔，他是父亲的好朋友，也是钱瑗先生的学生，时任《香港文学》主编，当时轻微中风正在康复中。我接过银杏，奶奶说："你飞来飞去，我给你写信都不知道寄到哪儿，又怎么教你中文呢？现在陶然病了，你让他当你的中文老师，别在报社工作那么累。"我有些不知怎么回答，原来那么多年过去了，奶奶还把教我中文的事情放在心里。

又一年过后，再去探望奶奶。当时我已经在做电影了，于是想把钱瑗先生的故事拍成电影，兴冲冲地把这个想法告诉奶奶，觉得她一定会开心地支持我。奶奶看了我良久，问："我的书你看过几本？"我答："《走到人生边上》《洗澡》《我们仨》和《干校六记》。"奶奶说："你先把奶奶的书看完再说。"我当时心想应该不会很多吧，没想到竟然很多。我告诉自己，一定要慢慢看，把奶奶的书都看完。但想着想着又忘了……书，也又放在书架上晾着了。

最后一次见奶奶，当时她刚出院，我见她精神还是蛮好的。奶奶说："现在腿不好，没有到院子走了。不过字还是练的，只有在医院那几天停了。"我问："奶奶每天都要练字吗？"奶奶到书房拿出几张宣纸，上面写满了字，有一些字旁边还画了圈，奶奶把字给我看，说："结婚后就每天练，默存让我每天交给他批改，写得好的就在旁边画个圈，从来没有停过，现在还是每天一张。"原来是那么浪漫的故事，我马上就说："那么我回去也给奶奶写吧！奶奶给我批改。"奶奶看着我笑，还把自己写的字送给我，作为鼓励。我告辞时，奶奶说："奶奶不送你下去了，腿不行。"我说："好呀！下回好了我们再一起下去逛吧！"我抱着奶奶，想着以前每次都送我下楼的身影，忘了奶奶已经102岁了，总以为奶奶永远都在。

回到香港家中，看着奶奶练的字，我马上也买了一套文房四宝，用毛笔写了一封信给奶奶。错字很多，我偷懒不想重写，就把错的字涂成黑色方块，可看着又很丑，于是用自己的大头贴把黑方块贴起来，想着下回要写好一点。我把贴着自己若干大头贴的毛笔字寄给了奶奶，没想到奶奶还回信了。信中仍提醒我要找陶然叔叔学中文，字没有得到圈圈，可是大头贴还是可爱的，让我继续练习。只是那一次的练习，又变成了唯一一次。

2016年5月25日，那天早上有一只飞蛾在家里飞来飞去，我下意识去捉，它却主动飞到我的唇边停留了片刻，"奶奶过世了"五个字在那一霎突然出现在我脑海中。我马上打开手机，新闻都在报道奶奶离世的消息。站在书架前看着《杨绛全集》，想再找出刚才那只飞蛾，可飞蛾已不见踪影……

2016年7月于香港

（作者为电影文化中心〔香港〕理事，

电影制片人，METTA创意公司〔香港〕负责人）

我和舅婆的点滴故事

张　姗

杨绛是我妈妈的大舅妈，也就是我的大舅婆。妈妈告诉我她和我爸爸在我两岁的时候曾经带我一起和大舅公大舅婆在北京的江苏饭庄吃过一次饭，但是彼时我太小，对这次经历毫无印象。对大舅公大舅婆有印象是我6岁的时候。那是1977年，大舅公大舅婆刚刚搬到南沙沟不久。自幼带大我的外公外婆从武汉来北京避暑，我外婆很开明，觉得我第二年就要上学了，于是做主让我从幼儿园退园回家玩一年，带着我来北京南沙沟的寓所看望哥嫂。那时的我非常淘气，大人们坐在那里说话，我基本上手脚不停，令大舅婆非常头痛。（前几年跟大舅婆说起这件事，我说我记得我特别不老实，老折腾。大舅婆连连点头称是，哈哈。）但是那个时候，我只知道他们是大舅公大舅婆，并不知道他们姓甚名谁，我就是个普通的孩子，跟大人们撒着娇捣着乱健康地成长。

我们家都是读书人，我外公石声淮是个非常传统的知识分

作者与杨绛先生合影

子，我外婆钱锺霞是一个有知识的传统开明的家庭妇女。在我们家，没有人刻意提到家里的长辈和自己是谁、是干什么的，我不知道我的太外公名叫钱基博，更不可能知道大舅公叫钱锺书，大舅婆叫杨绛。直到我 14 岁左右的时候，那个时候大概电视剧《围城》开拍了还是播出了，社会上有了一些热度。一天，外婆和姨妈舅舅在小声说《围城》和钱锺书，我问外婆钱锺书是谁呀？外婆说是她大哥哥，就是我大舅公。我还说那你为啥叫斐仪呢？因为我外婆在我成绩单上的签名一直是钱斐仪，这才知道她叫钱锺霞，斐仪只是她的字。

我的爸爸妈妈 1987 年秋天调到北京工作后，我们就能够比较经常地去南沙沟看望大舅公和大舅婆了。而我自己跟大舅婆越来越多单独接触是在大舅公去世之后，一来我逐渐地懂事了；二来工作日趋稳定，也有更多的心情和时间去看她。大舅婆很欢迎我去她那儿，基本每次都能聊上很久，把我一个小孩子当成了一个大孩子、大人。她笑眯眯说过很多次：我和姗姗最要好了，我和姗姗最哥们儿。她会给我说起很多过去的事情、过去的人，她也对社会上的新鲜事物和新闻加以询问和品评。有时也会跟我说笑话，比方她说我个子高，牵着她走路就像一根筷子领着一只团子。

我知道舅婆是个非常睿智和聪慧的人，不像一般的老人老了就糊涂了。所以我从不哄她，更不敢蒙她，也不只跟她说她爱听的。舅婆晚年只是耳朵有些背，视力居然恢复到了 1.2 左右。她常年坚持练习八段锦和走路，上臂肌肉在 103 岁的时候都非常有力。有时我要求她捏我一下试试，结果捏我一下我疼一下。

舅婆是个非常俭省爱惜东西的人，一张纸正面写完了反面写，铅笔写完了钢笔写。衣服和鞋子很多都是几十年前的，甚至是故去的女儿钱瑗阿姨留下的。吃东西上她也很克制，她对我说过：我活了这么久，这辈子该吃的东西已经吃够数了，得少吃。

2009 年初我去英国工作，休假回来的时候她送了我吴学昭老师的《听杨绛谈往事》，我细细看了。临回英国前去看她兼辞行，她跟我说起了她和大舅公当年在牛津的寓所瑙伦园，言语间她并没有托付我去替她故地重游。而当时我在心里就想着这次去英国有时间一定去看看他们以前住过的地方，但是因为我不知道时间允许不允许，因此我也没有开口提起。返回英国工作期间，趁一个周末我从伦敦坐火车去了牛津，那天天公作美，没云没雨，我来到了他们以前住过的瑙伦园，比对着《听杨绛谈往事》书上的照片，我从路口进去找到了房子，在外面和四周细细拍了些照片。再次回国休假的时候，我带着她爱喝的英国茶和洗好的照片去了大舅婆家。大舅婆慢慢翻着相册，一会儿说：啊，是的，就是这里，还是老样子；一会儿说：这个地方有点认不出了，这是后门吗？我们原来是从后门进出的。那天，大舅婆开心地收下了礼物。

2015 年 7 月 17 日，是舅婆的 104 岁生日，因为需要调养，她在北京协和医院度过的。在那之前的几天，她就让我去替她订一只好一些的生日蛋糕，答谢协和医院照顾她的医护人员。生日那天，舅婆在病房里容光焕发，笑眯眯地和医护人员一起分食了蛋糕。那个时候我看着她，心里想着她一定能活到 110 岁。

可惜，大舅婆在人间的时间停止在了 2016 年 5 月 25 日的凌晨……

在我眼中，她永远是一个家里的长辈——和善、逗趣、有时犯倔，但是又那么与众不同。

2016 年 8 月

（作者为自由职业者）

通透而有力量的生活智者

——记我心中的杨绛先生

税晓霖

八年前，我还是清华大学的一名大三学生，获得了杨绛先生和钱锺书先生设立的“好读书奖学金”，彼时杨绛先生还在世，虽未能有幸亲睹其身姿容貌，但通过各类书籍文章和校基金会老师的介绍，深为杨绛先生的读书精神折服。

八年后，我已是一个两岁孩子的妈妈，惊闻杨绛先生离世的消息，悲痛之余，也为杨绛先生终于能和钱先生及女儿圆圆在另一个世界相聚而欣慰。再读先生及与之相关的文字，许是因为自己当了妈妈的缘故，多次潸然泪下，虽再次为杨绛先生对读书的纯粹爱好、对知识的纯粹追求打动，也更感杨绛先生不仅是“最贤的妻，最才的女”，她早已成为一个通透而充满力量的生活智者。

在年近百岁之际，杨绛先生出书《走到人生边上》，展示了一位百岁老人对生命的思考和探索，被评论称“九十六岁的文字，竟具有初生婴儿的纯真与美丽”。独自一人在世上生活了十八年，杨绛先生从不迷茫，也没有一般老人对年华逝去终归黄土的无力感，她给人的印象，始终清醒、矍铄、充满生机。纵观杨绛先生一百零五年的人生，以至纯心态治学，与至爱之人相伴，用至真性情生活，或许这便是通透和力量的源泉。

世人读书治学，多半总有一二分目的，或为功名，或为济世。杨先生读书，原因大约只有一个：因为书在那里。1935 年，杨先生和钱先生婚后一个月，便远赴英国牛津求学。钱先生因公费留学，是牛津大学穿黑布背心的“正经”学生，杨先生却只能穿着旗袍去旁听，然而她为自己定下了课程表，把图书馆满室满架的经典书目从头到尾细读，“能这样读书，还有什么不满意的呢？”往后的日子里，无论是英法留学期间的悠闲，还是八年抗战期间的艰辛，抑或“文革”期间的隐忍，但凡有书相伴，杨先生就能找到内心的平和与宁静。留学回国后，杨先生在上海当了一年振华分校校长，终因志不在此而辞职，回归学术与创作。杨先生和钱先生志趣相投，无意成为什么“名家”，但她却实实在在写出过广受欢迎的戏剧，是一名才华横溢的作家、翻译家。乃至圆圆、锺书相继离世，杨先生孤身生活近二十年，仍每日笔耕不倦，或整理钱先生的著作遗稿，或娓娓细述往日生活点滴，或徘徊在人生边上思索哲学终极问题，读书，能给人的生命注入源源不断的活力，为本质孤独的个体创造最丰富的自我，这在杨先生这里得到了极致的体现。

杨先生婚前是备受父母宠爱的世家小姐，而钱先生是生活上“拙手笨脚”的读书秀才，自从 1932 年清华古月堂门口的一次相见，钱杨相携相扶共同度过六十六个年头，杨先生为生活所迫洗手作羹汤，却也因有至爱相伴而乐趣无穷。回忆总会自动淡化苦难，从杨先生晚年的追忆中，留英访法、蜗居上海、重返清华、定居三里河，总体而言都是快乐的，但这几十年间的中国动荡不安，钱杨二位自不能幸免，“文革”期间多次居无定所颠沛流离，但只要和至爱之人相守在一起，多大的困难也能被化解，“我们相伴相助，不论什么苦涩艰辛的事，都能变得甜润”。在历史潮流的裹挟下，竭力维持家庭的平安喜乐，成为钱先生最贤的妻，女儿阿圆最良的母，这并非为了遵循旧社会“贤妻良母”的标准，只因情深而自然促成，以一个女性的视角，我由衷理解和敬佩。

杨先生的至真，在于她始终遵从自己的内心，无论在什么年纪，抱有一种纯真的热情，寻求生活的趣味。下厨房原本是杨先生既不擅长也不喜欢的事情，但她学着做饭、炒菜，“卷袖围裙为口忙，朝朝洗手作羹汤”，把钱先生喂得“快活得只想淘气”；留学期间每天和钱先生一起出门走走，被他们演变成“探险”，一草一木皆趣味丛生，直到四十多年后，两人已是六十多岁的老人，仍然常常去日坛公园“探险”，“随处都能探索到新奇的事，我们还像年轻时那么兴致好，对什么都有兴趣”。这种对趣味的追寻，活得坦然通透不别扭，是杨绛先生的人生态度，也是一种生活智慧。

杨先生一辈子与世无争却洞明世事，淡泊无求却心系后辈，用读书治学换来的所有报酬，在最爱的清华设立奖学金，勉励后辈好读书、读好书。在当今的碎片化阅读时代，爆炸化的信息充斥着生活的每个空间，沉下心来读本好书已是奢侈之举。

即使穷尽一生之力，吾辈所能获得的成就也许也不及杨先生、钱先生一二，但仍心存敬畏之意，力使自己传承二老的读书遗志，能留下一些真正有价值的文字，找到安身立命的根本，活得通透而有力量，这，便是最好的纪念。

2016 年 9 月 1 日

（作者为“好读书奖学金”获得者、上海育儿科普创业者）

先生，您听我说

——纪念杨绛先生

郎　昆

初识先生是在初二的一节语文课上读到您的散文《老王》，清新而质朴的语言给我留下了深刻的印象，那时我了解到您是钱锺书的夫人，俗话说“文如其人”，从那细腻而深刻的笔触中、从那平淡而感人的故事里，我读出了您的善良，看出了您的博爱。

后来，我有幸考入了清华大学，入学的第一天，学长学姐带着我们参观校园，我们去了您所钟爱的图书馆、看了您和钱锺书先生邂逅的古月堂、走过了您曾居住过的新林院 7 号……听着学长学姐讲您和钱先生求学的故事，当时我头一次感觉到自己可以如此近距离地接触大师们，甚至漫步在他们曾经所钟爱的地方，我也暗暗许下诺言：虽不能像钱锺书先生那样“横扫清华图书馆”，但也要好好利用丰富的藏书资源，多读好书；虽不能像您那样通晓多国语言、著作等身，但也要珍惜大好年华，修学储能无愧青春。

真正熟悉您是在今年的 4 月 23 日，这一天适逢世界读书日和清华105周年校庆，学校里刚落成的李文正图书馆里人头攒动，在这里隆重举行了2016年“好读书奖学金”的颁奖活动。我有幸作为获奖的96名同学之一，坐在台下，心中充满了喜悦——不仅是因为这是一项由校长和书记亲自颁发的奖学金，更是由于这是您和钱锺书先生用自己的稿酬捐赠给清华设立的。颁奖现场，史宗恺老师为我们详细介绍了“好读书奖学金”的设立历史及评选情况，当我得知您坚持不用个人的名字来设立奖学金，心中有触动更有感动。那天晚上回到寝室，我反复看了您在15年前的捐赠仪式上对于校训“自强不息，厚德载物”的解读，先生请您放心，您的教诲学生永远不会忘记——认认真真做事，踏踏实实做人。

正如在颁奖会上邱勇校长所提到的“把‘好读书奖学金’评选作为推动读书风气养成的重要举措”，先生您知道吗？几天之后，所有“好读书奖学金”的获得者筹资在老馆前的空地上安置了一把适合读书的椅子，只等着您来学校参观的时候坐坐；一位获奖的同学还写了“遐寿堪讴，与清华同岁月；厚德润兰，和学子共读书”的寿联，只待有机会给您送去；学校里的“好读书协会”还将清华同学读您和钱锺书先生作品的感受集结成册，还想着哪天让您看看……

哪知一切来得太突然，5月25日下午惊闻先生辞世的消息，清华园瞬间被一片沉痛所笼罩，当晚近千名同学、老师自发地聚到您最爱的老馆门前，大家点燃蜡烛、敬献白菊、折起纸鹤……用各自的方式表达对您的哀思，遥祝您一路走好。

先生，您还记得吗？十八年前，钱锺书先生离世那天，清华园的南北主干道上飘起了一千只纸鹤；八年前，在钱锺书先生逝世十周年，清华大学的主干道上挂满了千纸鹤。先生，您看到了吗？在您离去后的第二天，清华大学又飞起一千只纸鹤，不过这次是在图书馆老馆两旁，是您最爱的图书馆哪。

先生，您知道吗？在您离开一周后，所有"好读书奖学金"获奖同学在校史馆参观了您的专题纪念展览。通过那些珍贵的影像资料，我们了解到您将辛苦创作的稿酬全部捐赠，而自己还一直过着非常简朴的生活。我们震撼于您47岁开始自学西班牙语的惊人毅力，我们感动于您将钱锺书先生的珍贵手稿全部捐赠给母校的一片深情，我们敬佩您耗时十多年翻译《堂吉诃德》的执着精神……先生，您教会我们的何止是"好读书"三个字！

先生，您放心，我们会牢记您的教诲，多读书、读好书。先生，您知道吗？许多曾经获奖的同学如今已经成长起来了，成为新时代清华人的楷模：他们中有选调甘孜、扎根基层的王义鹏学长；有坚守初心、前往加州艺术学院戏剧专业深造的卢昌婷学姐；有读书千册的"清华书神"冯立……他们牢记着您的教诲，以自强不息的精神开拓求索，用厚德载物的品质踏实工作，在自己选择的道路上越走越远。

先生，您放心，"好读书"的精神我们永远不会忘。就在今年的7月初，我和其他几位同学拿出了自己"好读书奖学金"的一部分，共同为山西阳泉市义井镇中学的孩子们捐赠了1585册图书，设立了第一间"水木书屋"。未来我们还会号召更多的同学参与进来，在全国各地、在有需要的地方建立更多的"水木书屋”，让这些想读书的孩子有书读，也把“好读书”的精神传递到各个角落。

如今先生已经“回家”了，去了另一个世界和家人团圆，但留给我们的是您的文字、您的思考、您的风骨与情怀。先生千古！

2016年7月25日

（作者为清华大学经济管理学院大三学生）

往事琐忆

王国强

2016年5月25日中午，我得知杨绛先生去世的消息，万分悲痛。回想20世纪90年代，单位安排我专为钱锺书开车，有幸和钱先生一家走得很近。如今，钱老一家三口都先后走了；那段时间我同他们一家交往的种种情景涌现脑中，心里非常难受。

我是1993年7月开始为当时任中国社会科学院副院长的钱锺书先生当专职司机的，开始基本没有什么事，只一个月两次用车去医院。次年春暖花开的季节，我向钱老建议到植物园去走走看看，钱老谢谢我的好意，说："不去了，哪儿也不去。"

1994年7月30日钱老住院，那时几乎每天都要去医院。但到了周末，钱瑗说："周末我妈妈休息，你也休息吧。"我说："那谁去医院看钱老呀？"钱瑗说她去。我问她怎么去？钱瑗说："你不用管了，我有办法。"原来，她是乘公交车或出租车前往医院的。

钱瑗平时工作很忙，周末她定要让妈妈休息，自己去医院看护爸爸。就这样，忙中有错，终于出了问题。那个星期天，她在家忙完后就打了辆出租车前往医院，在车上还和姓宋的女司机师傅聊了几句。到医院才发现出门换衣服忘了带钱包，这可怎么办？女司机心眼儿好，说您先去看老人吧，车费不要紧。钱瑗要了她的地址和姓名，也把自己的姓名和住址告诉了司机。我知道这事后，就说我把车费给送去。钱瑗说不用，她给汇去就行。大约十天后，在医院遇见钱瑗，她告诉我，给出租车司机汇的钱被退回来了，说是查无此人，这怎么办？我说："一会儿回去时再去找找。"在回去的路上，我们按址在宣武区某街找到了那个院子，院门口的大爷告说："前几天确有张汇款单汇给院里姓宋的女司机，就是这个人的，本人没在，就给退回去了。"我们说钱就是我们汇的，今天特来把钱送给人家。我们进了院子，得到乘凉的大爷大妈们的帮助，转弯抹角，最后果真找到了这位女司机家，不过只她女儿在家。钱瑗说明来意，把加倍的车钱交给了女儿，并让她向妈妈转告我们的谢意。院里的人听说后都感叹，现在这么守信用的人已很少见。

1996 年 1 月，钱瑗因病住进了西山脚下的北京胸科医院。杨先生可能压力太大，不久也病倒了。幸亏她抗压能力强，调理休息一段，身体逐渐恢复，马上又忙碌起来。亲自为钱老精心准备鼻饲伙食，每天炖汤，把鱼剔骨去刺打成鱼泥，还打鸡泥、菜泥，送往医院。杨先生心疼女儿，但天天忙得抽不出一点时间去探视，只能打打电话联系。直到 1996 年 3 月 27 日下午，钱瑗住院三个月后，杨先生经过一个多小时的路上颠簸，才首次跟女儿见面，真是悲喜交集。

几个月后，杨先生家中的保姆因丈夫得病而回乡照顾，院里考虑杨先生家的困难，让我兼当一段“生活助理”。于是每天上午来杨先生家帮助采购和备餐，下午和杨先生同往医院看钱老。杨先生从医院回来就让我尽快回家，她自己拿面包牛奶当晚饭。晚上有朋友家的阿姨过来陪陪。这样的情况持续了一个月。后来那位每晚来陪住的阿姨留下不走了。杨先生身边有人帮助料理家务，照顾生活；钱老和钱瑗放下了心，我的“生活助理”任务也至此告一段落。

钱老住院期间，一直是我开车送杨先生去医院探望，因为天天去，和同住医院病员们的司机都熟了。他们见我的车到达住院部门口，待车停稳，都会主动过来为杨先生打开车门，并向杨先生问好。杨先生每次都微笑着说“谢谢！”当我向这些同行朋友道谢时，他们总说：“不用谢，看看你们家老太太和蔼可亲多慈祥，多好啊，你真有福气！”

钱锺书先生于1998年12月19日在北京病逝。消息一传开，人们从四面八方发来唁电唁函，国内外的都有。大家都对钱老过世表示深深哀悼。杨先生当时事特多，许多事需她亲自处理。电话和唁电不断，有些朋友为表达心意，还汇来赙仪，杨先生都让我去银行或邮局办理退款手续，全部汇款一一退回。

我最难忘记的一件事，是杨先生劝我戒烟。一天，我开车送杨先生去医院看望钱瑗，路上杨先生问我：“小王，你的烟是不是戒了？你家里生火吧，烟筒是什么做的？”我答：“是铁。”杨先生说：“对呀，铁的烟筒最后都能被腐蚀掉、烂掉，人的肉体能受得了烟熏吗？你好好想想，为了自己的身体健康、家人的幸福，也看在钱老的分儿上，你应该把烟戒掉。”杨先生这番话让我沉思许久。心想：我一不在杨先生家抽烟，二不在车上抽烟，更不在病房里抽烟；杨先生把话说得这么重，该好好想想了。我立即对杨先生说：“好的，不抽了。”回家后，我经过了一夜的思想斗争，终于痛下决心：立马戒烟。第二天一上班，我就把车里刚买的一条烟拿出来送给同事，并宣布戒烟。接杨先生在往医院的路上，我告诉她，从今天开始戒烟了！杨先生听后高兴地说：“你要下决心坚持住，为了你和家人的幸福，努力坚持下去，为你高兴，我的话没有白说呀。”

多年过去了，每次去看望杨先生时，她常自豪地说起戒烟这事，说我下决心坚持下来，精神也比以前好了。“这就是我们的小王，你很有毅力，为你高兴。”最近我在翻阅以前的工作日记时，1998 年 1 月 17 日有这样一段记录：下午接杨先生去医院，杨先生问起我着凉好了没有？我告她没事的。杨先生说：“1 月 23 日，你戒烟两年了。”我说：“具体的日期，我自己都不记得了，您还记得。这回我要记住了。”

经杨先生劝说戒烟成功的不止我一人。2009 年 7 月，杨先生在给我的一封信中说：“我常年劝人戒烟，而听了我的劝告立即戒掉了香烟的，只有你们两位小王，你俩的毅力颇足以自豪吧！”她说的另一位小王，是她家阿姨的丈夫。杨先生，我们在这里谢谢您啦！

钱老病故后，杨先生即向院里请求退还钱先生的配车。院里起先没有答复，后来，院务会依照国家有关配车的规定，研究决定钱老的车在 1999 年 6 月 22 日撤回。但对于杨先生今后的用车，车队或所里将给予保证。那天上午，我和单位领导一同前往杨先生家撤车。杨先生感谢了车队，也表扬和感谢了我在他们非常困难的时候一直给予帮助。单位领导向杨先生说明，有事可随时打电话，车队保证用车。他还把自己办公室和家中电话都留给了杨先生，并说有时间会常来看望，愿她好好保重身体。

至此，我也完成了自己的光荣使命，恋恋不舍地离开了已经熟悉了的一家人。现在，这一家人已经一个个走了，但我们曾经共同相处的那段宝贵时光，将永远留在我的心中。

2016 年 8 月

（作者供职于中国社会科学院服务局）

编后记

2016年5月25日凌晨1时30分，杨绛先生于睡梦中平静地走完了人生的最后一程，离开了这个她曾经生活了105年的红尘世界。消息传出以后，境内外各大媒体都以不同的形式给予了报道，纷纷表达对她的哀思。

杨先生一生行事低调，长期远离媒体，在亲人相继离世后的寂寞岁月里，抱着与时间赛跑的决心，完成了他们未竟的事业，也对自己的身后事做了非常理性的安排。虽然她不事张扬，但她的一部部作品又无法让她隐身，反而不断激起人们的好奇与关注。

如今，她已驾鹤西去，尘世的各种声音都不会再对她形成干扰。但对于曾经与她有过接触的人来说，则有必要把自己亲历的与其有关的故事讲出来，争取为大家还原一个真实、生动的杨绛形象。为此，我们决定编辑这样一本纪念集。

本书共收入了51位作者的46篇文章。这些作者既有社科院的老领导、清华大学的领导、出版社的领导和编辑、杨先生夫妇著作的海外翻译者、帮助杨先生维权的法学专家，也有杨先生的同事、朋友、亲属，还有清华大学“好读书奖学金”的获奖代表、钱先生曾经的司机等。这些文章分别从不同的侧面回忆了与杨先生交往的点点滴滴，也生动地反映了杨先生为人处世的方方面面。个别文章更是首次披露了她走完生命最后一程的全部经过。

我们为此书确定的原则是，所有入选的文章必须都是首发。因此，有些重要作者的重要文章，因此前已在别的媒体上发表而只能割爱，遗珠之憾，不幸未免。

本书从设计体例、组稿到编辑的全过程中，吴学昭老师操劳最多，承受的压力也最大。但她愿以介子推自居，而命我执主编之役。我虽忝列斯席，但心怀愧疚，不敢攘功，在此特予说明。吴老师的文章早已写就，原来拟的题目是“回家”。不料周国平先生的稿子交来后，题目与吴老师的文章标题恰巧相同。为了表示对周国平先生的尊重，吴老师主动忍痛更改了她的文章标题。这是本书编辑过程中的一个插曲，也再次见证了吴老师为杨先生的事情，不计个人得失的仗义和忠厚。另外，我的同事胡真才先生担任本书责编，工作勤勤恳恳，严谨认真，我们曾就许多问题进行过反复讨论。本书的顺利出版，有他一份辛劳在。

最后，要特别感谢为本书慷慨赐稿的各位作者。大家不论如何忙碌，在接到约稿请求后，都能认真执笔，如期交稿。这既体现了大家对杨先生的敬重，也是对我们的极大鼓励。个别文章因种种原因未能收入，有的文章在编辑过程中被做了一些处理，大家都能予以宽容和理解。对此，我们只有感激。在全书编辑过程中，或许还有一些考虑欠周的地方，尚祈大家批评和原谅。

周绚隆

2016 年 9 月 14 日